MW01710379

Photoshop CS4

pour

LES NULS

Photoshop CS4 pour les Nuls

Peter Bauer

FIRST
Interactive

Photoshop CS4 Pour les Nuls

Titre de l'édition originale : Photoshop CS4 For Dummies
Pour les Nuls est une marque déposée de Wiley Publishing, Inc
For Dummies est une marque déposée de Wiley Publishing, Inc

Collection dirigée par Jean-Pierre Cano
Édition : Pierre Chauvot
Traduction : Philip Escartin
Adaptation : Véronique Congourdeau
Maquette et illustration : MADmac

Tous droits réservés. Toute reproduction, même partielle, du contenu, de la couverture ou des icônes, par quelque procédé que ce soit (électronique, photocopie, bande magnétique ou autre) est interdite sans autorisation par écrit de Wiley Publishing, Inc.

Edition française publiée en accord avec Wiley Publishing, Inc.
© 2009 par Éditions First
Éditions First
60 rue Mazarine
75006 Paris
Tél. : 01 45 49 60 00
Fax : 01 45 49 60 01
e-mail : firstinfo@efirst.com
ISBN : 978-2-7540-1362-8
Dépôt légal : 2e trimestre 2009
Imprimé en France

Limites de responsabilité et de garantie. L'auteur et l'éditeur de cet ouvrage ont consacré tous leurs efforts à préparer ce livre. Wiley Publishing et l'auteur déclinent toute responsabilité concernant la fiabilité ou l'exhaustivité du contenu de cet ouvrage. Ils n'assument pas de responsabilités pour ses qualités d'adaptation à quelque objectif que ce soit, et ne pourront être en aucun cas tenus responsables pour quelque perte, profit ou autre dommage commercial que ce soit, notamment mais pas exclusivement particulier, accessoire, conséquent, ou autres.

Marques déposées. Toutes les informations connues ont été communiquées sur les marques déposées pour les produits, services et sociétés mentionnés dans cet ouvrage. Wiley Publishing, Inc. et les Éditions First déclinent toute responsabilité quant à l'exhaustivité et à l'interprétation des informations. Tous les autres noms de marque et-de produits utilisés dans cet ouvrage sont des marques déposées ou des appellations commerciales de leur propriétaire respectif.

Sommaire

Introduction

Vous désirez maîtriser Photoshop, ou à tout le moins pouvoir l'utiliser efficacement et accomplir les tâches pour lesquelles il a été conçu. Vous voulez un ouvrage de référence qui explique comment le logiciel fonctionne et ce qu'il faut faire, sans recourir à du jargon ni d'une manière encyclopédique, mais plutôt comme si un ami vous faisait partager son expérience. Bien que les explications étape par étape soient parfaites pour démontrer une manipulation, vous ne voulez pas de recettes toutes faites, mais inutiles pour votre travail. Vous n'avez rien contre les astuces, du moment qu'elles peuvent s'appliquer de manière productive et censée à vos images et à vos travaux artistiques.

A propos de ce livre

Vous disposez donc d'un livre de la collection *pour les Nuls*. Il a été conçu en pensant à vos besoins spécifiques, c'est-à-dire rendre Photoshop compréhensible, convivial et... utilisable. C'est ainsi que cette nouvelle version du logiciel, estampillée CS4, trouve dans ce livre l'expression d'un niveau d'expérience qui vous permet, enfin, de travailler avec Photoshop.

Lorsque j'ai réalisé la mise à jour de cet ouvrage, je me suis efforcé de trouver un juste équilibre entre les types d'images sur lesquels vous aurez le plus de chance de travailler et des images visuellement attrayantes, montrant des objets insolites ou des paysages lointains. Mais ce parti pris ne doit pas l'emporter sur le but de cet ouvrage. Quand un exemple pratique est nécessaire, je vous montre comment faire. Vous trouverez dans ces pages de nombreuses illustrations de chez PhotoSpin.

com, ma photothèque préférée. J'ai cependant veillé que chaque image illustre une technique, sans chercher à distraire votre attention.

Vous constaterez dans ce livre que j'ai surtout utilisé des ordinateurs tournant sous Windows, des *PC* si vous préférez. C'est une simple question de choix personnel. Hormis les boutons de la barre de titre, les touches modificatrices, quelques termes – des menus locaux au lieu des menus contextuels – et l'emplacement de quelques commandes, le fonctionnement de Photoshop est quasiment le même sur un Mac, c'est-à-dire sous Mac OS X. OK, d'accord, je le reconnais : la gestion des couleurs est beaucoup plus simple et fiable sur un Mac.

Un dernier point : je présume dans ce livre que vous connaissez les bases de l'informatique et de l'imagerie numérique. Par exemple, si vous savez ce que signifie «cliquez sur Fichier/Ouvrir», que vous savez ôter le bouchon de protection d'un objectif photo, vous pouvez vous lancer dans la lecture de ce *Photoshop CS4 pour les Nuls*.

Comment ce livre est organisé

Photoshop CS4 pour les Nuls est essentiellement un ouvrage de référence. En tant que tel, vous pouvez consulter le sommaire ou l'index pour trouver les pages consacrées à un sujet spécifique et obtenir l'information recherchée. Vous pouvez aussi le lire de bout en bout. Pour mieux organiser l'information, le livre est divisé en parties thématiques. Voici un aperçu de leur contenu :

Première partie : Les bases indispensables

Le premier groupe de chapitres présente les opérations de base de Photoshop, ce que vous devez connaître du logiciel ainsi que les manipulations élémentaires d'ouverture des images et les possibilités de revenir en arrière. Si vous débutez en infographie et si Photoshop vous est complètement nouveau, lisez attentivement les Chapitres 1 à 3. Si vous avez déjà travaillé avec Photoshop ou avec d'autres logiciels de retouche, mais ne maîtrisez pas bien la notion de *format de fichier* et/ou de *résolution*, ne manquez pas le Chapitre 2. Le Chapitre 4 est consacré au tout-venant de Photoshop : la numérisation des images et leur téléchargement depuis un appareil photo numérique, le recadrage, l'impression et la mise en ligne des images sur le Web.

Deuxième partie : L'amélioration facile des images numériques

Du Chapitre 5 au Chapitre 9, vous découvrirez comment améliorer vos images. Vous apprendrez ce que sont la *tonalité* (la luminosité d'une image), la *correction des couleurs* (comment les rendre plus naturelles) et aussi comment sélectionner une partie de l'image pour corriger sélectivement. Cette deuxième partie comporte aussi un chapitre entièrement consacré au format RAW des appareils photo numériques, son importance et comment déterminer s'il vous convient. Le dernier chapitre traite des problèmes les plus couramment rencontrés en photo numérique : la correction des yeux rouges, des rides et l'élimination des éléments indésirables (objets, personnages…).

Troisième partie : Faire de l'art avec Photoshop

Nous abordons ici l'aspect créatif de Photoshop. Bien que tout le monde ne désire pas l'utiliser comme logiciel de dessin, il est cependant important de bien connaître l'impressionnant et complexe panneau Formes. Les montages d'images ou *compositing*, l'ajout de texte, l'utilisation des tracés et l'application de styles de calque sont des compétences indispensables, même à ceux qui ne veulent pas "faire de l'art".

Quatrième partie : Les dix commandements

Cette dernière partie contient mes dix trucs et astuces péférés sous Photoshop CS4.

Les conventions utilisées dans ce livre

Vous trouverez dans les manipulations des formulations de ce genre :

- Choisissez (ou parfois Cliquez sur) Image/Réglages/Luminosité-Contraste.

Cela signifie que vous devez cliquer sur le menu Image, puis faire glisser le pointeur jusqu'au sous-menu Réglages, l'option Luminosité-Contraste, et relâcher le bouton.

Vous remarquerez aussi que des raccourcis clavier ont été inclus, pour le Mac comme pour Windows. Généralement, ces raccourcis sont ensemble, celui pour le Mac précédant celui pour Windows, sous la forme suivante :

- ⌘ + Maj + J/Ctrl + Maj + J

J'espère que les utilisateurs du Mac ont découvert le plaisir d'utiliser une souris multibouton. Donc, au lieu d'écrire :

- Ctrl + clic (Mac) ou clic-droit (Windows)

j'écris :

- Clic-droit (multibouton) ou Ctrl + clic (monobouton)

Si vous utilisez un Mac équipé de la souris Mighty Mouse, vous constaterez qu'elle est équipée d'un seul bouton. Pourtant, grâce à son logiciel (pilote), vous pouvez configurer ce bouton unique comme si la souris disposait de deux boutons. Dans ce cas, pour faire un clic-gauche, vous appuierez sur la moitié gauche du bouton, et pour un clic-droit, sur la moitié droite. La Mighty Mouse d'Apple vous fera gagner énormément de temps.

Les icônes utilisées dans ce livre

Vous rencontrerez des icônes en marge des pages. Elles attirent l'attention sur des points particuliers.

Cette icône présente une nouveauté de Photoshop CS4. Si vous ne connaissez pas encore le logiciel, vous pouvez ne pas en tenir compte, c'est-à-dire que vous lirez absolument tout, y compris le contenu pointé par ce pictogramme.

Si j'ai des petits secrets ou des raccourcis à vous proposer, qui vous faciliteront la tâche et l'existence, ils seront signalés par cette icône.

Vous ne rencontrerez pas souvent cette icône. Elle signale ce qui pourrait vous compliquer l'existence ou gâcher irrémédiablement l'image sur laquelle vous travaillez.

Cette icône rappelle ce qu'il est utile de retenir, notamment les manipulations qui vous facilitent la tâche.

Comment lire ce livre

Ce livre est un ouvrage de référence, pas un livre d'exercices ou de trucs et astuces. Si Photoshop vous pose un problème, reportez-vous au sommaire ou à l'index pour trouver les pages qui contiennent la solution. Vous pouvez aussi lire la totalité du livre, du début à la fin, mais gardez-le néanmoins à proximité de l'ordinateur lorsque vous utilisez Photoshop. Lire entièrement le livre ne garantit pas que vous aurez tout retenu, mais au moins vous n'aurez manqué aucun dessin marrant au début des parties ni aucune blague.

A moins que vous ayez emprunté ce livre, je vous conseille de l'annoter copieusement. Photoshop CS4 est un logiciel très complexe que personne ne connaît sans doute dans ses moindres détails. De nombreux concepts et techniques sont difficiles à assimiler, surtout ceux que vous utilisez rarement.

Première partie

Les bases indispensables

"Je pense que tu dois régler la valeur de la fonction 'Etaler'."

Dans cette partie...

Une bonne compréhension des notions et techniques de base facilite considérablement la prise en main de Photoshop. Car comment comprendre un exposé sur les contours progressifs si vous ne savez pas exactement ce qu'est un *pixel* ?

Le Chapitre 1 présente Photoshop. Le Chapitre 2 est consacré aux notions de base de l'imagerie numérique. Vous ferez connaissance avec les principaux formats d'image de Photoshop. Si vous avez procédé à une mise à niveau vers CS4, vous devez impérativement vous attarder sur le Chapitre 3, qui présente la nouvelle interface du logiciel. Enfin, le Chapitre 4 explique comment importer des images dans Photoshop, qu'elles proviennent d'un appareil photo numérique ou d'un scanner.

1

Bienvenue dans Photoshop !

Dans ce chapitre :

- Ce que Photoshop fait bien, plutôt bien ou pas mal…
- Ce qu'il faut savoir pour travailler avec Photoshop.

Que vous débutiez avec Photoshop ou que vous ayez procédé à une mise à niveau depuis une version antérieure, ou utilisé Photoshop Elements, vous serez gâté. Photoshop CS4 offre en effet quelques capacités nouvelles qui permettent de travailler mieux et plus facilement que jamais. Avant de vous guider dans les arcanes du logiciel, je commencerai par une présentation générale. Vous apprendrez comment Photoshop a été conçu, ce qu'il sait faire et ce que vous pouvez en attendre si votre tâche s'annonce vraiment très pointue. Je reverrai avec vous quelques concepts de base de l'informatique, et mettrai l'accent sur quelques spécificités de Photoshop qui font que ce logiciel diffère un peu des autres. A la fin du chapitre, je vous communiquerai quelques conseils concernant l'installation de Photoshop, pour faire en sorte qu'il tourne au mieux.

Découvrir Adobe Photoshop

Photoshop est utilisé pour toutes sortes de tâches, de la retouche et de la correction de photos numériques à la préparation des images des journaux et des magazines, en passant par la publication sur le Web. Vous trouverez Photoshop dans les agences de publicité, les laboratoires de recherche, dans des cabinets médicaux et dentaires, mais aussi dans des universités et des écoles d'art, des studios graphiques et chez des imprimeurs. En tant que Help Desk Director au National Association of Photoshop Professionals (NAPP), j'ai résolu une foule de problèmes et proposé des solutions dans d'innombrables domaines de l'infographie. Des graphistes talentueux maîtrisent Photoshop à un point tel qu'ils peuvent en faire ce qu'ils veulent.

Ce pour quoi Photoshop a été conçu

Adobe Photoshop est un logiciel de retouche. Il a été conçu pour permettre l'édition des images numériques ou numérisées, des photographies, dessins et autres œuvres. Au fil des ans, Photoshop s'est développé, proposant des fonctions de plus en plus sophistiquées. Mais, fondamentalement, c'est un logiciel de retouche. Le processus classique se ramène à ceci : vous ouvrez une image dedans, vous intervenez dessus, puis vous l'imprimez, comme l'illustre la Figure 1.1.

Figure 1.1 : Les trois phases de la photo numérique sont la prise de vue, la retouche et l'impression.

Que l'image provienne d'un appareil photo numérique, qu'elle ait été numérisée par un scanner ou entièrement créée dans Photoshop, elle est dans tous les cas constituée de minuscules points colorés carrés, c'est-à-dire d'éléments d'image appelés *pixels*. Nous y reviendrons plus en détail au Chapitre 2. La tâche de Photoshop consiste à modifier et régler la couleur de ces pixels, que ce soit un par un ou en groupe, afin de donner à l'image l'apparence désirée. C'est à vous seul qu'incombe cette apparence finale (signalons à ce sujet que Photoshop est dépourvu de filtre Sens artistique ou Bon goût).

La Figure 1.2 montre quelques tâches classiques de retouche : la correction des yeux rouges, l'atténuation des rides et le montage d'images (voir Chapitre 10).

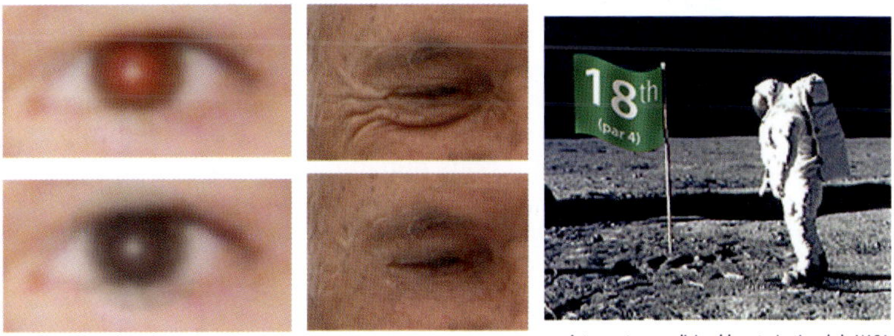

Astronaute : avec l'aimable autorisation de la NASA.

Figure 1.2 : Quelques tâches classiques de Photoshop.

Une des nouvelles fonctionnalités de CS4 est de pouvoir faire pivoter votre image pendant que vous travaillez. C'est particulièrement utile lorsque vous effectuez des opérations délicates de sélection, de masquage et de peinture. Ainsi, l'image pourra être pivotée afin d'améliorer la précision de vos interventions. Pour activer cette fonction, appuyez sur R ou cliquez sur l'outil Rotation de l'affichage de la boîte à outils ou de la barre d'options. Une sorte de boussole s'incruste sur l'image (Figure 1.3). Cliquez et faites glisser le pointeur de la souris dans la direction de l'orientation souhaitée. Pour restaurer l'orientation initiale de l'image, double-cliquez sur l'outil Rotation de l'affichage.

Figure 1.3 : La rotation de l'image pendant que vous travaillez n'entraîne aucune dégradation de la qualité de cette dernière.

Dans les dernières versions, Photoshop a été agrémenté de quelques fonctionnalités de dessin assez puissantes. Bien que Photoshop ne soit pas appelé à se substituer à Adobe Illustrator, il vous dépannera efficacement pour de petits projets. Rappelez-vous néanmoins que Photoshop est un logiciel *point à point* ou *matriciel* : il manipule des pixels. Le dessin vectoriel est uniquement simulé. Photoshop est aussi équipé d'un excellent pinceau virtuel qui permet de peindre sur une toile virtuelle. La Figure 1.4 montre la différence entre une image point à point (la photo numérique à gauche), des dessins vectoriels (au milieu) et de la peinture numérique (à droite). Les trois techniques peuvent cohabiter dans une même image.

Figure 1.4 : Photoshop gère les images point à point, vectorielles et même la peinture numérique.

D'autres tâches pour Photoshop

Bien que Photoshop ne soit pas un logiciel de PAO ou de création d'illustrations, il permet malgré tout de confectionner des brochures simples, des affiches, des cartes de vœux et autres documents apparentés (voir Figure 1.5). L'une des fonctions qui démarquent Photoshop des logiciels graphiques d'entrée de gamme est son puissant moteur typographique, capable de placer du texte, le modifier, le mettre en forme et l'enrichir à l'instar des meilleurs traitements de texte. Photoshop est même équipé d'un correcteur orthographique. Pas mal pour un logiciel conçu à l'origine pour la retouche des photos…

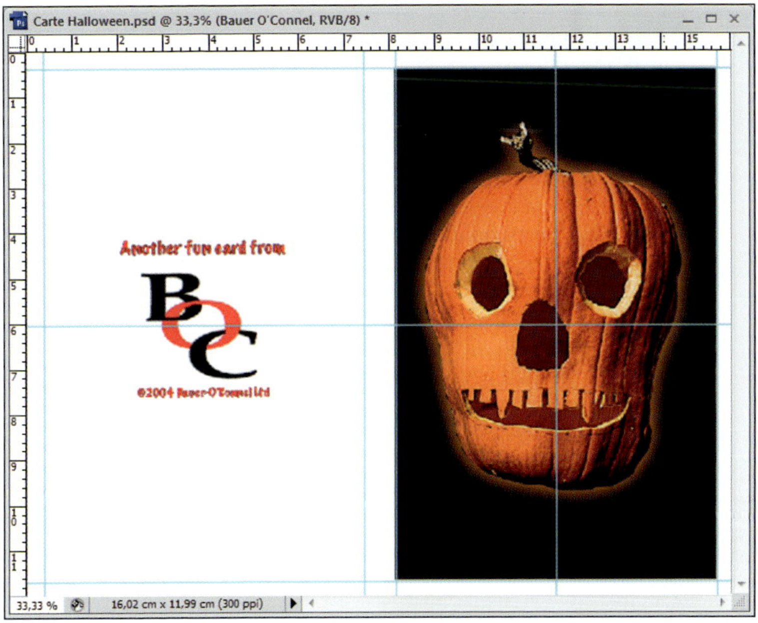

Figure 1.5 : Photoshop est capable de créer des cartes, des affiches et des brochures.

Même si vous ne possédez pas la version Extended de CS4, Photoshop peut même complémenter votre logiciel de montage vidéo, car il est en réalité capable de charger les séquences filmées avec un caméscope. Une série d'images au format FilmStrip peut être exportée à partir d'Adobe Premiere ou de tout autre logiciel vidéo professionnel, puis introduite dans Photoshop.

Si vous n'avez pas le logiciel spécialisé…

La mise en page dans Photoshop n'est pas particulièrement compliquée, pour un document ne comportant qu'une à trois pages. Le moteur typographique de Photoshop est plus qu'honorable, quand on sait que ce logiciel a été conçu pour manipuler des pixels plutôt que des paragraphes. Vous pouvez définir la taille de l'aperçu des polices disponibles via Préférences/Texte sur Mac et Edition/Préférences/Texte sur PC. Comme le montre la Figure 1.6, Photoshop CS4 donne le choix entre cinq tailles d'aperçu des polices. Cela permet de se faire une idée précise sur l'aspect de la police avant de la sélectionner pour saisir du texte. Si le texte est facile à gérer dans Photoshop CS4, il ne saurait être pris en charge avec autant de facilité que dans un programme de PAO comme InDesign.

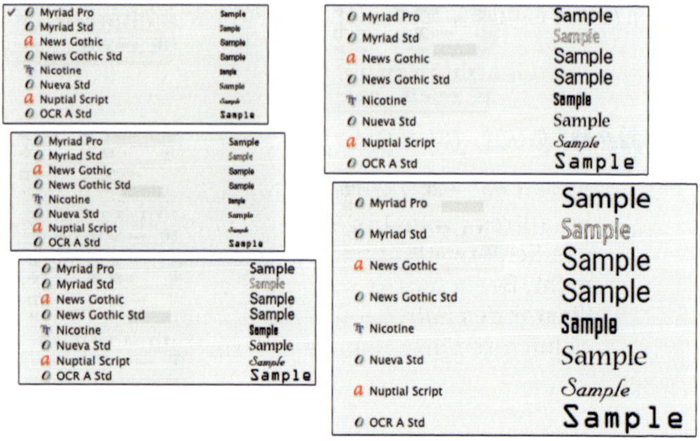

Figure 1.6 : Photoshop CS4 propose cinq tailles d'aperçu des polices.

Deamweaver est un programme de conception Web tout à fait exceptionnel. Il sait travailler main dans la main avec Photoshop. Toutefois, si vous ne possédez pas Dreamweaver et que vous souhaitez créer des pages Web, utilisez les quelques fonctions mises à votre disposition par Photoshop CS4. Il suffit de composer une page avec des tranches et/ou des cartes images, et d'enregistrer le fichier via la commande Enregistrer pour le Web et les périphériques. Cette commande génère un dossier images contenant les images qui composent les tranches de votre page Web, et un fichier HTML dont le contenu décrit la composition de votre page afin de l'afficher correctement avec un navigateur Web (Figure 1.7).

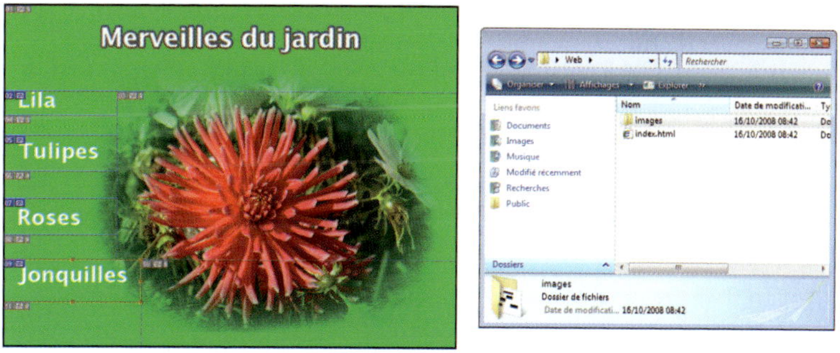

Figure 1.7 : Une page Web peut être entièrement créée avec Photoshop.

Eléments et processus de Photoshop

A bien des égards, Photoshop CS4 est un logiciel comme les autres : vous le démarrez, vous ouvrez et enregistrez des fichiers, et quittez le programme comme normalement. Beaucoup de fonctions ont un raccourci clavier. A l'instar des autres logiciels, la fenêtre peut être agrandie, réduite, redimensionnée et fermée.

Les opérations informatiques de base

Le Chapitre 3 aborde les aspects spécifiques à Photoshop concernant les panneaux flottants, les menus et les sous-menus ainsi que les outils de la barre Options. Mais auparavant je tiens à réviser quelques notions informatiques fondamentales.

Démarrer Photoshop

Photoshop peut être démarré en double-cliquant sur un fichier d'image, ou depuis le dossier Applications (Mac) ou le menu Démarrer (Windows). Les utilisateurs de Mac peuvent en outre tirer l'icône du programme – le logiciel lui-même – et la déposer dans le Dock afin d'y accéder d'un seul clic. Vous trouverez aussi un fichier nommé Photoshop CS4 dans le dossier Photoshop CS4, à l'intérieur du dossier Applications. Le Chapitre 3 présente l'interface de Photoshop CS4.

TRUC

Sous Windows Vista, vous pouvez également cliquer sur le bouton Démarrer, puis saisir immédiatement au clavier Photoshop. Dans la section Programmes du menu Démarrer, vous verrez apparaître Abobe Photoshop CS4. Cliquez dessus !

ATTENTION

N'ouvrez jamais une image dans Photoshop à partir d'un support amovible (CD, DVD, l'appareil photo ou sa carte Flash, une disquette Zip, une clé USB, etc.) ou d'un lecteur réseau. Copiez toujours le fichier dans le disque dur local, ouvrez-le depuis ce disque et enregistrez-le dessus. Ensuite seulement, copiez le fichier vers sa destination. Vous pouvez ouvrir un fichier depuis un disque dur interne ou externe, mais pour éviter de perdre votre travail, ou le fichier tout entier, à cause d'un problème de lecture ou d'écriture sur un support amovible, il est recommandé de s'en tenir au disque dur de l'ordinateur.

Travailler avec les images

Dans Photoshop, vous travaillez sur des fichiers d'image séparés. Chacun est enregistré sur le disque dur dans un format spécifique. Photoshop est capable d'ouvrir presque n'importe quelle image faite de pixels, de même que certains formats de fichiers qui ne le sont pas (les formats sont étudiés au Chapitre 2). Rappelez-vous que pour changer de format de fichier, vous ouvrez l'image dans Photoshop et utilisez la commande Enregistrer sous afin de créer un autre fichier. Bien que ce ne soit théoriquement pas obligatoire sur un Mac, je vous recommande vivement de toujours ajouter l'extension de fichier à la fin du nom. Si Photoshop ne parvient pas à ouvrir une image, c'est peut-être parce que le format n'est pas reconnu par Photoshop. Par exemple, Photoshop ne pourra pas ouvrir un fichier Excel (extension .XLS) ou un document Word (.DOC), car ce ne sont pas des formats d'image. Si vous venez d'acheter un appareil photo numérique et que Photoshop est incapable d'ouvrir les images RAW qu'il produit, recherchez un module Camera Raw approprié à cette adresse :

```
www.adobe.fr/products/photoshop/cameraraw.html
```

Vous y trouverez les instructions d'installation.

Enregistrer les fichiers

Vous devez utiliser la commande Enregistrer ou Enregistrer sous afin de préserver les modifications apportées aux images. Après avoir enregistré puis fermé l'image, les changements sont irréversibles. Tenez compte de ces deux préceptes lorsque vous travaillez sur des images auxquelles vous tenez :

- **Travaillez uniquement sur une copie du fichier d'image.** A moins que vous travailliez sur une photo numérique au format Raw (étudié au Chapitre 7), vous devez effectuer une sauvegarde de sécurité de l'image avant de la modifier dans Photoshop. Vous aurez ainsi l'assurance, si vous commettez une horrible erreur, de pouvoir tout reprendre du début. Cela dit, vous ne travaillez jamais directement sur une photo au format Raw : comme Photoshop ne peut réécrire le fichier original, c'est toujours sur une copie que vous intervenez.
- **Ouvrez un objet dynamique.** Plutôt que d'ouvrir un fichier via Fichier/Ouvrir, prenez l'habitude de choisir Fichier/Ouvrir en tant qu'objet dynamique. Avec ce type d'image transformé en objet dynamique, vous pouvez la redimensionner et la transformer de multiples manières sans en altérer la qualité à chaque nouvelle manipulation. De plus, vous pourrez lui appliquer des filtres dynamiques. Génial !
- **Sauvegardez aussi vos fichiers PSD.** Vous devez notamment sauvegarder l'image au format natif de Photoshop, complète, avec ses calques, tracés, etc., avant de recourir à Enregistrer sous afin de créer une copie finale dans un autre format. Si vous oubliez d'enregistrer une copie avec des calques, revenir en arrière pour effectuer une petite modification peut nécessiter des heures de travail.

Si vous tentez de fermer une image ou de quitter Photoshop sans avoir d'abord enregistré votre travail, un message vous demande si vous désirez enregistrer, fermer sans enregistrer ou annuler (Figure 1.8).

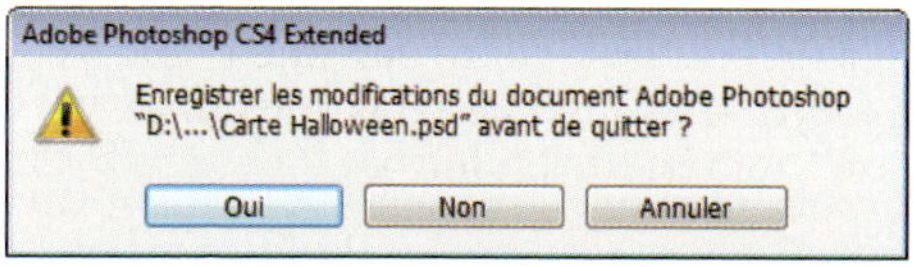

Figure 1.8 : Si des modifications n'ont pas été enregistrées, Photoshop vous le rappelle. (Ici sur PC.)

Les raccourcis clavier

Dans Photoshop, les raccourcis clavier sont personnalisables (voir Chapitre 3), mais les plus élémentaires sont ceux que l'on trouve dans d'autres programmes. Vous ouvrez, copiez, coupez, collez, enregistrez, fermez et quittez exactement comme dans Word, dans votre logiciel de messagerie ou quasiment n'importe quelle autre application. Je vous recommande de ne pas modifier ces raccourcis, même si vous en personnalisez d'autres.

Les remarquables annulations sélectives

C'est là une des différences marquantes avec les autres logiciels que vous utilisez. Presque tous les programmes proposent une fonction d'annulation qui permet de revenir sur la dernière commande ou action erronée. A l'instar de beaucoup de programmes, Photoshop propose le raccourci ⌘ + Z/Ctrl + Z pour annuler et rétablir. Mais il est aussi doté de deux grandes fonctionnalités qui permettent d'annuler partiellement.

Annuler en peignant avec la Forme d'historique

L'outil Forme d'historique permet d'annuler partiellement, en peignant, les effets de presque n'importe quel filtre, réglage ou outil : vous sélectionnez la Forme d'historique, choisissez l'état – un niveau du travail en cours – à rétablir, puis vous peignez sur les parties de l'image à rétablir à cet état antérieur.

Vous pouvez revenir aussi loin que vous le désirez, à deux limitations près : le panneau Historique, où vous sélectionnez les états antérieurs, ne contient qu'un nombre limité d'états. Il est possible, en choisissant Photoshop/Préférences, onglet Performances (Mac) ou Edition/Préférences, catégorie Performances (Windows), de définir le nombre d'états, jusqu'à un maximum de 1 000. Notez toutefois qu'augmenter ce nombre s'effectue au détriment de la mémoire vive dont vous pourriez avoir besoin pour les filtres et les réglages, ce qui entraînerait un ralentissement de l'ordinateur. Les vingt états antérieurs proposés par défaut sont suffisants pour la plupart des projets, mais si vous utilisez des outils de peinture ou d'autres procédures qui incitent à cliquer beaucoup, un nombre d'états plus élevé, de l'ordre d'une soixantaine, est recommandé.

La seconde limitation est la dimension des pixels. Quand vous modifiez la taille d'une image (en pixels), à l'aide de l'outil Recadrage ou avec les commandes Taille de l'image ou Taille de la zone de travail, la Forme d'historique ne permet pas de revenir aux états antérieurs à ces commandes. Vous pouvez en revanche choisir comme source n'importe quel état d'historique postérieur au redimensionnement.

Voici un exemple d'utilisation créative de l'outil Forme d'historique : ouvrez une photographie dans Photoshop. Appliquez divers filtres pour réduire le bruit, et aussi pour renforcer la netteté. Ensuite, convertissez-la en noir et blanc via Image/Réglages/Noir et blanc. Pour redonner la couleur d'origine à certaines zones de l'image, ouvrez le panneau Historique via le menu Fenêtre. Dans le panneau Historique, cliquez dans la case de gauche en regard de l'état qui précède Noir et blanc comme le montre la Figure 1.9. Dans mon exemple, il s'agit de l'état Accentuation. Vous en faites l'*état source* à rétablir. Sélectionnez l'outil Forme d'historique, puis peignez sur les pétales de la fleur afin de restaurer leur couleur d'origine : vous obtenez une photo en noir et blanc avec des touches de couleur.

Figure 1.9 : Des annulations avec la Forme d'historique.

Atténuer l'annulation avec la commande Estomper Forme d'historique

Immédiatement après avoir appliqué un filtre ou un réglage, ou utilisé l'un des outils de Photoshop, vous pouvez choisir la commande Edition/Atténuer et modifier l'opacité ou le mode de fusion utilisé à l'étape précédente. C'est ainsi qu'il est par exemple possible d'appliquer un filtre de netteté puis d'utiliser la commande Edition/Atténuer Accentuation afin de remplacer le mode de fusion Normal par Luminosité. N'accentuer que la luminosité de l'image, que ce soit par cette technique ou dans le mode de couleur Lab, empêche l'apparition malencontreuse de couleurs le long des arêtes de l'image. Les modes de couleur sont décrits au Chapitre 6. Ou encore vous pourriez appliquer le filtre Flou directionnel puis utiliser Edition/Atténuer Flou directionnel afin de ramener l'opacité du flou à 75 %. Il en résulte un effet de bougé en avant et en arrière, le sujet restant reconnaissable (voir Figure 1.10).

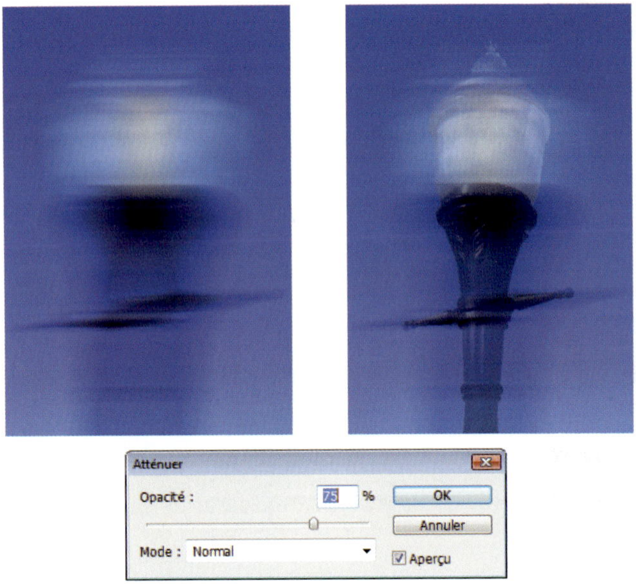

Figure 1.10 : Comparez le flou d'origine avec son atténuation par la commande Atténuer.

2

Les notions de base de l'imagerie numérique

Dans ce chapitre :

- Comprendre ce qu'est l'imagerie numérique.
- La résolution.
- Les nombreux formats de fichier de Photoshop.

Dans ce chapitre, je vous prodiguerai les notions de base sur l'imagerie numérique telle qu'elle existe dans Photoshop. Vous apprendrez ce qu'est la *résolution* – une notion importante – ainsi que les différentes manières d'enregistrer des images. Mais surtout, je vous apprendrai à comprendre la nature profonde des images numériques, en vous disant tout sur le pixel.

De quoi est faite une image numérique ?

Chaque fois que vous prenez une photo avec un appareil numérique ou que vous utilisez un scanner pour pouvoir importer une image dans Photoshop, vous la *numérisez*. Le terme "digitaliser" est aussi utilisé, mais abusivement, car si en anglais la racine de mot *digit* signifie "chiffre", en français, cette même racine signifie "doigt" : une empreinte digitale n'a rien de numérique. En informatique, tout, absolument tout se réduit à deux chiffres, 0 et 1, qui sont la base du calcul binaire. La photo d'un coucher de soleil, le nom d'un client dans une base de données, une page Internet sont tous représentés par du code binaire.

Quel est le rapport entre le code binaire et les photos de mariage que vous venez de prendre ou le chef-d'œuvre que vous venez de réaliser ? Dans Photoshop, une image est constituée de minuscules carrés colorés appelés "pixels", contraction de *picture element*, "élément d'image" (voir Figure 2.1). Dans l'ordinateur, chaque pixel est enregistré et traité sous forme de code binaire. Ces pixels représentent une image selon le même principe que les mosaïques antiques.

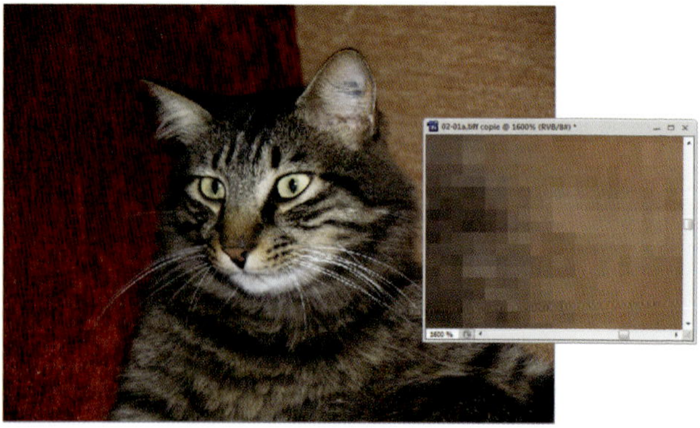

Figure 2.1 : Ce chat est en réalité un ensemble de minuscules carrés colorés.

Une dalle d'une mosaïque n'est ni un visage, ni du ciel, ni de l'herbe. Elle est seulement rose, bleue ou verte. Chaque dalle isolée n'a aucune relation particulière avec l'image prise dans sa globalité ; c'est en réalité l'association d'une dalle avec toutes celles qui l'entourent qui donne du sens, et la place dans son contexte graphique. Sans les autres, une dalle ne signifie rien.

La nature profonde du pixel

Vous devez acquérir quelques notions élémentaires d'imagerie de synthèse pour mieux connaître ce qu'il advient des pixels lorsque vous travaillez avec Photoshop.

- **Un pixel est indépendant.** Vous croyez voir un vélo rouge ou la trogne de l'oncle Barnabé, mais ce n'est en réalité qu'un ensemble de pixels. Dans ce livre, vous apprendrez à manipuler des groupes de pixels, mais cela n'empêche pas chacun d'exister par lui-même.
- **Un pixel est carré (sauf sur la TV).** Excepté en imagerie télévisuelle, basée sur des pixels non carrés (c'est un domaine particulier, brièvement évoqué au Chapitre 3), les pixels sont carrés. C'est un détail qui compte, notamment lors d'une rotation de tout ou partie d'une image.
- **Un pixel représente une couleur précise.** Cette couleur, qui est modifiable, est celle de la totalité du pixel. Un pixel ne peut pas être bicolore. Dans la Figure 2.2, un zoom à 3 200 % montre chacun des pixels.

Figure 2.2 : Un pixel est toujours monochrome.

- **Plus c'est petit, mieux c'est.** Plus un pixel est petit, plus l'image est détaillée (mais si des images sont préparées pour le Web ; elles doivent être compactes et, par conséquent, moins détaillées). Si vous photographiez un chien dans un parc avec un appareil trimégapixel – à trois millions de pixels –, et refaites la même prise de vue à 30 000 pixels seulement, il est facile de deviner laquelle des images restituera le mieux le poil et l'herbe, comme le révèle la Figure 2.3.

Figure 2.3 : Un plus grand nombre de pixels (en haut) produit une image plus détaillée.

Des pixels plus petits atténuent l'inesthétique effet d'escalier – ou crénelage – parfois visible le long des courbes et des lignes inclinées.

- **Une image faite de pixels s'inscrit toujours dans un quadrilatère.** Une image peut sembler circulaire ou en forme d'étoile, ou peut présenter un orifice, mais elle n'en est pas moins inscrite dans un quadrilatère. Les pixels existent en effet dans la zone environnante ou dans l'orifice, mais ils sont transparents.

Combien de pixels sur une tête d'épingle ?

"Résolution" est un terme qui revient sans cesse lorsqu'il est question d'infographie. Celle d'un appareil photo numérique s'exprime en mégapixels, c'est-à-dire le nombre de millions de pixels de son capteur photosensible. Une imprimante à jets d'encre a une certaine résolution, de même que l'écran du moniteur dont la résolution maximale est d'au moins 1 024 x 768 pixels. Un dessin doit être numérisé à une résolution très élevée. Lorsque vous imprimez une image, la résolution doit être de 300 pixels par pouce (faux !) et celle d'une image pour le Web de 72 pixels (encore faux !), sans oublier les bonnes résolutions du nouvel an.

La résolution révélée

Dans le bel univers de l'infographie, la résolution s'exprime sous quatre formes :

- **La résolution d'image :** Appelée aussi "définition" ou tout simplement "résolution", elle dépend de la taille de chacun des pixels de l'image que vous imprimez. Nous y reviendrons plus en détail dans la section "Choisir la résolution d'image".
- **La résolution du capteur :** Chaque modèle d'appareil photo numérique acquiert une image formée d'un certain nombre de pixels. Consultez le manuel de votre appareil ou ouvrez une image dans Photoshop et choisissez Image/Taille de l'image. Voyez le nombre de pixels en largeur et en hauteur. Multipliez ces deux chiffres, divisez par 1 million et arrondissez le résultat : vous obtenez le nombre de mégapixels de l'appareil plus ou moins annoncé par le fabricant (*NdT* : Il faut en effet retrancher une zone de pixels aveugles utilisée pour l'étalonnage du capteur). Si les photos sont destinées au Web ou si elles doivent être imprimées à une petite taille, 3 ou 4 mégapixels sont suffisants. Mais, pour des tirages en grand format, 6 mégapixels sont un minimum.

- **La résolution d'écran :** Elle indique le nombre de pixels visibles à l'écran. Que ce dernier soit branché à un Mac ou à un PC, la résolution est définie au niveau du système, comme le montre la Figure 2.4.

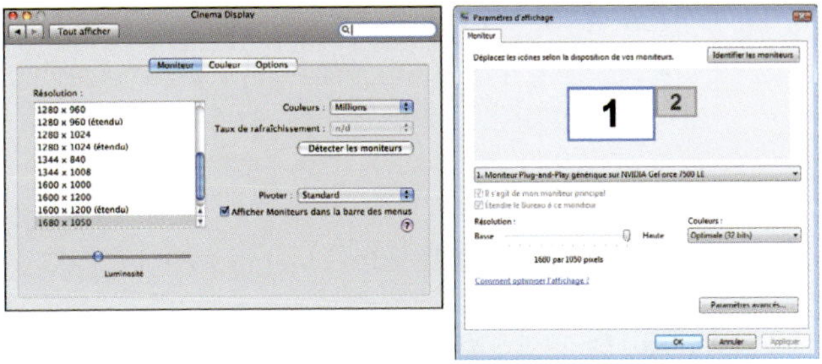

Figure 2.4 : La résolution de l'écran Mac OS X s'effectue dans les Préférences Système, celle de Windows Vista dans la boîte de dialogue Paramètres d'affichage.

- **Macintosh** : Sur un Mac, cliquez sur le menu Pomme, en haut à gauche de l'écran, et choisissez Préférences Système. Cliquez ensuite sur l'icône Moniteurs. Certains Mac sont équipés d'un bouton-poussoir qui ouvre automatiquement la fenêtre Moniteurs. Une résolution d'écran élevée procure un espace de travail plus confortable, mais chaque pixel est plus petit, ce qui risque de rendre certaines tâches délicates à effectuer. Procédez à des essais pour trouver la résolution qui vous convient le mieux.
- **Windows Vista :** Choisissez Démarrer/Panneau de configuration. Cliquez ensuite sur le lien Ajuster la résolution de l'écran dans la section Apparence et personnalisation. Le curseur Résolution permet de sélectionner une des résolutions d'affichage prises en charge par votre écran.

- **La résolution d'impression :** Contrairement aux termes qui précèdent, la résolution d'impression n'implique pas la notion de pixel. Il s'agit plutôt de la résolution de l'imprimante, c'est-à-dire sa capacité à aligner un certain nombre de gouttelettes d'encre sur le papier pour reproduire une image. Vous n'aurez assurément pas besoin que la définition d'une image se rapproche de la résolution de l'imprimante !

La résolution

La *résolution* n'est rien d'autre qu'une instruction indiquant à l'imprimante à quelle taille elle doit reproduire chaque pixel. A l'écran, quand vous travaillez avec Photoshop, une image n'a pas de résolution. Une image large de 3 000 pixels et haute de 2 000 aura exactement la même apparence dans Photoshop, que le paramètre Résolution soit à 300 ou à 72 pixels par pouce.

N'OUBLIEZ PAS

La résolution de l'image peut à tout moment être vérifiée et changée dans Photoshop en choisissant Image/Taille de l'image. La boîte de dialogue Taille de l'image (voir Figure 2.5) contient deux jeux de paramètres distincts mais cependant liés. La zone du haut, nommée Dimensions de pixel, contient la taille de l'image elle-même. En bas, la zone Taille du document contient les instructions pour le périphérique d'impression : les dimensions ne concernent que l'imprimante et n'ont aucune incidence sur ce que vous faites dans Photoshop.

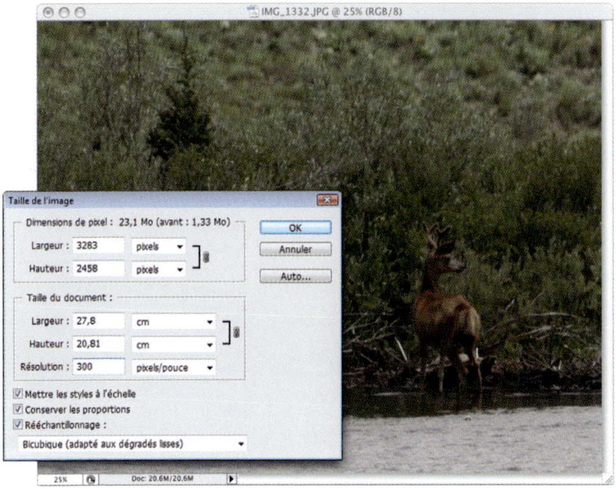

Figure 2.5 : La taille réelle de l'image est indiquée en haut. En bas, ce ne sont que des instructions pour l'impression.

TRUC

Vous découvrirez qu'il est très commode de changer simultanément les dimensions de pixel et la taille du document, dans la boîte de dialogue Taille de l'image. L'ordinateur se charge de tous les calculs. Par exemple, quand l'option Conserver les proportions est activée, si vous entrez une valeur pour la Largeur, Photoshop ajuste automatiquement et proportionnellement celle de la Hauteur. Ainsi, l'image n'est pas déformée.

Modifier la taille d'une image

Il existe plusieurs façons de changer la taille des photos et autres graphismes. Au Chapitre 4, vous découvrirez le *recadrage*, qui permet de couper les parties superflues d'une image afin de ne conserver que l'essentiel. Vous pouvez aussi recourir à la commande Taille de l'image pour modifier les dimensions de l'image, y compris à l'impression, tout en conservant la composition originale, c'est-à-dire l'agencement des lignes et des volumes. Mais, comme le montre la Figure 2.6, trop réduire la taille d'une image rend son contenu plus difficilement identifiable.

Figure 2.6 : Trop réduire une image nuit à sa lisibilité.

Si vous connaissez les dimensions que doit avoir l'image finale – disons, pour un placement dans une page Web –, il suffit de taper ce chiffre dans l'un des champs de la zone supérieure de la boîte de dialogue Taille de l'image, puis de cliquer sur OK. Dans la plupart des cas, vous cochez les trois cases au pied de la boîte de dialogue, vous entrez la largeur ou la hauteur d'impression désirée (Photoshop calcule la dimension manquante), puis vous cliquez sur OK. Vous désirez bien sûr contrôler plus étroitement le procédé, n'est-ce pas ? La Figure 2.7 montre la boîte de dialogue Taille de l'image.

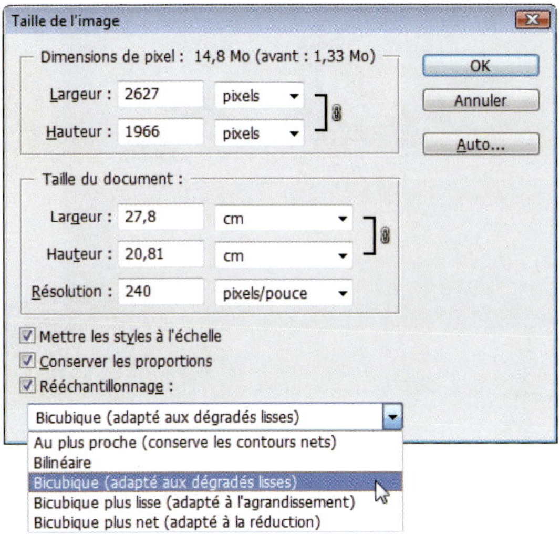

Figure 2.7 : Ces paramètres ont un effet décisif sur l'apparence de l'image finale.

Trois décisions doivent être prises dans la partie inférieure de la boîte de dialogue Taille de l'image. La première est assez facile : si vous redimensionnez une image comportant des styles de calque (voir Chapitre 12), vous cocherez sans doute la case Mettre les styles à l'échelle, afin de préserver l'apparence de l'image lorsqu'elle est étirée ou contractée. En quelques mots, les styles de calque – comme les ombres, les lueurs et les biseautages – sont appliqués à un calque à une taille spécifique. Une image peut être redimensionnée sans que les styles soient affectés ou, au contraire, le style peut changer proportionnellement. Ne pas modifier l'échelle d'un style de calque peut affecter considérablement l'image redimensionnée, comme le révèle la Figure 2.8. Un léger biseautage associé à une faible ombre portée produit un délicat effet 3D dans l'original (en haut). Mais si cet original est réduit au quart de sa taille (en bas), l'effet est calamiteux.

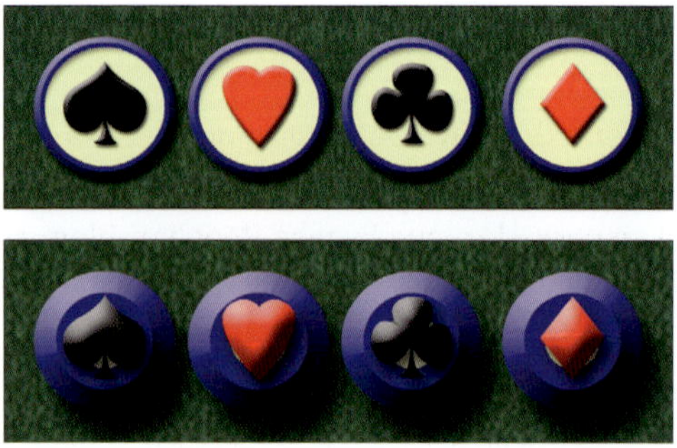

Figure 2.8 : Redimensionner une image sans changer l'échelle des styles de calque peut produire un effet désastreux.

La case du milieu, Conserver les proportions, doit toujours être cochée. Sauf à quelques rares exceptions près, vous désirerez préserver l'homothétie – le rapport largeur-hauteur – lors d'un redimensionnement afin d'empêcher la déformation de l'image. La Figure 2.9 montre ce qui risque de survenir lorsqu'un côté d'une image est redimensionné sans conserver les proportions.

Figure 2.9 : Redimensionner sans conserver les proportions ? Intéressant, mais pas très utile…

La case du bas, Rééchantillonnage, est l'une de celles qui titillent volontiers la matière grise : vous êtes non seulement censé décider s'il faut rééchantillonner l'image, mais aussi choisir comment. Reportez-vous à la Figure 2.7 pour constater que vous disposez de cinq options ou, plus exactement, de cinq algorithmes de rééchantillonnage.

Avant d'aborder ces options, permettez-moi d'expliquer ce qui se passe lorsque la case Rééchantillonnage n'est pas cochée. La partie supérieure de la boîte de dialogue Taille de l'image n'est plus accessible : impossible de modifier le contenu de la zone Dimensions de pixel, comme le montre la Figure 2.10. L'information est affichée, mais elle est immuable. En décochant la case Rééchantillonnage, vous protégez les pixels d'origine, interdisant tout changement à l'image elle-même.

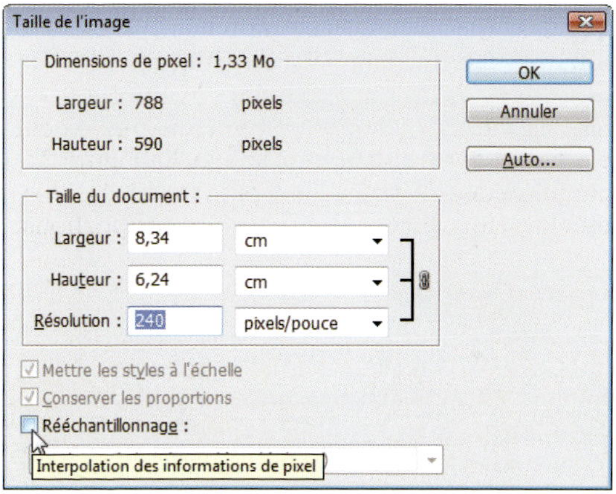

Figure 2.10 : Décocher la case Rééchantillonnage laisse la possibilité de changer la taille à l'impression, mais plus celle des pixels.

Que reste-t-il à faire ? En utilisant Taille de l'image sans rééchantillonner, vous modifiez uniquement les instructions qui, dans l'image, sont destinées au périphérique d'impression. Quand vous entrez une dimension, largeur ou hauteur, Photoshop calcule l'autre dimension ainsi que la nouvelle résolution. Ou alors vous pouvez modifier le paramètre Résolution, Photoshop recalculant la taille d'impression, bien qu'il soit généralement plus rationnel de la spécifier directement.

N'OUBLIEZ PAS

Jetez un coup d'œil à la Figure 2.11 : la case Rééchantillonnage a été décochée et la valeur **15** exprimée en **cm** a été entrée afin d'imprimer la photo sur du papier photo au format 15 x 20 cm. Photoshop a calculé l'autre dimension, 11,23 cm, et une nouvelle résolution : 133,435 pixels par pouce (ppp). Mais si la photo doit être tirée en 13 x 18 ? Si j'entre **13** pour la hauteur, Photoshop recalcule la largeur, soit 17,36 cm, avec une résolution de 115,277 ppp. Pour obtenir un véritable 13 x 18, je dois entrer **18** dans le champ Hauteur puis rogner l'image, car le rapport largeur-hauteur de la photo numérique n'est pas le même que celui du papier, la Largeur étant automatiquement ajustée sur 13,48 (dans mon exemple). Nous y reviendrons au Chapitre 4.

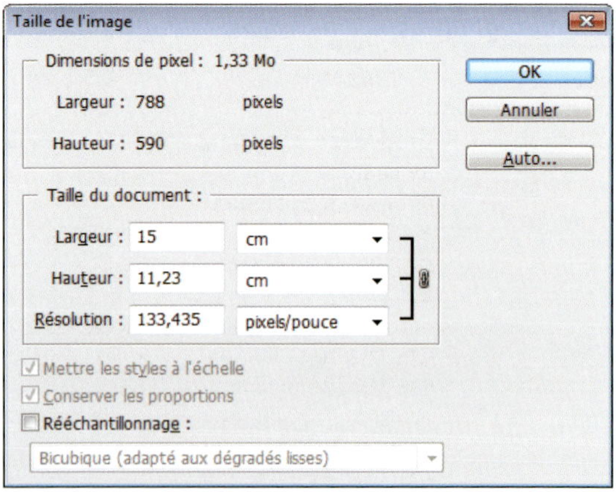

Figure 2.11 : Entrez une valeur et Photoshop calcule les deux autres.

Revenons au rééchantillonnage. Quand vous rééchantillonnez une image – modification des dimensions de pixel –, Photoshop la met à la nouvelle taille, en s'efforçant autant que faire se peut d'en préserver l'apparence. Bien sûr, si vous réduisez une image de plus de 3 000 pixels de côté à 300 pixels seulement, des pixels seront perdus (souvenez-vous de ce qui est arrivé au pauvre bouledogue à la Figure 2.3).

Choisir un algorithme de rééchantillonnage

Après avoir décidé de modifier les dimensions de pixel de l'image au travers de la boîte de dialogue Taille de l'image, vous devez sélectionner l'un des cinq algorithmes de rééchantillonnage – ils sont visibles à la Figure 2.7 – selon les conseils prodigués par le Tableau 2.1.

N'OUBLIEZ PAS

L'algorithme de rééchantillonnage sélectionné dans les préférences est aussi utilisé par la commande Edition/Transformation, qui sert à redimensionner, pivoter et déformer une partie d'un graphisme. Cette commande est décrite au Chapitre 10.

Tableau 2.1 : Choisir l'algorithme de rééchantillonnage.

Algorithme	*Utilisation*	*Résultat*
Au plus proche	Graphisme contenant de vastes aplats de couleur (graphiques à secteurs, logo simple…). A éviter avec les photos.	Préserve la couleur des pixels.
Bilinéaire	Graphisme contenant des lignes horizontales et verticales, et des blocs colorés (boutons pour pages Web…). A éviter avec les photos.	Préserve la netteté des bords.
Bicubique	Rééchantillonnage universel. A utiliser pour des changements de taille assez faibles.	Calcule la couleur de chaque nouveau pixel selon la moyenne des pixels environnants.

Tableau 2.1 : Choisir l'algorithme de rééchantillonnage.

Algorithme	*Utilisation*	*Résultat*
Bicubique plus lisse	Des dégradés et des décalages de couleurs progressifs sont introduits lors de l'augmentation de la taille d'une photo ou d'un graphisme.	Produit le résultat le plus plaisant lorsque le rééchantillonnage est augmenté.
Bicubique plus net	Lors de la réduction du nombre de pixels d'une photo.	Préserve la netteté de l'image.

Echelle basée sur le contenu

Voici une nouveauté CS4, la fonction Échelle basée sur le contenu du menu Edition. Elle est conçue pour redimensionner une image sans la recadrer. Le tour de force ici est qu'elle respecte les proportions afin de ne pas déformer les éléments de l'image. Voici comment l'utiliser :

1. **Ouvrez une image ou créez une sélection sur une image.** Ne créez une sélection que si vous souhaitez redimensionner une partie de l'image. Pour redimensionner toute l'image, n'effectuez pas de sélection.
2. **Convertissez le calque Arrière-plan.** Si votre image n'est composée que d'un seul calque (Arrière-plan), double-cliquez sur sa vignette dans le panneau calque pour le convertir en calque standard. La fonction Échelle basée sur le contenu ne fonctionne pas sur une image aplatie.
3. **Cliquez sur Image/Taille de la zone de travail.** Définissez une nouvelle taille de la zone de travail soit plus grande, soit plus petite, en fonction des besoins de redimensionnement de votre photo.

4. **Cliquez sur Edition/Échelle basée sur le contenu.** Faites glisser les poignées situées au centre de chaque bord du cadre de redimensionnement jusqu'à ce que la zone de travail soit entièrement remplie. Pour procéder à une mise à l'échelle depuis le centre, appuyez sur Alt/Option pendant que vous agissez sur ces poignées. Si vous redimensionnez une image contenant des personnes, cliquez sur l'icône de la silhouette située à droite du menu local Protéger de la barre d'options afin de préserver les tonalités de la peau.
5. **(Facultatif) Aplatissez l'image.** Si nécessaire, cliquez sur Calque/Aplatir l'image.

Dans cet exemple, la photo d'origine est représentée à gauche. Au centre, vous avez une version de la photo redimensionnée avec la fonction Taille de l'image. Je l'ai fait passer de 18 x 25 cm à 20 x 25 cm (avec l'option Conserver les proportions décochée). A droite, vous constatez que la fonction Échelle basée sur le contenu fait un bien meilleur travail en réduisant au maximum la déformation du personnage.

Est-ce que la mise à l'échelle basée sur le contenu vous permet de cadrer vos images n'importe comment à la prise de vue ? Certainement pas ! Est-il préférable de recadrer avec Photoshop en appliquant de nouvelles proportions ? Rarement ! Cette fonction permet-elle de redimensionner toutes les photos ? Essayez et nous en reparlerons !

Choisir la résolution d'image

Après avoir réglé la question du rééchantillonnage, comment saurez-vous à quelle taille vous devez rééchantillonner ? Combien de pixels faut-il ? Voici quelques recommandations :

- **Photos destinées à une impression à jets d'encre :** Les imprimantes sont des périphériques stochastiques, dans la mesure où elles projettent d'innombrables gouttelettes d'encre sur le papier afin de reproduire chacun des pixels de l'image, comme le montre la Figure 2.12. Théoriquement, la résolution d'image optimale est le tiers de la résolution de l'imprimante. Par exemple, une imprimante à 720 pixels par pouce produit le meilleur résultat avec des images à 240 ppp. Pour une imprimante à 1 440 ppp, la formule s'applique à des images à 480 ppp (et il en va de même pour des imprimantes de type 2 880 x 1 440). Toutefois, quelles que soient les performances de l'imprimante, vous n'aurez jamais à utiliser une résolution d'image supérieure à 300 ppp.

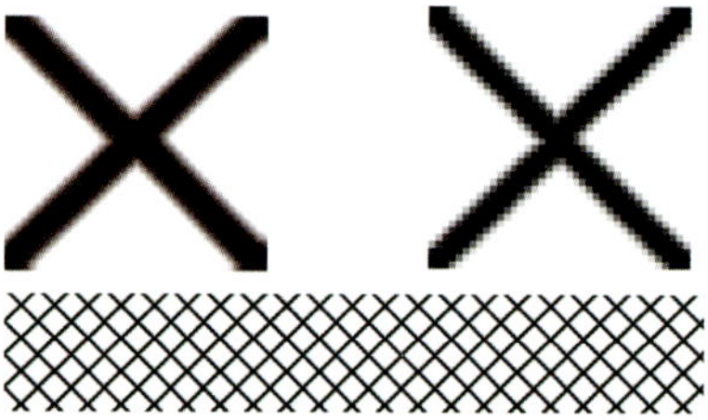

Figure 2.12 : Cet agrandissement révèle les gouttelettes de l'imprimante à jets d'encre.

- **Images pour le Web :** Ignorez la résolution. Ignorez la totalité de la zone Taille du document, dans la boîte de dialogue Taille de l'image. Ne prenez en compte que les dimensions en pixels. Déterminez-les sur la page Web et reportez-les exactement pour l'image.

- **Logiciels de PAO presses typographiques** : Si l'image doit être importée dans un logiciel de PAO puis envoyée chez un imprimeur, vous devez connaître la linéature de la trame utilisée pour la gravure. Demandez à l'imprimeur ou au maquettiste. La résolution de votre image doit être soit exactement égale à 1,5 fois, soit exactement égale à 2 fois la linéature. Dans les deux cas, aucune différence sensible ne devrait apparaître à l'impression finale.
- **Présentations PowerPoint et documents de traitement de texte :** En règle générale, une résolution de 72 ppp est appropriée pour les images placées dans une présentation ou dans un document Word. Vous devez les redimensionner à la taille définitive exacte.

Formats de fichier : lequel choisir ?

Après avoir travaillé sur vos images dans Photoshop, vous devez enregistrer les modifications. La commande Fichier/Enregistrer les applique au fichier présent sur le disque dur, en conservant si possible le format de fichier. Mais si vous avez ajouté des fonctionnalités qui ne sont pas reconnues par le format de fichier d'origine, Photoshop ouvre automatiquement la boîte de dialogue Enregistrer sous et les signale. Dans la Figure 2.13, un triangle jaune en bas de la boîte de dialogue Enregistrer sous apparaît en regard des fonctionnalités non reconnues par le format JPEG.

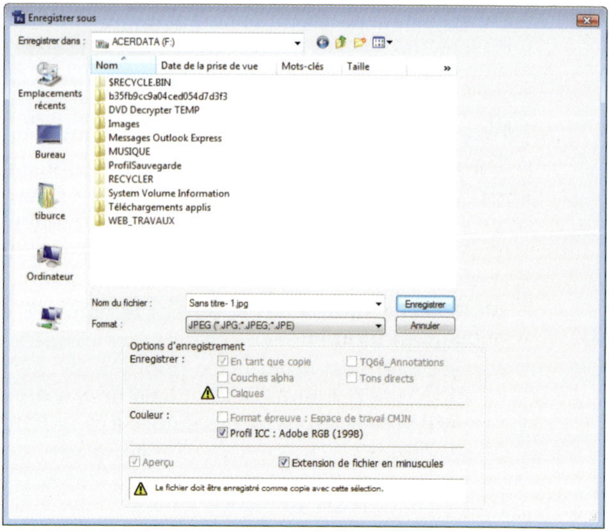

Figure 2.13 : Photoshop signale les fonctionnalités non reconnues par le format de fichier sélectionné.

Vous pouvez néanmoins enregistrer l'image au format choisi, sachant que le fichier ne contiendra pas les fonctionnalités non reconnues. Dans l'exemple de la Figure 2.13, vous pourrez certes cliquer sur le bouton Enregistrer et obtenir un fichier JPEG, mais il ne contiendra pas le ou les calques. L'image sera aplatie, c'est-à-dire que tous ses calques seront réduits à un seul calque. Si vous tenez à conserver tous ces calques, vous devez choisir un autre format, comme le PSD, qui est le format propre à Photoshop. (Vous en saurez davantage sur les couches alpha au Chapitre 8 et sur les couches de tons directs au Chapitre 6.)

TRUC

Quel que soit le format de fichier choisi, si vous ajoutez des calques, du texte, des calques de réglage, des couches ou des tracés à votre image, conservez un original au format Photoshop (PSD) ou au format TIFF avec calques qui ne soit ni aplati ni fusionné afin de préserver les calques. Si par la suite il faut intervenir sur l'image, ou recopier un effet à partir de cette image, vous n'aurez pas à tout recommencer de zéro.

Les formats de la photo numérique

Si vous imprimez vous-même les images, vous pouvez vous en tenir au format d'origine des photos ou opter pour le format PSD de Photoshop. Mais si vous confiez l'impression de vos images à une boutique photo, choisissez le format JPEG ou, s'il est accepté, le format TIFF. Voici les avantages et les inconvénients des principaux formats photographiques :

- **PSD :** C'est le format natif de Photoshop, parfait pour enregistrer une image avec un maximum de souplesse. Comme le format PSD supporte toutes les fonctionnalités de Photoshop, il n'est pas nécessaire d'aplatir l'image : tous les calques sont conservés, ce qui permet de les retravailler par la suite. Si le fichier est gros – plus de 4 Mo –, faites une copie aplatie en TIFF ou en JPEG avant d'imprimer. Ne confiez jamais de fichier PSD à une boutique, pour l'impression.
- **TIFF :** Bien que le format TIFF puisse conserver les calques ainsi que d'autres fonctionnalités de Photoshop, utilisez la commande Calques/Aplatir l'image avant de faire imprimer des fichiers. Un fichier TIFF à calques n'est en effet compatible qu'avec Photoshop. Si vous n'aplatissez pas l'image avant de l'enregistrer en TIFF, ou si vous choisissez d'y inclure les calques, Photoshop affiche le message de la Figure 2.14.

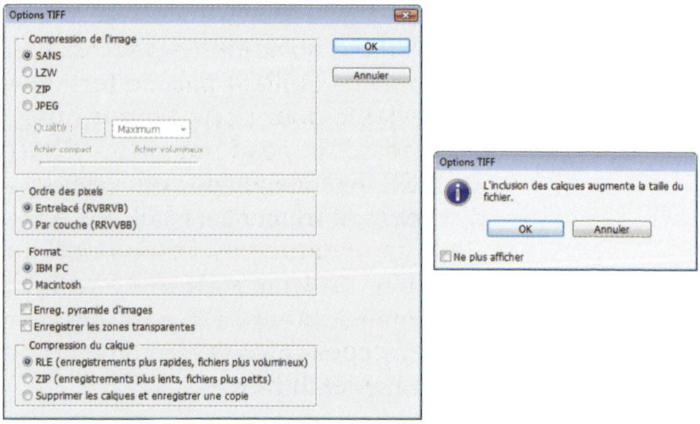

Figure 2.14 : Aplatissez une image avant de l'enregistrer au format TIFF pour l'utiliser dans d'autres logiciels.

- **JPG :** Ce que l'on appelle "JPEG" est en réalité une méthode de compression de fichier plutôt qu'un format d'image, mais c'est un détail. Ce qui est important, c'est de savoir que le JPEG modifie plus ou moins le contenu de l'image au moment de l'enregistrement. Les images auxquelles vous tenez doivent être enregistrées en PSD ou en TIFF ; n'utilisez le format JPEG que pour les copies. Quand faut-il recourir au JPEG ? Lorsque vous confiez des images à un labo photo qui n'accepte pas le TIFF ou si vous envoyez des images – par courrier électronique ou sur CD – à des gens qui n'ont pas Photoshop. En effet, contrairement au PSD et au TIFF, des images JPEG peuvent être ouvertes dans un navigateur Web puis imprimées. C'est ainsi que le tonton Clodomir, qui n'y connaît rien en imagerie, pourra visionner vos photos de vacances. Quand vous sélectionnez l'cnregistrement au format JPEG, plus le paramètre Qualité est faible, plus le fichier sera compact, mais plus l'image sera dégradée. Les spécificités du format JPEG sont développées dans l'encadré "Réenregistrer des images en JPEG".

- **PDF :** Le format PDF est souvent oublié, à tort, lorsqu'il est question de photos. Bien que les labos photo n'en veuillent pas, ce format est néanmoins appréciable pour partager vos images avec des gens qui n'ont pas Photoshop. Contrairement au JPEG, les images ne sont pas dégradées lors d'un enregistrement en PDF. Et, à l'instar du JPEG, quiconque possède un ordinateur peut les visionner. Le lecteur de fichiers PDF Adobe Reader est en effet installé sur la plupart des machines. Sachez cependant qu'un fichier PDF est plus gros qu'un fichier JPEG.
- **Format Document volumineux (PSB) :** Des documents de très grosse taille – plus de 30 000 pixels de côté – doivent être enregistrés au format PSB. Aurez-vous besoin de cette fonctionnalité ? Une photo de 30 000 pixels de largeur à une résolution de 300 pixels par pouce produirait un tirage d'environ 2,50 mètres. Une résolution de 85 ppp serait plus appropriée pour une bannière à suspendre dans une entrée ; sa largeur serait d'un peu plus de 75 cm.

Bien d'autres formats sont disponibles, notamment les formats DCS, PNG et Photoshop RAW, mais ils ne sont pas indispensables, comparés aux formats plus courants et plus souples que nous venons d'évoquer.

Les formats pour le Web

En règle générale, pour enregistrer des images destinées à orner les pages d'un site Web, vous choisirez Enregistrer pour le Web et les périphériques plutôt que la classique commande Enregistrer sous. Ainsi vous préparez des images destinées au Web, aux téléphones mobiles, aux PDA (assistants personnels) et bien d'autres encore. Voici d'ores et déjà les trois formats couramment utilisés sur le Web :

- **JPG :** C'est l'appellation en trois lettres du format JPEG. Utilisez-le pour les photos, et n'oubliez pas de les redimensionner à la bonne taille pour les pages du site. Le paramètre Qualité vous obligera à trouver un compromis entre l'apparence de l'image et la taille de son fichier. Un petit fichier est téléchargé plus rapidement, mais un fichier plus gros produit généralement une meilleure image. Réduisez la qualité jusqu'au point qui précède celui où l'image cesse d'être acceptable, et vous aurez trouvé le "point optimal". Le format JPEG est capable de restituer près de 16,8 millions de couleurs.
- **GIF :** Ce format est plus approprié pour des éléments comme les boutons Web et les bannières (comme celles de la Figure 2.15) que pour les photos, car il n'enregistre pas plus de 256 couleurs. De ce fait, les subtils dégradés deviennent des aplats, produisant un désagréable effet de bandes. Il accepte une couleur de transparence et peut être animé.

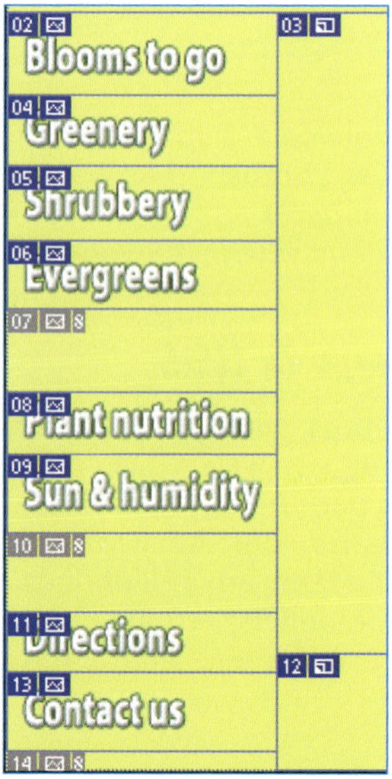

Figure 2.15 : Utilisez le format GIF pour les éléments des pages Web.

- **PNG :** Il existe deux types de format PNG : le PNG-8, qui est l'équivalent du GIF, et le PNG-24, qui est l'équivalent du JPEG, mais sans dégradation des données. Le PNG est capable de gérer une couleur de transparence, mais pas les animations, et il n'est pas reconnu par tous les navigateurs Web. C'est pourquoi il est plus prudent d'utiliser le JPEG et le GIF.

Les formats pour l'imprimerie

Au bureau, vous êtes le spécialiste de Photoshop, celui qui est incollable en infographie, la personne idoine pour créer la nouvelle plaquette publicitaire de la société. A ce détail près que vous êtes photographe, ou concepteur de pages Web, et que vous ne savez pas du tout comment préparer des images pour une impression sur une presse typographique.

Voici ce que vous devez savoir au sujet des images CMJN (cyan, magenta, jaune, noir) que vous remettrez à l'imprimeur :

- **TIFF :** C'est généralement un choix éprouvé. Choisissez ce format pour les photographies ne contenant pas de calque.
- **EPS :** Choisissez le format EPS si du texte a été ajouté à l'image. N'aplatissez ni ne fusionnez les calques de texte avant d'avoir utilisé la commande Enregistrer sous, afin de créer le fichier EPS. Parmi les options, n'oubliez pas de cocher la case Inclure les données vectorielles pour être sûr que la typographie soit parfaitement imprimée.

- **PDF :** A l'instar de l'EPS, le format PDF doit lui aussi ne pas être rouvert dans Photoshop. En revanche, contrairement à l'EPS, il enregistre les couches chromatiques en ton direct (couleurs personnalisées), les couches alpha (données de transparence) et les tracés. Si vous tenez à conserver l'une de ces fonctionnalités, préférez le PDF à l'EPS, à condition bien sûr que votre imprimeur accepte ce format.
- **PSD :** N'optez pour le format PSD que si le fichier d'image doit être utilisé dans Adobe InDesign. Ne confiez pas de fichier PDF à votre imprimeur.
- **DCS :** Le format DCS 2.0 est une variante du format EPS qui supporte les tons directs et les couches alpha. Il est surtout utilisé avec QuarkXPress.

Réenregistrer au format JPEG

Le format JPEG exploite un algorithme de compression à perte de données : des données graphiques sont perdues ou altérées lors de l'enregistrement. Plus le paramètre Qualité est faible, plus la dégradation est forte. Examinez les photos. L'original se trouve à gauche. Au milieu, la photo est enregistrée en JPEG avec une qualité élevée. A droite, la qualité est faible. Vous voyez maintenant ce que je veux dire par "dégradation" ?

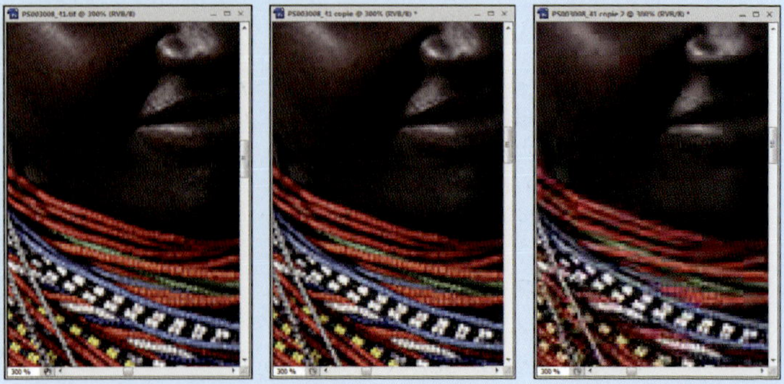

Si vous enregistrez une image en JPEG une deuxième fois, davantage de données graphiques sont perdues. Chaque fois que vous procédez ainsi, la qualité en souffre. Bien sûr, il arrive parfois qu'une image en JPEG doive être ouverte, retouchée puis réenregistrée en JPEG, que ce soit dans le cadre d'un travail pour le Web ou pour dépanner quelqu'un. Pour minimiser les dommages, réenregistrez avec la qualité la plus élevée (12) ou, si vous les connaissez, exactement les mêmes paramètres que ceux utilisés la première fois dans Photoshop.

Les formats pour PowerPoint et Word

Si vos images sont destinées à PowerPoint ou Word, choisissez le format PNG. Si elles comportent des zones transparentes, ce format est incontournable (les deux types de format PNG sont décrits à la section "Les formats pour le Web", précédemment dans ce chapitre).

Comment utiliser tous les cliparts qui s'entassent dans le disque dur alors que Photoshop ne sait pas ouvrir les fichiers d'images vectorielles WMF et EMF ? Voici comment procéder pour importer rapidement et facilement des cliparts dans Photoshop :

1. **Ouvrez un nouveau document dans Word (ou dans un logiciel de traitement de texte équivalent).**
2. **Ajoutez le clipart.**

   Dans Word, choisissez Insertion/Images clipart ou, dans un autre logiciel, la commande similaire. Cliquez dans le clipart puis tirez sur son coin inférieur droit afin de le redimensionner (*NdT* : Dans Word, maintenez la touche Majuscule enfoncée afin de conserver les proportions). Le graphisme sera importé dans Photoshop à 300 pixels par pouce.
3. **Choisissez Edition/Copier.**

   L'image est copiée dans le Presse-papiers de Word.
4. **Passez au document Photoshop.**
5. **Choisissez Edition/Coller.**

Le clipart est collé, prêt à être utilisé dans Photoshop. Choisissez les options d'Edition/Transformations pour le redimensionner, le pivoter, le basculer, etc.

3

Le tour du propriétaire

Dans ce chapitre :

- Les règles générales du travail avec Photoshop.
- Travailler plus efficacement en personnalisant Photoshop.
- Définir vos préférences et vos paramètres de couleur.

Ici, vous apprendrez à reconnaître les menus qui ouvrent des boîtes de dialogue, à quoi sert le petit triangle dans le coin d'un panneau, et quels outils sont dépourvus de barre d'options. Vous verrez aussi comment personnaliser l'environnement de Photoshop afin de travailler mieux et plus vite. Ensuite, je vous montrerai comment configurer les préférences de Photoshop et les paramètres de couleur.

Comment tout cela fonctionne

Une bonne connaissance des opérations et fonctionnalités de base de Photoshop vous procurera le bagage indispensable pour bien appliquer les recettes de ce livre et le mettre au service de votre créativité.

TRUC

N'oubliez pas les info-bulles de Photoshop ! Si vous ne savez pas à quoi servent un outil ou certaines options, immobilisez le pointeur de la souris deux ou trois secondes au-dessus et Photoshop vous donnera l'information.

C'est au menu

A l'instar de nombreux autres logiciels, cliquer sur le nom d'un menu déploie une liste de commandes. Sur un Mac ou sous Windows, il est possible de cliquer sur le nom d'un menu puis, bouton enfoncé, d'aller jusqu'à la commande désirée, en passant par les sous-menus. Ou alors vous cliquez, relâchez le bouton, puis cliquez sur la commande. Des commandes comme Recadrage ou Tout faire apparaître sont exécutées immédiatement après avoir cliqué dessus. Quand le nom d'une commande est suivi par des points de suspension – c'est le cas de la commande Appliquer une image, à la Figure 3.1 –, vous savez qu'une boîte de dialogue s'ouvrira, où vous devrez définir des paramètres. Un triangle à droite d'une commande, comme Rotation de la zone de travail (Figure 3.1), indique un sous-menu. Cliquez sur la commande et un autre menu apparaît à droite. Les symboles ésotériques à droite de la commande Intervertir, par exemple, sont les touches de son raccourci clavier.

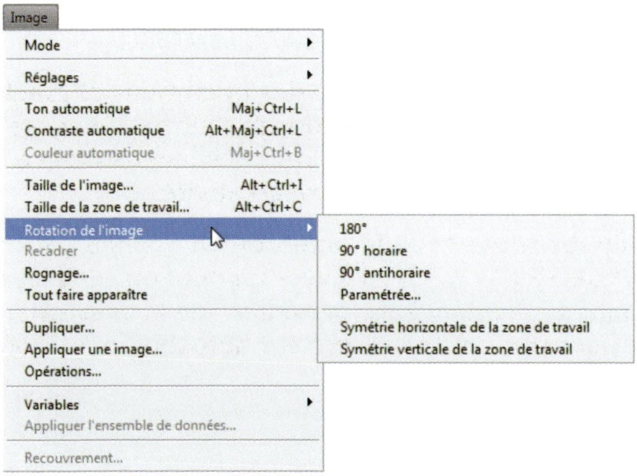

Figure 3.1 : Certaines commandes ouvrent des boîtes de dialogue, d'autres déploient des sous-menus.

Comme vous le lirez dans la section à venir "Les espaces de travail personnalisés", les menus de Photoshop CS4 sont personnalisables. Il est ainsi possible de ne pas afficher les commandes jamais utilisées. Vous pouvez aussi affecter un code de couleur aux commandes, ce qui permet de repérer rapidement celles que vous utilisez le plus souvent.

Quand une commande est en grisé, cela signifie qu'elle n'est pas disponible. Certaines, comme Resélectionner du menu Sélection, ne sont utilisables que dans certaines conditions (en l'occurrence, lorsqu'une désélection vient d'être faite). De même, bon nombre des filtres créatifs de Photoshop ne sont disponibles que si vous travaillez en mode chromatique RVB (rouge, vert, bleu) 8 bits/couche.

Panneaux à volonté

Les panneaux contiennent des fonctionnalités de Photoshop qui doivent toujours rester à portée de clic. Je ne m'imaginerais pas devoir déployer un menu et naviguer longuement jusqu'à l'outil requis chaque fois que je dois sélectionner un outil ou activer un calque. Il n'est pas nécessaire que les panneaux soient toujours visibles.

Appuyez sur la touche Tab pour les faire tous disparaître, ou appuyez sur Maj + Tab pour les masquer tous, sauf la Boîte à outils et la barre d'options. Moins de panneaux dégage davantage de place pour l'image. Les panneaux peuvent être sélectivement affichés ou masqués à partir du menu Fenêtre.

Figure 3.2 : Réduire/développer les panneaux libère de l'espace pour les images affichées dans la zone de travail.

En cliquant et en glissant l'onglet d'un panneau qui n'est pas réduit, vous pouvez en faire un panneau flottant, ou le grouper avec d'autres panneaux ancrés. Vous avez la possibilité de faire de même avec les panneaux réduits. Ainsi, vous pouvez glisser-déplacer l'icône d'un panneau Source de duplication dans un autre endroit de l'interface afin d'exécuter plus facilement des opérations complexes de duplication. (Le panneau Source de duplication s'utilise avec l'outil Tampon de duplication. Vous pouvez définir jusqu'à quatre sources différentes de duplication pour faciliter vos différents clonages.)

Beaucoup de panneaux de Photoshop sont redimensionnables. Comme pour une fenêtre d'image, tirez sur le coin inférieur droit d'un panneau pour réduire sa taille ou l'agrandir. Des boutons, sur la barre de titre, contrôlent la visibilité et la taille d'un panneau ou d'un groupe de panneaux (voir Figure 3.3). Le menu d'un panneau contient des options comme la taille des vignettes avec le panneau Calques qui permet de définir la manière dont les éléments du panneau vont s'afficher.

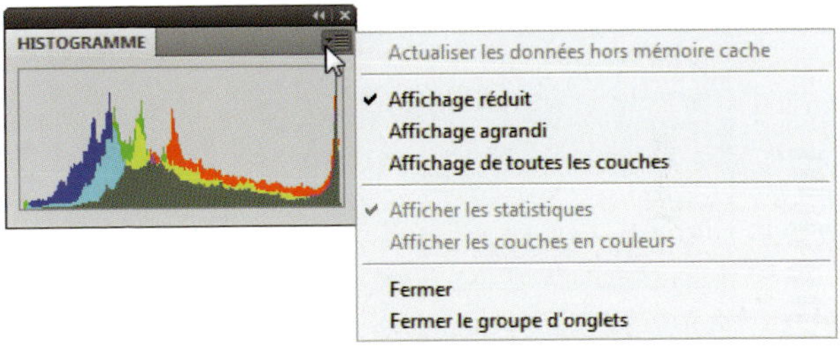

Figure 3.3 : Le menu local d'un panneau situé sous le bouton X affiche des options.

TRUC

Sur la Figure 3.2, vous constatez que la boîte à outils (ou panneau Outils) de Photoshop tient sur une seule colonne disposée sur le côté gauche de l'interface. Elle libère ainsi de l'espace pour afficher vos images. Si vous préférez la boîte à outils sur deux colonnes, cliquez sur les chevrons situés dans le coin supérieur gauche de ce panneau.

Le contenu de certains panneaux change automatiquement selon le travail en cours. Ajoutez un calque et il apparaît dans le panneau Calques. Mémorisez une sélection et le panneau Couches contient une nouvelle couche alpha. Il suffit de tracer une forme sur la zone de travail avec l'outil Forme personnalisée pour qu'un calque spécifique apparaisse dans le panneau Calques tandis que le panneau Couches affiche le masque vectoriel du calque. Vous contrôlez quelques autres panneaux en chargeant (et supprimant) leur contenu à partir du menu de panneau ou avec la commande Edition/Gestionnaire des paramètres prédéfinis. Ce gestionnaire, que montre la Figure 3.4, sert à enregistrer vos personnalisations, mais aussi à charger des éléments graphiques dans des panneaux ou les supprimer.

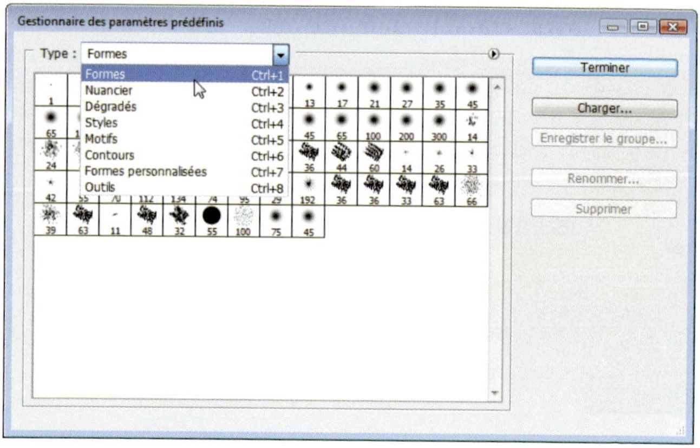

Figure 3.4 : Le Gestionnaire des paramètres prédéfinis sert à contrôler le contenu de bon nombre de panneaux.

En plus du contenu des panneaux Formes, Nuancier, Style et Outil prédéfini, le Gestionnaire des paramètres prédéfinis est utilisé dans les panneaux déroulants. Ces derniers sont des sortes de mini-panneaux propres à quelques outils et fonctionnalités. Ceux des outils Dégradé et Forme personnalisée se trouvent dans leur barre d'options. Le panneau déroulant Motif se trouve dans les boîtes de dialogue Remplir, Style de calque et – pour certains outils – dans la barre d'options. Le panneau déroulant Contour est utilisé avec une demi-douzaine d'effets, dans la boîte de dialogue Style de calque.

A propos de vos outils

Le comportement des outils est contrôlé au travers de la barre d'options. A l'exception de quelques outils de tracé (Sélection directe, Ajout de point d'ancrage, Supprimer l'outil de point d'ancrage et Conversion de point), tous les outils de Photoshop en ont une. La barre d'options varie d'un outil à un autre. Dans certains cas, elle varie même en cours d'utilisation. Comme le montre la Figure 3.5, la barre d'options de l'outil Recadrage affiche un jeu d'options avant de tirer l'outil dans l'image, et un autre après avoir établi le cadre de délimitation.

Figure 3.5 : La barre d'options change dès que le recadrage a été défini.

Le comportement de certains outils varie lorsque vous enfoncez une touche modificatrice comme ⌘, Majuscule et Option pour le Mac, ou Ctrl, Majuscule et Alt pour Windows. Voyons avec les outils Rectangle de sélection et Ellipse de sélection comment une touche modificatrice peut affecter le comportement d'un outil :

- **Touche Majuscule enfoncée tout en tirant.** Les outils de sélection sont généralement libres : vous les tirez où et comme vous le désirez. En revanche, lorsque la touche Majuscule est enfoncée, le Rectangle de sélection est contraint à un carré et l'Ellipse de sélection à un cercle.
- **Touche Option/Alt enfoncée tout en tirant.** Quand vous maintenez la touche Option/Alt enfoncée tout en tirant un contour de sélection, la sélection est centrée sur le clic d'origine. Elle ne s'effectue plus depuis un coin.
- **Touches Majuscule et Option/Alt enfoncées tout en tirant.** La sélection s'effectue à partir du centre tout en contraignant la forme en carré ou en cercle.
- **Appuyer sur la touche Majuscule pour ajouter la sélection à celle qui existe déjà.** Si une sélection a déjà été faite, la suivante s'y ajoute. Appuyez sur la touche Majuscule et maintenez-la enfoncée avant de cliquer et tirer.
- **Appuyer sur la touche Option/Alt pour soustraire la sélection de celle qui existe déjà.** Si une sélection a déjà été faite, vous pouvez cliquer dedans et tirer pour définir la partie à ôter. Remarquez, à la Figure 3.6, que le pointeur de l'outil de sélection est accompagné d'un signe "moins" lors d'une soustraction à la sélection.

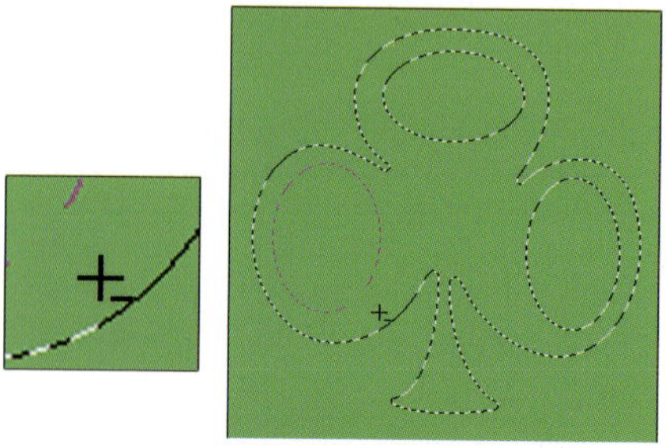

Figure 3.6 : La touche Option/Alt permet de soustraire de la sélection existante.

- **La double action avec les touches Majuscule et Option/Alt.** Il est même possible de contraindre en carré ou en cercle, ou de sélectionner à partir du centre tout en ajoutant ou en soustrayant la sélection. Enfoncez la touche Majuscule pour ajouter à la sélection ou appuyez sur Option/Alt pour soustraire. Cliquez et tirez l'outil de sélection. Tout en maintenant le bouton de la souris enfoncé, relâchez la touche modificatrice, appuyez sur la touche Majuscule et maintenez-la enfoncée (afin de contraindre les proportions) ou appuyez sur Option/Alt pour centrer la sélection, ou faites les deux à la fois. Continuez ensuite à tirer l'outil de sélection. Cette technique est parfaite pour créer un anneau : tracez une sélection circulaire, puis soustrayez une sélection plus petite à partir du centre du cercle initial.

Personnaliser Photoshop

La personnalisation de Photoshop vous aide non seulement à travailler plus efficacement et plus rapidement, mais elle vous aide aussi à travailler avec plus de précision et peut empêcher quelques erreurs calamiteuses. Supposons que vous utilisez un outil prédéfini réglé pour produire un tirage en 13 x 18 (cm) à 300 pixels par pouce. Cet outil produira toujours exactement ces dimensions. Configurer manuellement le recadrage chaque fois que vous devez imprimer en 13 x 18 à 300 ppp est non seulement une perte de temps, mais expose aussi à des fautes de frappe coûteuses en papier : *oups !* l'impression a été faite à 30 ppp seulement…

Les espaces de travail personnalisés

Bien voir l'image contribue au confort de travail, et donc à l'efficacité. Plus vous disposez de place pour afficher un graphisme, mieux vous pourrez zoomer et faire du travail précis. Quel est le moyen le plus rapide et facile pour faire de la place ? C'est d'appuyer sur la touche Tab pour faire disparaître les panneaux de Photoshop. Appuyer sur Maj + Tab masque tous les panneaux, excepté la barre d'options et la Boîte à outils.

N'OUBLIEZ PAS

Une image doit toujours être affichée à 100 % pour l'évaluer et vérifier la présence d'un moiré ou d'un effet de bandes, de même que lors de l'application de filtres. Les autres facteurs de zoom ne font que simuler l'apparence de l'image.

Vous pouvez aussi grouper les panneaux. Il suffit pour cela de glisser-déposer le panneau sur un groupe de plusieurs autres panneaux. Les panneaux les plus importants sont dotés de raccourcis clavier qui permettent de les masquer et les afficher en un clin d'œil. Bien que les raccourcis soient personnalisables, comme vous le découvrirez dans ce chapitre, il est recommandé de conserver les touches de fonction assignées aux principaux panneaux :

- **Scripts :** Option/Alt + F9
- **Formes :** F5
- **Couleur :** F6
- **Calques :** F7
- **Informations :** F8

TRUC

Tous les panneaux appartenant au groupe de celui que vous affichez ou masquez apparaissent ou disparaissent. Sachez que l'emplacement par défaut des panneaux peut être restauré à tout moment en choisissant Fenêtre/Espace de travail/Indispensable (par défaut).

Le moyen le plus efficace de personnaliser l'espace de travail consiste à créer et enregistrer des espaces de travail spécialisés. Disposez les panneaux exactement selon vos besoins pour une tâche que vous effectuez régulièrement, choisissez Fenêtre/Espace de travail/Enregistrer l'espace de travail, puis nommez l'espace de travail en fonction du travail. Vous pouvez en créer pour toutes sortes de tâches. Par exemple, quand vous corrigez les couleurs, vous devez voir les panneaux Histogramme (en vue étendue), Infos et Couches. Placez-les là où cela vous arrange, masquez les autres et enregistrez un espace de travail nommé Correction de couleurs. Ou alors, si vous créez des illustrations dans Photoshop, vous devrez voir à la fois les panneaux Calques et Tracés. Extrayez-les de leur groupe, disposez-les à l'écran, puis enregistrez un espace de travail nommé *Illustration*.

Pour charger un espace de travail, choisissez Fenêtre/Espace de travail, puis sélectionnez-le dans le menu, comme le montre la Figure 3.7. Vous y trouverez quelques espaces de travail prédéfinis.

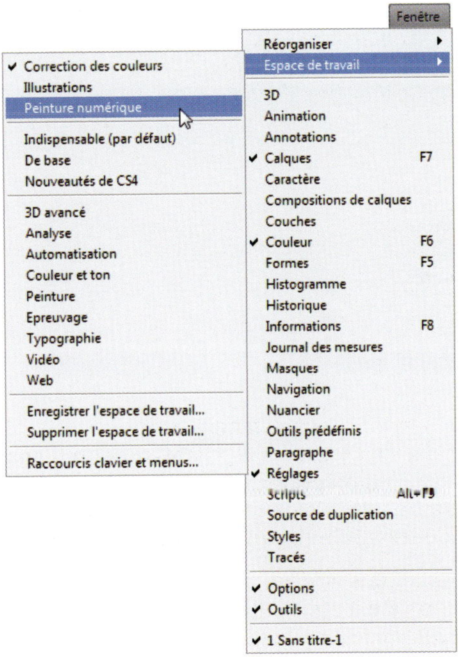

Figure 3.7 : Sélectionnez un espace de travail dans le menu afin de repositionner instantanément les panneaux.

TRUC

Vous pouvez aussi enregistrer, dans l'espace de travail, l'état courant des raccourcis clavier et des menus personnalisés. Bien que la rationalisation des menus selon des tâches spécifiques soit une bonne idée, on ne saurait en dire autant des raccourcis. Il n'est en effet pas facile de se rappeler quels sont les raccourcis qui s'utilisent avec tel ou tel espace de travail.

Pour personnaliser les menus de Photoshop, choisissez Edition/Menus (ou bien choisissez Edition/Raccourcis clavier et cliquez sur l'onglet Menus). La liste de tous les menus s'affiche. Vous trouvez ici une option permettant de masquer une commande ou de lui affecter une couleur personnalisée afin de faciliter son indentification. Vous pourriez par exemple masquer les filtres artistiques que vous n'utilisez jamais, et colorer les autres selon l'usage que vous en faites (voir Figure 3.8).

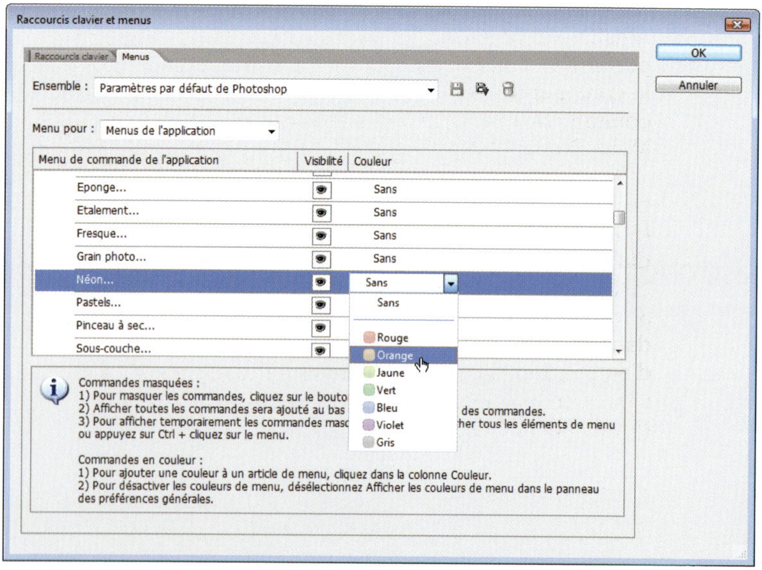

Figure 3.8 : Des commandes peuvent être masquées, dans les menus, ou colorées pour les mettre en évidence.

Dans le menu déroulant nommé Menu pour (en haut de la boîte de dialogue), l'option Menus de l'application peut être remplacée par l'option Menus de panneau. N'oubliez pas d'enregistrer votre nouvelle configuration en cliquant sur le bouton immédiatement à droite du menu déroulant Ensemble. Les noms des jeux de menus personnalisés figureront dans le menu Ensemble, où ils seront facilement accessibles.

Des raccourcis sans détour

Les raccourcis clavier de Photoshop CS4 sont personnalisables. Ceux proposés par défaut étant relativement standard – pas seulement avec Adobe Creative Suite, mais avec la plupart des grands logiciels –, il sera préférable de ne modifier que peu d'entre eux. Choisissez Edition/ Raccourcis clavier, comme le montre la Figure 3.9. Ainsi, vous pouvez afficher les commandes d'un menu particulier comme ici Edition. Ensuite, vous cliquez sur la commande dont vous désirez changer le raccourci comme Allez vers l'avant. Son raccourci par défaut, Maj + Ctrl + Z (Maj + ⌘+ Z sur Mac), peut être changé. Cliquez dessus, et appuyez sur les touches du clavier qui vont définir le nouveau raccourci, comme Ctrl + Z (Mac : ⌘+ Z). Un message s'affiche en bas de la boîte de dialogue Raccourcis clavier et menus. Il vous informe que ce raccourci est déjà utilisé pour la commande Annuler. Si vous validez votre choix, ce raccourci sera supprimé dans Edition/Annuler. Pour éviter cela, car ce raccourci d'annulation est commun à toutes les applications et systèmes informatiques, appuyez sur Alt + Ctrl + Z (Mac : Alt + ⌘+ Z).

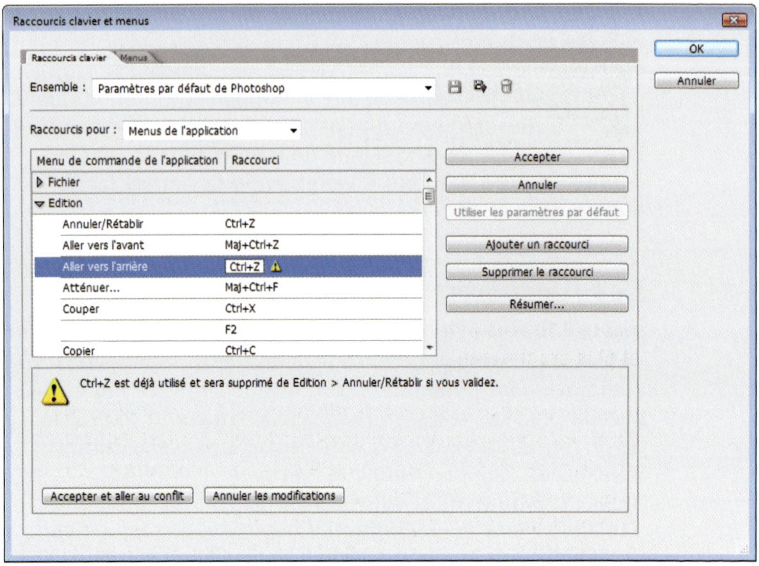

Figure 3.9 : Définissez des raccourcis clavier personnalisés pour accélérer votre travail.

Les outils prédéfinis

Pour travailler efficacement, il faut utiliser l'outil approprié. L'outil Pièce, par exemple, ne recopie que la texture. Si vous désirez retoucher une tache sur un visage, vous devrez utiliser l'outil Tampon de duplication plutôt que Pièce (nous aurons souvent l'occasion de parler de ces outils).

Il faut non seulement l'outil approprié, mais aussi les réglages corrects. C'est à cette fin que sont proposés les outils prédéfinis qui mémorisent les paramètres de la barre d'outils. Il suffit ensuite de sélectionner l'un d'eux – auquel vous aurez bien entendu donné un nom évocateur – dans le panneau Outils prédéfinis ou à gauche de la barre d'options, comme le montre la Figure 3.10.

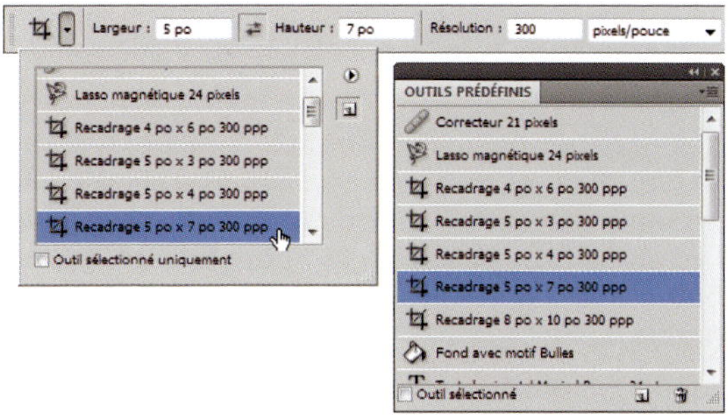

Figure 3.10 : Les outils prédéfinis permettent de travailler plus vite et plus précisément.

Bien que la plupart des outils puissent être prédéfinis, certains s'y prêtent tout particulièrement. L'outil Recadrage se prête très bien à cette prédéfinition. Comme nous le verrons au Chapitre 4, la photo importée d'un appareil numérique possède un rapport *largeur-hauteur* qui est de 2:3, alors que celui de beaucoup de formats de papier est de 4:5 (papier 20 x 25), 5:7 et 13:19 (format large). De plus, le rapport largeur-hauteur de certains appareils bas de gamme est différent. C'est pourquoi vous devrez fréquemment recadrer une image à un format spécifique avant de l'imprimer. Sans oublier la résolution – imprimer à la bonne taille mais à la mauvaise résolution n'est qu'un gâchis d'encre et de papier ! Définissez les paramètres de l'outil Recadrage et vous voilà tranquille : le recadrage sera toujours impeccable.

L'outil Texte est aussi un candidat idéal à la prédéfinition. Les options de cet outil ne résident pas uniquement dans la barre d'options. Vous en trouvez aussi dans les panneaux Caractère et Paragraphe. Pour que tous les textes d'un projet soient cohérents, il est conseillé de créer un outil texte prédéfini qui prendra en compte la police, sa taille, sa couleur, les effets spéciaux, les caractères accentués, et même vos informations de copyright.

Les paramètres de Photoshop

Tout votre travail dans Photoshop dépend étroitement des paramètres de deux boîtes de dialogue : Préférences et Couleurs. Les options que vous choisissez dans les préférences contrôlent de nombreux aspects du logiciel. Les choix effectués dans la boîte de dialogue Couleurs définissent l'apparence du document à l'écran et à l'impression. Et c'est bien cela qui compte !

Plus rationnel avec les préférences

Le fichier des préférences de Photoshop contient une foule d'informations concernant votre manière d'utiliser le logiciel. L'affichage des mesures en pixels ou en centimètres, la couleur des repères ou le style de la grille, la taille des vignettes dans les panneaux, la dernière police utilisée, tout cela figure, avec d'autres données, dans les préférences. La plupart des informations qui s'y trouvent sont récupérées automatiquement au cours de votre travail. C'est le cas de la taille et du mode chromatique du dernier nouveau document que vous avez créé, du fait que le panneau Caractère était visible ou non lorsque vous avez quitté le logiciel, ainsi que des paramètres réglés dans la barre d'options. Mais vous pouvez aussi entrer vous-même un grand nombre d'options dans la boîte de dialogue Préférences, comme le montre la Figure 3.11.

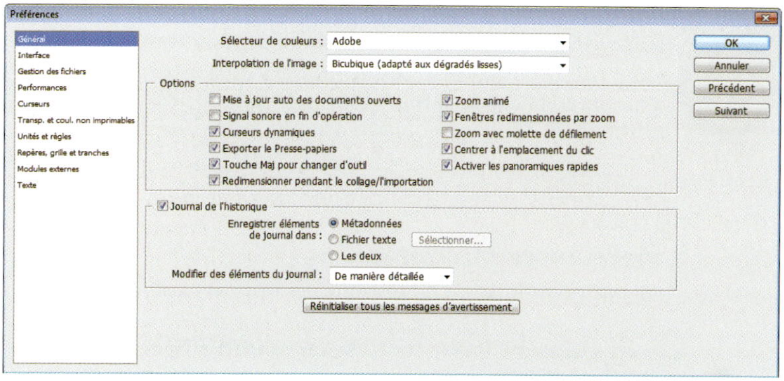

Figure 3.11 : Avec les préférences, définissez les comportements de Photoshop.

Sur un Mac, vous accédez aux préférences avec le raccourci clavier ⌘ + K ou en choisissant Photoshop/Préférences, puis l'un des neuf panneaux thématiques. Sous Windows, le raccourci est Ctrl + K, à moins de choisir Edition/Préférences. Les paramètres par défaut sont parfaitement acceptables – c'est bien pour cela qu'ils sont proposés –, mais quelques modifications sont cependant à envisager dans chacun des panneaux. Examinons-les.

Préférences/Général

Si vous faites beaucoup de redimensionnements et de mises à l'échelle, pensez à modifier le paramètre Interpolation. Optez pour l'algorithme Bicubique plus lisse si vous augmentez généralement la dimension en pixels, ou Bicubique plus net si vous la réduisez.

Un journal de l'historique enregistre toutes vos actions dans un fichier texte. Ce journal conserve une trace de toutes les modifications effectuées sur une image. Mais, comme ces informations figurent dans le fichier sous la forme de métadonnées, elles accroissent sensiblement sa taille. Vous pouvez consulter ces métadonnées via Fichier/Informations.

TRUC

Vous notez également la présence du bouton Réinitialiser tous les messages d'avertissement en bas du panneau Général. Bien souvent, pour ne plus être interrompu par ces messages, l'utilisateur y coche l'option Ne plus afficher. Si, pour une raison ou une autre, vous avez besoin d'afficher de nouveau ces messages, cliquez sur ce bouton de la boîte de dialogue Préférences.

Préférences/Interface

Le panneau Interface contient les options suivantes :

- **Utiliser l'icône de la barre d'outils Niveaux de gris :** Rien de bien transcendant ici. Cette option modifie simplement la couleur du logo Photoshop dans la boîte à outils. Il passe du bleu au gris.
- **Afficher les couches en couleurs** : Lorsque vous sélectionnez une seule couche dans le panneau Couches, elle s'affiche normalement en niveaux de gris. Si vous souhaitez que les couches soient symbolisées par leur véritable couleur, activez cette option. Ainsi, la couche Rouge apparaît en rouge, la Bleu en bleu, et la Vert en vert. J'attire toutefois votre attention sur le fait que certaines retouches d'image se font uniquement sur les couches. Dans ce cas, vous gagnerez en précision dans l'identification des problèmes d'une couche si vous l'affichez en niveaux de gris. Donc, en règle générale, oubliez l'affichage des couches en couleurs.
- **Afficher les couleurs de menu** : Comme je l'ai expliqué plus haut dans ce chapitre, vous pouvez assigner des couleurs spécifiques aux commandes des menus de Photoshop. Cela facilite l'identification et l'exécution des commandes que vous utilisez le plus souvent. Avec cette option, vous pouvez désactiver l'affichage en couleurs des commandes sans être obligé d'intervenir individuellement sur chacune d'elles.

- **Afficher les info-bulles :** Avec cette option, placer le pointeur de la souris sur un outil ou une option affiche une petite légende à la base du curseur. Elle permet de connaître le nom et/ou la fonction de l'élément ainsi pointé. Si vous trouvez que ces info-bulles détournent votre attention, décochez cette option.
- **Réduire automatiquement les panneaux d'icônes :** Voici une option idéale pour tous ceux qui désirent travailler dans un espace débarrassé de tout ce qui gêne l'image affichée. Lorsque vous activez cette option, les panneaux réduits se réduisent automatiquement. Je m'explique. Si vous développez un panneau réduit pour utiliser ses outils et ses options, puis que vous cliquez sur un autre panneau développé (ou non ancré) pour l'activer et l'utiliser à son tour, le panneau précédemment développé revient à son état réduit. En d'autres termes, cette option laisse visible uniquement le panneau en cours d'utilisation.
- **Mémoriser la position des panneaux :** Par défaut, Photoshop mémorise la position des panneaux lorsque vous quittez le programme. Donc, au prochain démarrage de l'application, vous retrouvez vos panneaux dans la position qui était la leur la dernière fois que vous avez fermé Photoshop. Si vous craignez d'être obligé de réinitialiser systématiquement vos panneaux via le menu Fenêtre/Espace de travail, décochez cette option. Cette désactivation est également salutaire lorsque plusieurs personnes utilisent Photoshop sur un même ordinateur.
- **Ouvrir les documents dans de nouveaux onglets :** Par défaut, Photoshop ouvre ses documents dans un espace composé d'onglets. Pour afficher l'image d'un document, il suffit de cliquer sur son onglet. Si vous préférez que les images s'affichent systématiquement dans une fenêtre indépendante, décochez cette option.

Préférences/Gestion des fichiers

L'aperçu d'image augmente quelque peu la taille du fichier, mais le plus souvent vous conserverez cette option. Les utilisateurs de Mac ont la possibilité d'ajouter une extension de fichier ou non, ou de faire en sorte que Photoshop le demande à chaque fois. Même si vous n'envisagez pas de reprendre des fichiers sous Windows, je vous recommande vivement d'ajouter systématiquement l'extension à son nom en sélectionnant l'option Toujours. De même, je vous conseille de toujours maximiser la compatibilité des fichiers PDF et PSB. Vous aurez ainsi l'assurance que les fichiers de Photoshop CS4 pourront être ouverts – avec autant de fonctionnalités que faire se peut – par des versions antérieures du logiciel, et qu'ils s'accommoderont sans problème des autres logiciels d'Adobe Creative Suite. Si vous travaillez à plusieurs sur un projet, je vous invite à utiliser Version Cue, un logiciel de la Creative Suite, pour gérer les fichiers lors d'un travail collaboratif. C'est vraiment un bon moyen pour éviter des pépins.

Préférences/Performances

Le panneau Performances regroupe des options concernant les ressources de votre système informatique.

- **Utilisation de la mémoire :** Généralement, vous laisserez sur 70 % la mémoire allouée à Photoshop CS4. Si vous disposez d'au moins 4 Go de RAM, vous pouvez porter ce pourcentage à 80 ou 85. Si vous disposez d'une faible quantité de mémoire, comme 512 Mo, et que votre système d'exploitation est très ralenti, n'allouez pas plus de 50 % de la mémoire à Photoshop.

- **Disques de travail :** Il s'agit des disques que Photoshop utilise quand la mémoire vive vient à manquer. N'utilisez jamais de disques durs externes comme disques de travail. Il est également conseillé de réserver une partition d'au moins 15 Go comme disque de travail. La sélection de vos disques se fait en les cochant. (Sous Windows, un message peut vous avertir que le disque de travail et le fichier d'échange se trouvent sur le même disque dur. Si vous n'avez qu'un seul disque dur, ignorez cet avertissement.) Une fois les disques de travail sélectionnés, vous pouvez modifier leur ordre d'utilisation, comme le montre la Figure 3.12. Pour cela, activez le disque et cliquez sur la flèche du haut ou celle du bas. Le disque placé en haut de la liste sera utilisé en premier. Le second ne sera utilisé que si le premier est saturé.

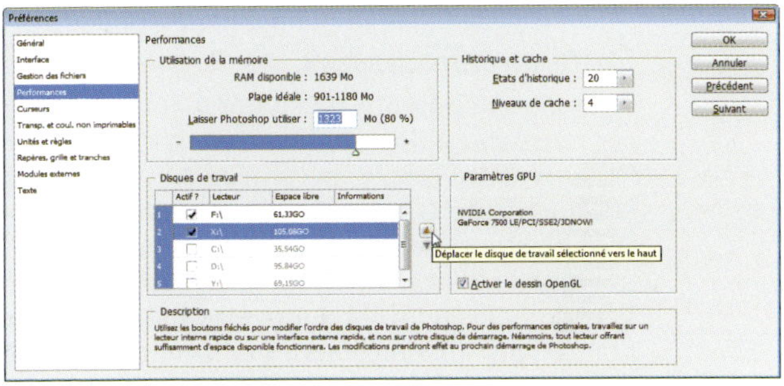

Figure 3.12 : Réorganisez l'ordre de vos disques de travail en cliquant sur la flèche adéquate.

- **Etats d'historique** : Ce champ permet de définir le nombre d'étapes que l'historique de Photoshop garde en mémoire pendant une session de travail sur vos fichiers. Par défaut, la valeur est de 20. Sachez que vous pouvez aller jusqu'à 1 000. Si vous effectuez régulièrement des travaux mettant en œuvre des outils de peinture comme le Pinceau et les outils de densification, vous pouvez porter cette valeur à 50 ou 60.

- **Niveaux de cache :** Le *cache* stocke des copies basse résolution de vos images afin d'en accélérer l'affichage à diverses valeurs de zoom. Si votre carte graphique n'a pas de mal à afficher l'image en fonction de l'échelle de zoom sélectionnée, vous gagnerez à fixer la valeur du cache sur 1, qui donne l'image la plus précise pour travailler. (N'oubliez jamais d'effectuer vos modifications les plus importantes à 100 %. Avec ce niveau de zoom, un pixel de l'image équivaut à un pixel de l'écran.)
- **Paramètres GPU :** Cette section du panneau Performances donne des indications sur la carte graphique qui équipe votre ordinateur. Si vous utilisez Photoshop CS4 Extended, et en fonction de votre carte graphique, vous disposez de l'option Activer le dessin OpenGL.

Préférences/Curseurs

Photoshop CS4 offre plusieurs manières d'afficher les curseurs (ou pointeurs) des outils de peinture. Vous avez le choix entre une icône propre à l'outil (Standard) et un réticule (Précis), ou encore un cercle de diamètre variable (Pointe standard). Avec une forme adoucie, le cercle délimite la zone où l'outil est appliqué à 50 % ou plus. Vous bénéficiez aussi d'une alternative, Taille réelle de la pointe, qui affiche toujours la totalité de la zone d'application, quel que soit le réglage de Dureté.

Vous avez aussi la possibilité d'afficher un réticule au milieu d'un pointeur. Cette option est pratique pour maintenir le pinceau centré le long d'un bord ou d'un tracé. Elle supprime le recours au pointeur Précis. Comme le montre la Figure 3.13, lorsque vous l'utilisez avec une forme adoucie, afficher tous les pixels, même ceux qui ne sont que peu modifiés (à droite), ne donne pas une idée précise du travail. Le pointeur Standard est visible au milieu, et ce même pointeur avec l'option Taille réelle de la pointe est affiché à gauche.

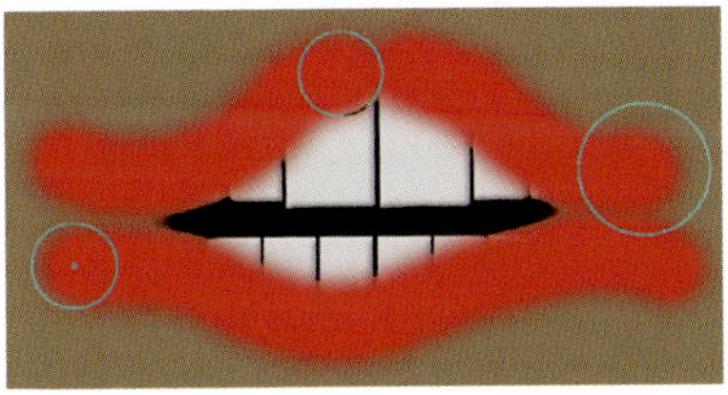

Figure 3.13 : Avec une Dureté faible, le pointeur Pointe standard est généralement le plus approprié.

Si vous avez choisi d'afficher la taille réelle de la pointe, et que vous souhaitez voir temporairement le curseur en mode Précis, appuyez sur la touche Verr. Maj (CapsLock). Pour revenir à la taille réelle, appuyez de nouveau sur cette touche.

Préférences/Transparence et couleurs non imprimables

Si le damier gris et blanc qui apparaît dans la partie transparente d'une image vous gêne, mettez l'option Grille sur Sans. Les transparences seront ainsi représentées en blanc. Si vous travaillez régulièrement en noir et blanc, vous préférerez sans doute que le damier gris soit plus visible. Vous l'afficherez alors en bleu clair ou en jaune clair.

Préférences/Unités et règles

Quand vous créez des graphismes pour le Web plutôt que pour l'impression, vous préférerez sans doute afficher les dimensions de l'image en pixels plutôt qu'en centimètres. Sachez qu'il est possible de changer de système de mesure à la volée, en cliquant dans la règle du bouton droit (bord droit de la Mighty Mouse d'Apple) ou avec Ctrl + clic (souris standard d'Apple). Si vous imprimez régulièrement à une autre résolution que 300 ppp, réglez ici la résolution d'impression par défaut pour tous les nouveaux documents.

Préférences/Repères, grille et tranches

Photoshop est doté de repères commentés qui apparaissent et disparaissent automatiquement lorsque vous alignez ou désalignez le contenu d'un calque par rapport au contenu d'autres calques. Les repères commentés, de couleur magenta, apparaissent lorsque le contenu d'un calque que vous déplacez est parfaitement aligné avec le bord ou le centre du contenu d'un autre calque (voir Figure 3.14).

Figure 3.14 : Les repères magenta montrent comment le calque s'aligne par rapport aux autres.

Le seul paramètre que vous changerez peut-être dans ce panneau est l'option Afficher les numéros de tranches. Ils apparaissent dans le coin supérieur gauche de chaque tranche lorsque vous subdivisez un graphisme pour le Web. A moins que vous envisagiez de modifier les images isolément par la suite, connaître leur numéro n'a pas grand intérêt. Décochez cette case pour supprimer cette information superflue.

Préférences/Modules externes

TRUC

Si vous utilisez des modules développés par des sociétés tierces, c'est-à-dire des modules achetés indépendamment de Photoshop, installez-les dans un dossier externe à celui où se trouve Photoshop CS4 sur votre disque dur. Cela évite en effet de devoir réinstaller ces modules si jamais vous êtes obligé de désinstaller puis de réinstaller Photoshop. Ensuite, dans la boîte de dialogue Préférences, indiquez l'emplacement du dossier des modules externes que Photoshop doit charger quand vous l'ouvrez. Sachez que les modules externes les plus anciens ne fonctionneront probablement pas avec CS4.

Préférences/Texte

Ce panneau permet de sélectionner des options typographiques. Photoshop est capable d'afficher des polices avec leur graphie, et vous pouvez indiquer ici la taille de cet aperçu.

Plus cohérent avec les couleurs

S'il est un terme qui sème le trouble chez l'utilisateur de Photoshop, c'est bien la gestion des couleurs. Quelques aspects sont notoirement sous-estimés. Or, sans une gestion avisée des couleurs, vos tirages ne seront pas fidèles. Pour la plupart des utilisateurs de Photoshop, la gestion des couleurs peut être rapidement réglée en choisissant Edition/Couleurs (voir Figure 3.15).

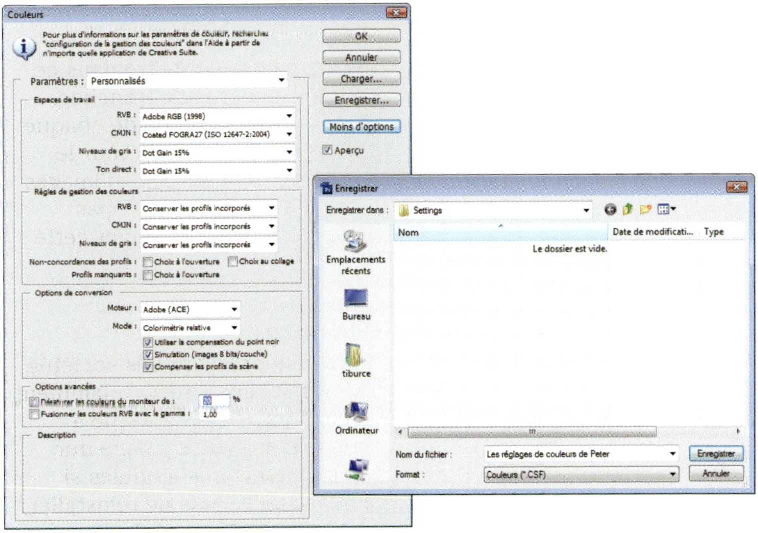

Figure 3.15 : Pour des impressions optimales, réglez judicieusement les paramètres de couleur.

- **Sélectionnez un espace de travail RVB.** Ouvrez la boîte de dialogue Couleurs, sous le menu Edition, et sélectionnez votre espace de travail RVB : il s'agit de l'espace de couleur dans lequel vous retouchez et créez. Si vous faites surtout du graphisme pour le Web, si vous confiez le tirage des photos à un laboratoire numérique ou si vous imprimez avec une imprimante à jets d'encre à quatre couleurs (cyan, magenta, jaune et noir), choisissez l'espace de couleur RVB. Si vous utilisez une imprimante de gamme moyenne ou supérieure, ou si vos travaux seront convertis dans un espace de couleur CMJN, choisissez Adobe RGB. Si vous possédez du matériel et un logiciel capables de définir le profil colorimétrique de votre moniteur, utilisez ce profil.
- **Convertissez les images dans votre espace de travail.** Dans la zone Règles de gestion des couleurs, choisissez RVB : Conversion en RVB. Ainsi, les images que vous verrez à l'écran utiliseront réellement le profil de travail que vous aurez choisi.
- **Désactivez les alertes de non-concordance.** Décochez les cases de ces ennuyeuses alertes qui s'affichent chaque fois que vous ouvrez une image dont le profil est différent de votre espace de travail, et qui font perdre du temps. Vous avez intentionnellement choisi la conversion vers votre espace de travail. Alors, à quoi bon confirmer sans cesse ?
- **CMJN et Niveaux de gris.** CMJN (Cyan/Magenta/Jaune/Noir) est un mode de couleurs exclusivement employé dans le domaine de l'impression professionnelle sur presse, et avec quelques imprimantes laser couleurs. En revanche, malgré la présence de ces quatre couleurs sur la majorité des imprimantes à jets d'encre, n'effectuez jamais de sortie CMJN vers ce périphérique d'impression.

> Restez dans le mode RVB. Pour imprimer en noir et blanc, c'est-à-dire en niveaux de gris, vous pouvez laisser faire le pilote d'impression de votre imprimante. Par exemple, un matériel comme l'Epson R2400 donne des impressions noir et blanc absolument magnifiques. Lorsque vous préparez une image pour une impression sur presse, c'est-à-dire chez un vrai imprimeur, il est conseillé de discuter avant avec le flasheur et l'imprimeur. C'est en disposant des pilotes de périphérique du flasheur que vous réussirez à créer une image CMJN dont les couleurs seront respectées.

Si les couleurs doivent être reproduites à la perfection, vous devrez acquérir du matériel et un logiciel d'étalonnage de votre chaîne graphique. GretagMacBeth (`www.gretagmacbeth.com`), ColorVision (`www.colorvision.com`) et Monaco (`www.xritephoto.com`) sont des fabricants réputés.

4

Importer et sortir des images

Dans ce chapitre :

- D'où c'est qu'elles viennent, les images ?
- Ne pas égarer les images.
- Tirer les images sur papier.

Ici, vous découvrirez comment transférer dans Photoshop des images issues de votre appareil photo numérique ou de votre scanner, et comment les archiver rationnellement sur le disque dur, ou sur un CD ou un DVD. Je vous expliquerai les bases de l'impression avec une imprimante à jets d'encre, avec en prime quelques conseils pour que les tirages correspondent à ce que vous en attendez. Vous verrez aussi comment utiliser les fonctions d'automatisation de Photoshop pour créer des sites Web contenant vos images, et comment préparer les images pour un envoi par courrier électronique.

Importer des images

Un graphisme peut être importé dans Photoshop de trois manières :

- En ouvrant une image. Cette ouverture se fait dans la boîte de dialogue du système d'exploitation ou bien dans celle propre à Adobe Creative Suite, comme le montrent les deux images de la Figure 4.1. Pour passer d'une boîte de dialogue à l'autre, cliquez sur le bouton situé dans la partie inférieure gauche.

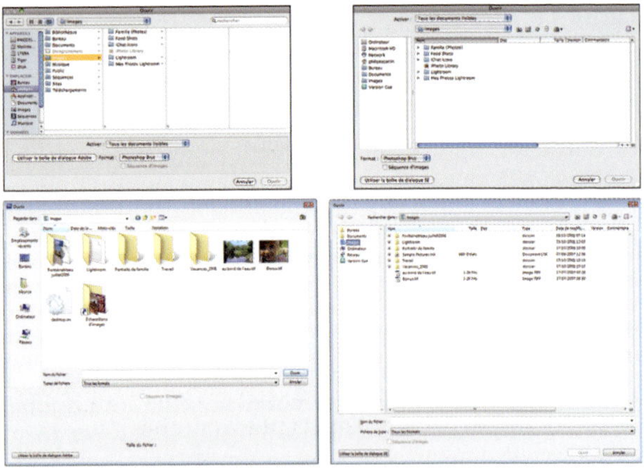

Figure 4.1 : Ouvrir une image dans Photoshop avec la boîte de dialogue du système d'exploitation ou d'Adobe.

- En important une image (classiquement à partir d'un périphérique de numérisation : appareil photo ou scanner).
- En créant une image de zéro, avec la commande Fichier/Nouveau.

Une image peut être ouverte dans Photoshop avec la commande Fichier/Ouvrir, via Adobe Bridge ou en double-cliquant sur un fichier d'image. Si cette dernière action ne fonctionne pas, ou si l'image s'ouvre dans un autre logiciel, vous devrez associer le fichier d'image à Photoshop :

- **Association de fichier dans Adobe Bridge :**

  a. Ouvrez la boîte de dialogue Préférences d'Adobe Bridge via ⌘+K/Ctrl+K.

  b. Dans la colonne de gauche, cliquez sur Associations des fichiers.

  c. Dans la partie inférieure droite de la boîte de dialogue, cliquez sur Rétablir les associations par défaut.

- **Association de fichier sur un Mac :**

  a. Dans le Finder du Mac, effectuez un clic-droit (Mighty Mouse d'Apple ou souris à plusieurs boutons) ou un Ctrl + clic (monobouton) sur un fichier du type à ouvrir avec Photoshop.

  b. Dans le menu contextuel, choisissez Lire les informations.

  c. Dans la boîte de dialogue Infos sur, déployez la zone Ouvrir avec, choisissez Photoshop CS4 dans le menu local, puis cliquez sur Tout modifier.

  d. (Facultatif) Répétez la manipulation pour d'autres types de fichiers.

  ATTENTION

  Si, après le double-clic, Photoshop démarre mais que l'image n'apparaît pas, vous avez sans doute changé un élément de Mac OS. Vous devrez réinstaller Photoshop.

- **Association de fichier sous Windows Vista :**

  a. Dans le Poste de travail ou dans l'Explorateur Windows, cliquez du bouton droit sur le fichier du type à associer.

  b. Dans le menu contextuel, choisissez Propriétés.

c. Si CS4 n'apparaît pas en face de S'ouvre avec, cliquez sur le bouton Modifier. Cliquez sur la petite flèche de la zone Autres programmes. Choisissez Adobe Photoshop CS4. Veillez à cocher l'option Toujours utiliser le programme sélectionné pour ouvrir ce type de fichier. Ensuite cliquez sur OK.

d. Cliquez de nouveau sur OK pour fermer la boîte de dialogue Propriétés.

e. (Facultatif) Répétez la manipulation pour d'autres types de fichiers.

Transférer des images depuis un appareil photo numérique

Vous pouvez utiliser le logiciel vendu avec votre appareil photo numérique pour transférer les images vers le disque dur de l'ordinateur. Ou, si vous avez un lecteur de carte, vous pouvez ôter la carte mémoire de l'appareil et l'insérer dans ce périphérique. Le transfert via le Finder du Mac ou l'Explorateur Windows est généralement plus rapide et tout aussi fiable qu'en utilisant le logiciel du fabricant de l'appareil photo. Sous Windows Vista, l'insertion d'une carte mémoire ou la connexion d'un appareil photo numérique ouvrent une boîte de dialogue Exécution automatique proposant l'option Importer les images.

Après avoir stocké les images en lieu sûr sur le disque dur local ou sur un disque dur externe à grande vitesse, vous les ouvrez dans Photoshop à l'aide de l'une des trois techniques mentionnées précédemment dans ce chapitre. Selon les paramètres de couleur, vous risquez de voir apparaître un message vous informant que le profil colorimétrique de l'image et le profil RVB que vous avez défini pour votre espace de travail ne concordent pas. Photoshop vous demande ce qu'il faut faire (voir Figure 4.2). En règle générale, vous accepterez la conversion vers votre espace de travail afin que les couleurs soient restituées à l'écran le plus fidèlement possible. Vous désirerez peut-être que le profil incorporé à l'image soit préservé. La troisième option ignore les profils de couleur et affiche une image chromatiquement non corrigée. C'est un bon choix lorsque vous travaillez sur des images à utiliser ultérieurement avec des logiciels dépourvus de gestion des couleurs comme un navigateur Web ou un logiciel de présentation. Sans la gestion des couleurs, l'image apparaît en effet telle qu'elle sera affichée dans d'autres logiciels. Le message de non-concordance des couleurs peut être désactivé dans la boîte de dialogue Couleurs.

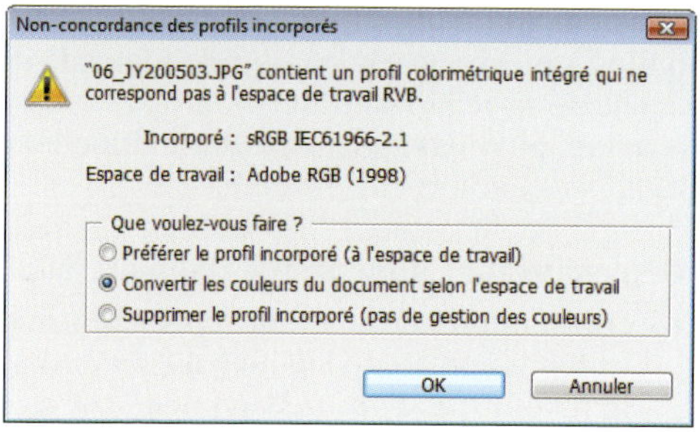

Figure 4.2 : Quand les profils de couleur ne concordent pas, vous devez faire un choix.

Numériser des tirages photo

Vous placez une photo contre la vitre du scanner et vous appuyez sur le bouton. Elle apparaît ensuite sur l'écran de votre ordinateur. C'est la numérisation réduite à sa plus simple expression. Si le logiciel de votre scanner a installé un plug-in compatible avec Photoshop dans le dossier Importation-Exportation du dossier Modules externes de Photoshop, vous pouvez numériser directement depuis Photoshop. Le nom du scanner apparaît dans le menu Fichier/Importation.

Définir la résolution de numérisation

Avant de numériser une image, vous devez vous poser quelques questions :

- A quel usage est destinée l'image ?
- Quelle sera sa taille finale ?
- Quelle doit être sa résolution ?

En déterminant préalablement ses dimensions en pixels, vous éliminez la nécessité de la redimensionner dans Photoshop, ce qui entraînerait inévitablement une dégradation de l'image. Beaucoup de logiciels de scanners permettent de spécifier la taille et la résolution dès la numérisation. Si vous devez calculer manuellement la résolution, voici comment procéder :

1. **Déterminez les dimensions requises en pixels.**
   - *Pour l'impression :* déterminez le format du tirage en pouces (1 pouce = 2,54 cm) ainsi que la résolution d'impression ; elle est classiquement de 300 pixels par pouce. Multipliez la largeur et la hauteur en pouces par la résolution pour obtenir la dimension en pixels.
   - *Pour le Web :* définissez la taille de son emplacement, dans la page Web, exprimée en pixels.
2. **Mesurez l'original.**
   - Avant de plaquer la photo contre la vitre du scanner, mesurez-la. Si vous n'en utilisez qu'une partie, mesurez cette partie utile. Evitez les règles en métal qui risquent de rayer la glace.
3. **Faites les calculs.**
   - Divisez les dimensions requises en pixels (Etape 1) par les dimensions physiques en pouces (Etape 2). Le résultat est la résolution de numérisation. Si vous obtenez des chiffres différents pour la largeur et la hauteur, utilisez le chiffre le plus grand et prévoyez un recadrage dans Photoshop.

Eviter le moirage

A moins d'acheter un scanner professionnel, il vaudra mieux oublier les fonctions de correction de couleur et de tonalité, car Photoshop octroie un meilleur contrôle. Mais, s'il y a une tâche que le logiciel du scanner fait mieux que Photoshop, c'est l'élimination du moirage. Ce phénomène est causé par les rosettes de points de trame utilisées en photogravure pour reproduire la couleur.

Quand vous numérisez une photo en couleurs d'un livre, d'un magazine ou d'un journal – ou de tout autre imprimé comme un emballage ou une étiquette –, vous devez régler le scanner afin que les points de trame deviennent flous (voir Figure 4.3), réduisant ainsi le risque de moirage.

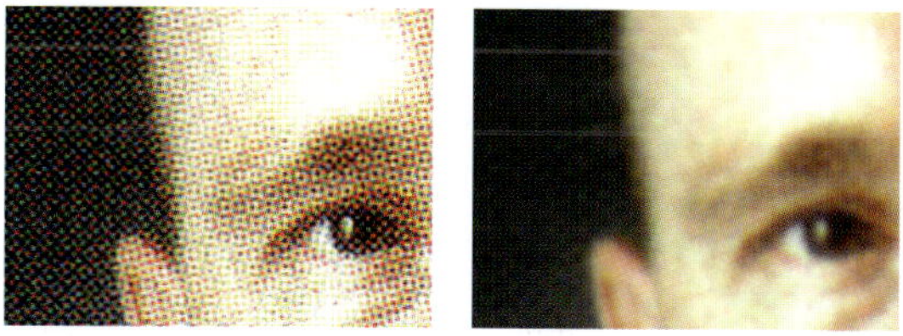

Figure 4.3 : Numérisation sans réduction du moirage (à gauche) et avec (à droite).

La fonction d'atténuation des points de trame n'est pas toujours facile à trouver dans un logiciel de numérisation. Elle s'appelle parfois "réduction du moiré" ou "détramage", à moins que vous ayez un choix entre Couleur (photo) et Couleur (document). Dans le doute, consultez le manuel du scanner.

Si numériser de nouveau le document est exclu et qu'un moirage se manifeste, rendez l'image suffisamment floue dans Photoshop pour dissimuler le problème, puis peignez avec la Forme d'historique pour rétablir les parties qui doivent rester nettes.

Archiver les images

Archiver les images n'est qu'une question d'organisation. Le plus dur est d'éliminer les images dont vous n'avez pas vraiment besoin : celles qui sont floues ou mal cadrées, celles où la tante Betsy a les yeux fermés, la 400e photo du chien vautré sur le canapé, la 401e photo du chien vautré sur le canapé, etc. C'est une simple question d'autodiscipline.

Créer une arborescence de dossiers

Je recommande généralement d'organiser les images par thèmes, comme à la Figure 4.4. Par exemple, le dossier principal nommé Images peut contenir des sous-dossiers nommés Portraits de famille, Travail, Vacances_2008... Ensuite, dans le dossier Vacances_2008, vous créerez par exemple des sous-dossiers Tahiti, Serre-Chevalier. Ou alors, si vous êtes un accro du travail, le dossier Vacances sera vide (un jour peut-être, vous le remplirez).

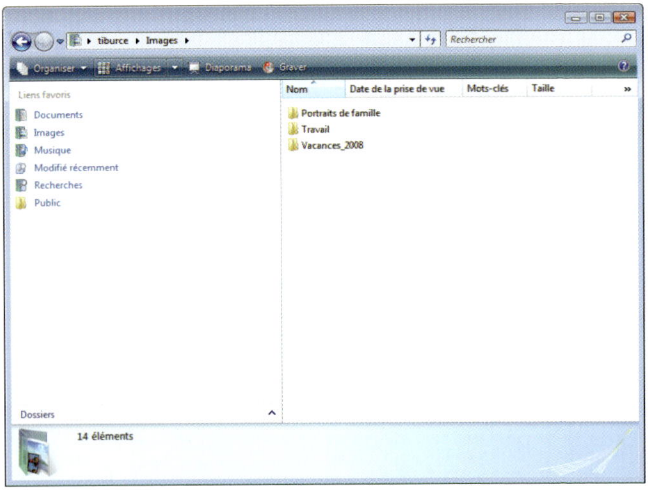

Figure 4.4 : Organisez les dossiers en arborescence.

TRUC

Ne surchargez pas vos dossiers ! Si vous constatez que l'ordinateur est lent à afficher le contenu de l'un d'eux, c'est parce qu'il contient trop de fichiers. Essayez de ne pas dépasser 500 Mo. Au-delà, scindez le dossier en en créant un autre ayant le même nom et numérotez-les tous deux (Grèce_01, Grèce_02).

Gravez les images sur un CD ou sur un DVD. Vous obtiendrez ainsi des sauvegardes sûres – à condition de stocker les disques optiques dans de bonnes conditions et de les manipuler soigneusement – et vous pourrez libérer de la place sur le disque dur. L'arborescence sera reproduite sur les CD et les DVD.

Adobe Bridge

Adobe Bridge sert à organiser, visionner et ouvrir les images. Il est installé en même temps que Photoshop CS4 ou que Creative Suite. Bridge possède son propre dossier sur le disque dur. Sur le Mac, il se trouve dans le dossier Applications ; sous Windows, il est installé dans le dossier Program Files (ou Programmes). Bridge (voir Figure 4.5) peut être ouvert indépendamment ou en choisissant la commande Fichier/Fermer et passer à Bridge. Si, dans Photoshop, vous choisissez Préférences/Général, vous pouvez demander que Bridge s'ouvre automatiquement quand vous démarrez Photoshop.

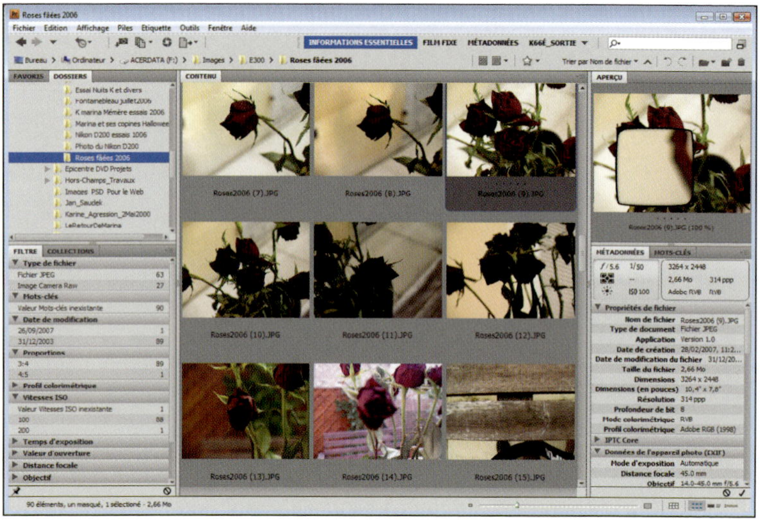

Figure 4.5 : Adobe Bridge est un programme autonome de gestion et d'organisation des images.

Voici quelques recommandations :

- **Utiliser des mots-clés et des catégories.** Après avoir cliqué sur l'onglet Mots-clés, en bas à droite de Bridge (voir Figure 4.6), vous pouvez attribuer des mots-clés et des catégories aux images. Tous deux sont des termes descriptifs qui facilitent une recherche thématique des images.

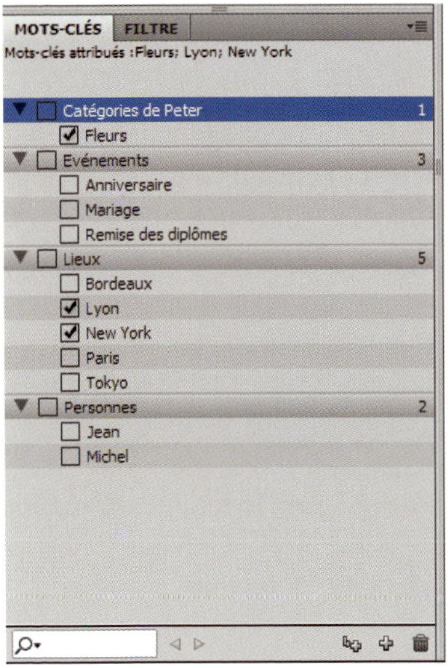

Figure 4.6 : Les catégories et les mots-clés permettent de retrouver plus facilement les images.

Sélectionner plusieurs images dans Bridge. De multiples images peuvent être sélectionnées dans Bridge en cliquant sur la première d'une série puis, touche Majuscule enfoncée, sur la dernière. Pour sélectionner des images éparses, cliquez dessus, touche ⌘/Ctrl enfoncée. En sélectionnant plusieurs images, vous pouvez leur assigner les mêmes mots-clés en une seule opération.

- **Utiliser les étiquettes, les notes, et les filtres.** Sous le menu Etiquette, visible Figure 4.7, vous pouvez attribuer des étoiles à vos images ainsi que des couleurs selon le sujet ou un projet en cours. Choisissez Affichage/Trier pour disposer les vignettes des images selon leur étiquette ou leur nombre d'étoiles. Dans la partie inférieure gauche de l'espace de travail par défaut, vous trouvez l'onglet Filtre. S'il n'est pas visible, cliquez sur Fenêtre/Volet Filtre. Utilisez ses fonctionnalités pour afficher uniquement des fichiers répondant à des critères de recherche particuliers. Vous souhaitez afficher uniquement les images portant l'extension `.psd` ? Alors, affichez le contenu de l'onglet Filtre, puis cliquez sur la flèche située à gauche du filtre Type de fichier. Dans la liste qui apparaît, cliquez sur Document Photoshop.

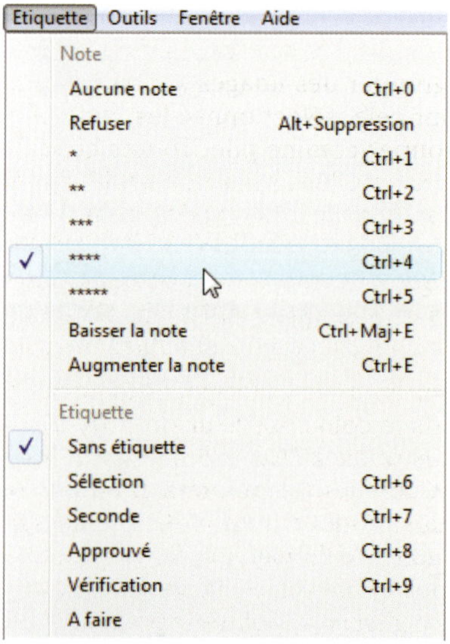

Figure 4.7 : Attribuez des étoiles et des couleurs à vos photos afin de les trier selon ces critères.

- **Ajouter des dossiers aux Favoris.** Vous visitez sans doute régulièrement certains dossiers. Choisissez Fichier/Ajouter aux favoris pour y accéder d'un clic par la suite, en cliquant sur l'onglet Favoris, dans le coin supérieur gauche de Bridge. Sachez qu'il est possible de placer un dossier dans les Favoris alors que vous travaillez sur un projet spécifique, puis de l'en ôter en choisissant Fichier/Supprimer des favoris.
- **Changer de vue et d'espace de travail.** Déployez le menu Affichage pour choisir ce que Bridge doit montrer, puis le menu Fenêtre/Espace de travail pour choisir un type de présentation. Dans le menu Affichage, vous pouvez sélectionner Mode réduit. Dans certaines circonstances, vous trouverez que ce mode est plus intéressant que le Mode complet. N'oubliez pas non plus les fonctionnalités de Diaporama de Bridge. C'est un excellent moyen de montrer votre travail. Pensez également à regrouper des images similaires dans des piles. Pour cela, sélectionnez-les, puis cliquez sur Piles/Grouper comme pile. Toutes ces images sont alors empilées sous une seule vignette. Un chiffre situé dans le coin supérieur gauche de la vignette indique le nombre de clichés qu'elle contient. Cliquez sur ce chiffre pour afficher les vignettes des images que contient la pile. Pour dégrouper ces images, cliquez sur Piles/Dissocier comme pile.
- **Zoomer avec la loupe.** Cliquez sur l'aperçu situé dans le coin supérieur droit de Bridge lorsque vous utilisez l'Espace de travail Informations Essentielles. Le pointeur prend la forme d'une loupe. Cliquez pour effectuer un agrandissement de la zone de l'image qui vous intéresse. Si vous maintenez le bouton de la souris enfoncé, il suffit de faire glisser le pointeur pour naviguer dans l'image comme si une loupe était tenue entre vos doigts.

Renommer facilement les fichiers

Vous avez créé une arborescence de dossiers et de sous-dossiers. Vous y avez réparti vos images. Vous avez attribué des étoiles et un rang à vos œuvres. Mais, dans le menu Fichier/Ouvrir les fichiers récents, vous n'avez pas forcément une idée de ce qui est quoi. Des noms de fichiers comme `CRW_1907.crw` ou `PB270091.jpg` ne sont pas très évocateurs, c'est le moins que l'on puisse dire. La commande Outils/Changement de nom global, que montre la Figure 4.8, permet d'affecter des noms plus parlants à vos fichiers. Sélectionnez le contenu dans les menus ou remplissez les champs de saisie. Pour ajouter d'autres éléments de dénomination, cliquez sur les boutons + situés à droite des champs d'informations.

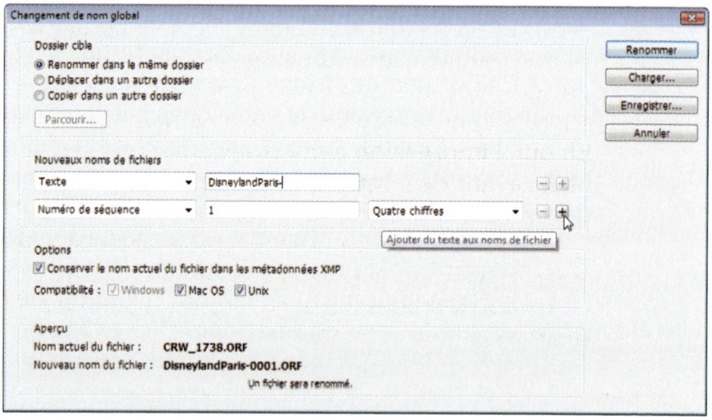

Figure 4.8 : Donnez des noms plus évocateurs à vos fichiers avec l'outil Changement de nom global.

N'OUBLIEZ PAS

Afin que chacune de vos images reçoive un nom unique, vous devez inclure une variable lorsque vous utilisez Changement de nom global. En effet, si vous tentiez de nommer `Photo.jpg` toutes les images d'un dossier, vous ne retrouveriez qu'un seul fichier dans le dossier de destination, car chaque image renommée aurait écrasé la précédente. C'est pourquoi vous devez sélectionner une des variables proposées dans le menu local. Grâce à une numérotation automatique ou à l'ajout de lettres, les noms des fichiers diffèrent, empêchant l'incident que nous venons d'évoquer.

Sachez aussi que vous ne devez en aucun cas taper un point dans un champ. Ce caractère n'est utilisé que pour séparer l'extension du nom de fichier. Comme l'outil Changement de nom global fait bien les choses, il se charge d'ajouter l'extension de fichier.

Imprimer les images

Dans un passé très récent, l'impression des images à partir de Photoshop était un sujet ardu dont l'explication s'étendait sur de nombreuses pages. Grâce aux améliorations du matériel et des logiciels, l'impression est devenue beaucoup plus facile. Les moniteurs sont correctement étalonnés en usine, les imprimantes reproduisent plus fidèlement les couleurs, les encres et les papiers conservent leurs qualités pendant des décennies. Eh oui, l'impression a fait du chemin en peu de temps. Mais, avant de cliquer sur le bouton Imprimer, vous devez vous assurer que l'image est prête à être imprimée. Sera-t-elle bien positionnée sur son support ? Les pixels sont-ils suffisamment petits pour se confondre et produire de beaux dégradés ? Les couleurs seront-elles fidèlement restituées ?

Recadrer à une proportion spécifique

Le rapport largeur-hauteur est celui des proportions entre deux côtés d'une image. Lorsque ce rapport est identique pour deux images, elles sont homothétiques. Dans une image dite Paysage – les artistes utilisent le terme "à l'italienne" –, la largeur est supérieure à la hauteur. Dans une image dite Portrait – ou "à la française" –, la largeur est inférieure à la hauteur. Les appareils photo numériques produisent des images à divers rapports, notamment 3:4 et 4:5. Celui du classique film 24 x 36 est de 3:2 : la longueur d'un côté est 1,5 fois celle de l'autre.

Les formats des papiers photographiques sont classiquement 8 x 10 pouces (20 x 25 cm, rapport 4:5), 5 x 7 pouces (13 x 18, rapport 5:7), 4 x 6 pouces (10 x 15, rapport 3:2) et 3 x 5 pouces (9 x 13, rapport 3:5). Dans la Figure 4.9, le rapport 3:2 est indiqué par du vert, le rapport 5:7 par du jaune et le rapport 4:5 par du rouge.

Figure 4.9 : Les différents formats de papier cadrent différemment une image.

Bien qu'un papier au format 8 x 10 pouces soit physiquement plus grand qu'un papier de 4 x 6 pouces, il montre moins de l'image originale, car il faut la recadrer. En revanche, en raison de son rapport 2:3, un papier au format 4 x 6 pouces conserve la totalité de l'image. Quant au papier 8 x 10, il oblige à éliminer 2 pouces dans la longueur (5 cm environ) à cause de son rapport 4:5. Pour imprimer sur une largeur de 8 pouces (20 cm), il faudrait un papier au format 8 x 12 pouces (20 x 30 cm).

Dans Photoshop, le rapport largeur/hauteur de l'image peut être modifié avec la commande Taille de la zone de travail si l'une des dimensions est déjà à la taille, avec l'outil Recadrage ou encore avec le Rectangle de sélection suivi de la commande Image/Recadrer. L'outil Recadrage peut rééchantillonner l'image aux dimensions et résolution d'impression exactes, en une seule opération, mais vous devrez généralement recourir à la commande Taille de l'image si vous modifiez le rapport largeur/hauteur avec la commande Taille de la zone de travail ou avec le Rectangle de sélection.

L'outil Recadrage sélectionné, vous pouvez entrer des dimensions fixes ainsi que la résolution à appliquer, dans la barre d'options. Tirez l'outil, positionnez et réglez le cadre de délimitation, et appuyez sur Entrée pour exécuter le recadrage. Tout ce qui se trouve dans le cadre est rééchantillonné à la taille exacte spécifiée dans la barre d'options. Ceci fait, pensez à cliquer sur le bouton Effacer afin de réinitialiser l'outil Recadrage.

TRUC

Lors du recadrage, Photoshop utilise l'algorithme de rééchantillonnage, spécifié sous l'onglet Général des préférences, comme méthode d'interpolation. Pour de meilleurs résultats, choisissez Bicubique plus lisse lorsque vous augmentez la taille d'une image et Bicubique plus net lorsque vous la réduisez.Quand vous choisissez de recadrer avec l'outil Rectangle de sélection, sachez que le paramètre Style, dans la barre d'options, qui est sur Normal, peut être remplacé par Proportions fixes ou Taille fixe. En règle générale, optez pour Proportions fixes, comme le montre la Figure 4.10, et tirez le rectangle jusqu'à ce qu'il entoure la partie de l'image qui vous intéresse. Après avoir éventuellement repositionné le cadre, choisissez la commande Image/Recadrer.

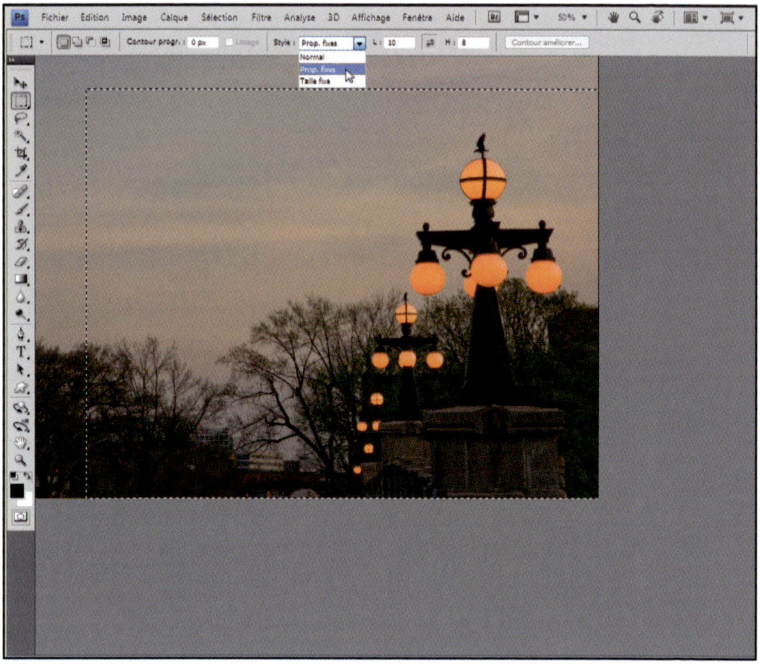

Figure 4.10 : Utilisez l'option Proportions fixes si vous devez respecter un rapport précis.

N'OUBLIEZ PAS

La commande Recadrer ne rééchantillonne pas l'image. Elle ne change que ses dimensions. Vous devrez donc aussi utiliser la commande Image/Taille de l'image, décrite au Chapitre 2.

Retour sur la résolution

Nous avons abordé au Chapitre 2 la résolution telle qu'elle s'applique à l'imagerie numérique. Revenons sur ces notions dans le contexte de l'impression des images :

- **Les images n'ont pas, par elles-mêmes, de résolution.** Qu'elles se trouvent dans votre appareil photo numérique, sur le disque dur ou dans Photoshop, vos images sont faites de minuscules carrés colorés, les pixels. Une image a toujours la même apparence et le même comportement dans Photoshop quelle que soit la résolution. Une image de 3 000 x 2 000 pixels à 300 pixels par pouce est gérée et manipulée exactement comme une image de 3 000 x 2 000 pixels à 72 ppp.
- **La résolution est une instruction envoyée au périphérique d'impression.** La résolution définie au moment de la prise de vue ou dans la boîte de dialogue Taille de l'image de Photoshop est enregistrée dans l'image uniquement sous la forme d'une instruction destinée au matériel d'impression.
- **La résolution fixe la taille des pixels.** Une résolution de 300 ppp signifie qu'à l'impression chaque pixel aura une taille de 1/300 pouce carré (1/118 mm^2). De même, si la résolution est de 72 ppp, la taille de chaque pixel sera de 1/72 pouce carré (1/28 mm^2). Certaines personnes estiment que ce calcul n'est pas très commode. Par exemple, qu'adviendra-t-il de la résolution si elle est de 300 ppp, mais que la largeur de l'image n'est que de 299 pixels ? Eh bien, c'est une bonne question.
- **Les images sur le Web s'en tiennent strictement aux dimensions en pixels.** Les navigateurs Web ne sont pas capables de lire l'information de résolution incorporée dans un graphisme par Photoshop. Une image n'est affichée dans le navigateur qu'en fonction de son seul nombre de pixels en largeur et en hauteur.

Contrôler la couleur via Fichier/Imprimer

Pour la plupart des utilisateurs de Photoshop, la fidélité des couleurs importe beaucoup. Après avoir passé des heures à peaufiner une image à l'écran, ils désirent que la version imprimée soit exactement la même. Voici comment obtenir de fabuleuses couleurs :

1. **Quand l'image sera prête à être imprimée, choisissez la commande Fichier/Imprimer.**

   La boîte de dialogue éponyme apparaît, comme à la Figure 4.11.

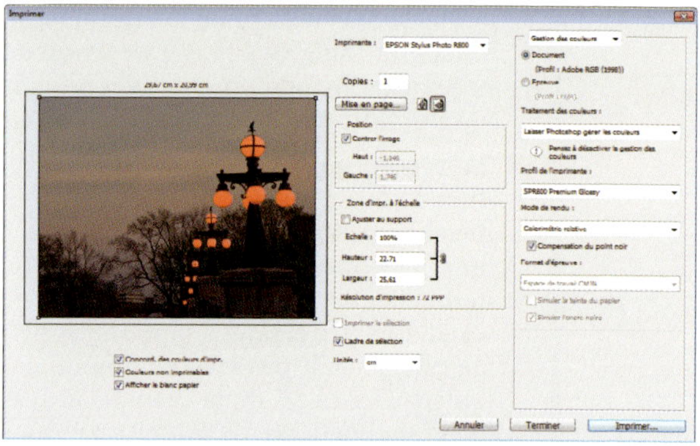

Figure 4.11 : La boîte de dialogue Imprimer de Photoshop CS3 est identique à celle de l'impression avec aperçu de CS2.

2. **Dans la liste Imprimante, sélectionnez le périphérique d'impression que vous utilisez. Ensuite, spécifiez le nombre de copies que vous désirez imprimer de cette photo.**
3. **Pour indiquer une mise en page particulière, cliquez sur le bouton éponyme.**

4. **Indiquez le traitement des couleurs.**

   - Dans la liste du coin supérieur droit de la boîte de dialogue, choisissez Gestion des couleurs. Assurez-vous que l'option Document est cochée, plutôt qu'Epreuve. Ensuite, définissez vos options.
   - Dans le menu local Traitement des couleurs, choisissez Laisser Photoshop gérer les couleurs.
   - Dans le menu Profil de l'imprimante, choisissez celui correspondant au papier que vous utilisez.
   - Dans le menu Mode de rendu, choisissez Colorimétrie relative et cochez la case Compensation du point noir.

   Facultatif : Dans la liste située dans le coin supérieur droit, choisissez Sortie à la place de Gestion des couleurs. Vous accédez alors à une série d'options qui permet d'imprimer des repères de montage, des traits de coupe, des descriptions, des libellés, etc.

5. **Dès que vous êtes prêt, cliquez sur le bouton Imprimer.**

   Cette action ferme la boîte de dialogue Imprimer et ouvre celle du pilote d'impression de l'imprimante.

6. **Dans votre pilote d'impression, désactivez la gestion des couleurs par l'imprimante.**

   Du fait que la gestion des couleurs s'effectue dans Photoshop, vous devez désactiver celle prise en charge par l'imprimante (pour les instructions spécifiques, reportez-vous au manuel de l'imprimante).

7. **Imprimez.**

   Cliquer sur le bouton Imprimer, dans la boîte de dialogue Imprimer, démarre le travail d'impression.

Les autres techniques d'impression

Il est probable que vous imprimez vos photos avec une imprimante à jets d'encre. Bien que ce matériel soit le plus répandu et sans doute le plus commode, il existe d'autres solutions. Par exemple, si votre travail consiste à produire des prospectus et des brochures plutôt qu'à retoucher des photos, une imprimante laser en couleurs répondra mieux à vos besoins. Le coût d'achat est plus élevé, mais le coût à la page est inférieur. Une imprimante laser reproduit moins bien des photos qu'une bonne imprimante à jets d'encre et elles vieillissent mal (les couleurs se délavent au bout de peu d'années), mais c'est peut-être suffisant pour partager des instantanés avec la famille et les amis. Les options d'une imprimante laser diffèrent de celles d'une imprimante à jets d'encre.

Les imprimantes à sublimation utilisent des rouleaux de papier imprégnés de colorant. Leur coût est de quelques centaines à plusieurs milliers d'euros. La qualité et la longévité des tirages sont généralement liées au prix.

Voici une autre solution accessible à presque tous les utilisateurs de Photoshop. Gravez vos images au format JPEG, à la qualité maximale, sur un CD que vous confierez à un labo de photo numérique. Vous pouvez recourir aux services de tirage en ligne ; vous transférerez les fichiers d'images sur le Web et les tirages – sur papier mat ou brillant, au format désiré – seront envoyés par La Poste. De plus, le coût par tirage peut être sensiblement inférieur à une sortie imprimante faite chez vous. Le labo photo est une solution de choix pour des photos d'un événement familial qui doivent être envoyées à un grand nombre de personnes.

Deuxième partie

L'amélioration facile des images numériques

"On va scanner nos photos et voir si on peut nous rendre plus moches avec quelques filtres de Photoshop."

Dans cette partie...

Certaines photos peuvent être imprimées sitôt extraites de l'appareil photo, sans même avoir transité par Photoshop. Mais la plupart nécessitent un minimum de corrections et beaucoup un traitement de choc. Vous découvrirez ici comment améliorer vos images.

Parfois, seule une partie de l'image nécessite d'être corrigée. Pour apprendre à effectuer ces interventions très ciblées, reportez-vous au Chapitre 8 où vous travaillerez avec les sélections et les masques. Le Chapitre 9 est consacré à bon nombre des travaux les plus souvent effectués avec Photoshop : l'élimination des yeux rouges, l'atténuation des rides, le blanchiment de la dentition et la réduction du bruit numérique.

5

Ombres et lumières

Dans ce chapitre :

- Découvrir les tons (au naturel).
- Les interventions automatiques.
- Corriger avec les fonctions Niveaux et Courbes.

Quand une image a de la pêche, quand elle ressort de la page, c'est généralement parce que les ombres sont profondes, les hautes lumières éclatantes et les couleurs riches. Il va sans dire que Photoshop peut y contribuer activement.

Dans ce chapitre, vous découvrirez la notion de *tonalité*, c'est-à-dire la gamme des niveaux de luminosité de l'image. Je vous présenterai les diverses commandes de Photoshop pour régler les tons d'une image. Il existe même un outil qui contrôle finement les ombres et les hautes lumières. Et pendant que nous y sommes, je vous propose de jeter un coup d'œil au panneau Histogramme : ce qu'il révèle, ce qu'il ne révèle pas, et comment l'utiliser au mieux.

Donner de la vigueur à une image

La plupart des photos gagnent à être légèrement corrigées. Même une photo qui paraît bonne mérite un petit réglage tonal : renforcer la densité des ombres et éclairer les hautes lumières améliorent la *gamme de tons* ou *plage tonale* de l'image, ce qui équivaut en quelque sorte à augmenter la distance entre le noir et le blanc. Examinez la Figure 5.1. C'est une photo plaisante, dont la composition est correcte et le sujet intéressant (surtout quand vous apprenez à le connaître à vos dépens). Mais elle manque de vigueur.

Figure 5.1 : Une photo sympa, mais sans plus.

Avec Photoshop, vous pouvez assombrir les ombres et éclairer le reste de l'image afin de la rendre plus dynamique. En intensifiant la différence entre ce que nous considérons comme du sombre et ce que nous considérons comme du clair, vous ajoutez de la profondeur à cette banale image. En comparant la Figure 5.2 avec la Figure 5.1, vous constatez qu'un réglage élémentaire des tons produit des couleurs plus riches et semble même améliorer la netteté.

Figure 5.2 : Un simple réglage tonal produit des ombres plus denses, illumine les zones claires et fait ressortir les détails.

Quelques notions sur l'histogramme

Pour nous permettre de mieux percevoir la gamme de tons de l'image, Photoshop offre un panneau Histogramme (il fait partie du même groupe que les panneaux Navigateur et Infos). L'histogramme affiche la répartition des pixels dans l'image selon les diverses valeurs de luminosité. Les pixels foncés (tons foncés) sont empilés à l'extrême gauche, les pixels clairs (tons clairs) à l'extrême droite. Le restant des pixels (tons moyens) se trouve entre. Plus une colonne est élevée dans l'histogramme, plus l'image contient de pixels de cette valeur. La Figure 5.3 montre une image que des spécialistes appelleraient une «répartition presque parfaite» en raison de la belle courbe centrée dans le graphique.

Figure 5.3 : La distribution des pixels est très régulière dans les tons moyens.

Mais ne vous laissez pas séduire par la répartition dans l'histogramme, car toutes les images correctement exposées ne présentent pas une aussi belle courbe. Celle de beaucoup d'images techniquement parfaites est fondamentalement différente. La répartition correcte dans l'histogramme dépend de deux paramètres : le contenu de l'image et l'intention de l'artiste.

Imaginons une photo contenant principalement des pixels blancs, comme un paysage alpin sous la neige ou l'araignée qui, à la Figure 5.4, crapahute sur de la porcelaine. Pour chacune de ces images, l'histogramme est spectaculairement calé à droite, produisant ce que l'on appelle en jargon photographique un *high key* ou effet de grisaille (même si ce gris est ici franchement blanc). Rien dans cette image n'est problématique, en dépit de l'histogramme atypique. Sa forme n'est due qu'au très grand nombre de pixels clairs.

Figure 5.4 : L'histogramme est décalé à cause du grand nombre de pixels blancs.

De même, une image en *low key* ou clair-obscur présente une prépondérance de pixels sombres. L'histogramme est alors calé à gauche. Dans presque toutes les scènes de nuit, les pixels très sombres sont extrêmement nombreux et s'accumulent de ce fait à gauche du graphique. Mais s'il y a des réverbères dans la photo, des pics apparaîtront à droite.

N'OUBLIEZ PAS

Dans l'histogramme, les hauteurs des colonnes sont relatives. La plus grande atteint toujours le haut du cadre, et les autres sont dimensionnées proportionnellement. Par exemple, une image sur un fond noir peut comporter un si grand nombre de colonnes à l'extrême gauche que le restant de la courbe paraît presque plat et peu significatif, comme l'illustre la Figure 5.5.

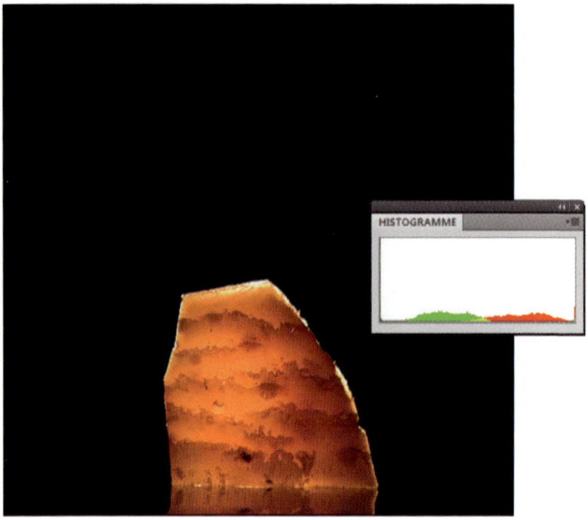

Figure 5.5 : Une colonne trop élevée à gauche réduit le restant de la courbe à peu de chose.

Si l'histogramme est décalé d'un côté ou de l'autre, ce qui le rend difficilement lisible, sélectionnez une partie de l'image : l'histogramme ne montrera que les données concernant cette partie (les sélections sont expliquées au Chapitre 8). Si l'image se compose de plusieurs calques standard ou de réglages, ouvrez le menu local situé en haut à droite de l'histogramme. Là, choisissez Affichage agrandi. Ensuite, dans le petit menu local Source, sélectionnez le calque dont vous désirez afficher l'histogramme.

Parfois, un histogramme semble ne plus correspondre à rien, comme celui de la Figure 5.6. La répartition n'est pas en cloche. Ce n'est pas une image en *high-key*, car il n'y a pas d'accumulation de pixels vers la droite, et ce n'est pas un *low-key*, car les pixels ne sont pas empilés à gauche. Le graphique contient trois grosses colonnes, c'est-à-dire trois gammes de tonalités distinctes qui contiennent la majorité des pixels.

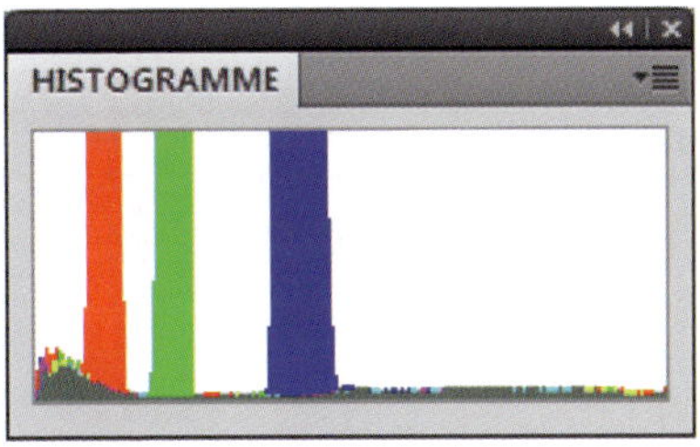

Figure 5.6 : Un histogramme est parfois une énigme.

TRUC

Cliquer sur le triangle en haut à droite du panneau Histogramme permet de modifier sa configuration : l'Affichage agrandi, utilisé jusqu'à présent dans ce livre, car il est plus lisible, et l'Affichage réduit, plus compact. L'option Affichage de toutes les couches montre un histogramme pour chacune des couches chromatiques, ce qui permet de résoudre l'»énigme des trois colonnes», comme le révèle la Figure 5.7 : l'image contient un grand nombre de pixels dans des plages de couleur bien définies.

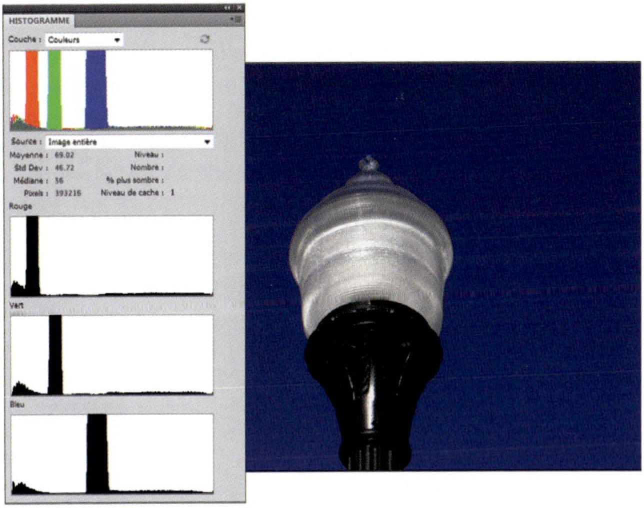

Figure 5.7 : L'affichage de toutes les couches montre un histogramme par couche chromatique.

Comme vous l'apprendrez dans la section "Le réglage Niveaux", l'histogramme permet d'éviter la dégradation de l'image lors des réglages. Et, comme vous le lirez au Chapitre 7, il joue un rôle important lorsque vous travaillez avec le module Camera Raw.

Les corrections automatiques

Le réglage tonal de l'image peut se limiter à la seule utilisation de l'une des commandes automatiques du menu Image/Réglages. Sur beaucoup de photos, les tons, et même la couleur, se calent exactement comme il faut. Pas de problème, pas de misère : une seule commande et l'image est améliorée.

Si vous devez appliquer un traitement spécial à l'image, ou si elle est mal en point, les commandes automatiques ne seront pas la panacée. Mais il ne coûte rien d'essayer. Au pire, vous annulerez.

De la plus simple à la plus sophistiquée, voici les corrections automatiques disponibles :

- **Contraste automatique :** Il rend les pixels foncés plus sombres et les pixels clairs plus lumineux, en s'efforçant de n'introduire aucun décalage de couleur (altération globale des couleurs). Le même réglage est appliqué aux trois couches chromatiques de l'image. Le Contraste automatique peut être appliqué à une image qui est présentable, mais dont le contraste doit être un peu poussé.
- **Ton automatique :** Chacune des couches chromatiques de l'image est réglée à part, maximisant la gamme de tons dans la couche. Si l'une des couches ne contribue que peu à l'image originale, une dominante de couleur risque d'apparaître (Figure 5.8). La commande Ton automatique est parfaite pour la plupart des images qui sont plutôt bonnes et qui ne nécessitent pas une exactitude absolue des couleurs.

Figure 5.8 : La même photo, avec et sans dominante orangée.

- **Couleur automatique :** Plutôt que de se baser sur le pixel le plus foncé et le pixel le plus clair pour déterminer ce qui doit être le noir et ce qui doit être le blanc, Couleur automatique effectue la moyenne de plusieurs pixels à chaque extrémité. Cette opération empêche un seul pixel vagabond de fausser les calculs qui règlent l'image. Cette fonction est parfaite pour la plupart des images types, mais pas pour des images comportant des couleurs très vives ou affligées d'une forme dominante.

Courbes et Niveaux

Avant de vous présenter ces deux commandes, je me permettrai une brève explication sur deux autres options à ne pas utiliser. La commande Luminosité/Contraste existe depuis toujours dans le menu Image/Réglages de Photoshop. A l'époque, c'était l'unique réglage de ce type. Aujourd'hui, cette fonctionnalité est rudimentaire ; elle sert essentiellement à régler une couche alpha ou un masque de fusion (la couche alpha est expliquée au Chapitre 8, le masque de fusion au Chapitre 10). Dans ces deux éléments, des niveaux de gris correspondent à des parties spécifiques de l'image.

Le réglage Egaliser est lui aussi à éviter. Il recherche le pixel le plus clair de l'image, qu'il considère comme du blanc pur, ainsi que le plus foncé, qu'il considère comme du noir pur, puis il règle le restant des pixels selon ces deux valeurs, produisant ainsi une gamme de tons étendue. En pratique, vous découvrirez que cette commande produit des tons foncés et des tons clairs extrêmes, avec des couleurs plutôt criardes et une perte de détails dans les tons moyens.

N'OUBLIEZ PAS

Les corrections ne s'effectuent pas forcément sur la totalité de l'image. Si une partie de l'image seulement est concernée, sélectionnez-la avant d'ouvrir la boîte de dialogue requise. Les sélections sont décrites au Chapitre 8. Par exemple, si vous avez fait une photo d'intérieur qui serait parfaite si la fenêtre n'était pas exagérément lumineuse, sélectionnez-la puis réduisez sa luminosité avec les commandes appropriées.

Le réglage Niveaux

La commande Image/Réglages/Niveaux (⌘ + L/Ctrl + L) contrôle finement les tons foncés, les tons clairs ainsi que la tonalité générale de l'image. Une glissière à trois curseurs permet de régler l'image à vue, en vous basant sur un histogramme. Il est aussi possible d'entrer des valeurs manuellement.

TRUC

La correction des niveaux consiste à limiter les tons de l'image à la gamme de tons disponible. Pour ce faire, il suffit de déplacer le curseur, sous l'histogramme de la boîte de dialogue Niveaux, jusqu'au pied de la courbe. Ne tenez pas compte de la petite queue plate qui représente des pixels vagabonds et amenez le curseur jusqu'à l'endroit où la colonne est haute de quelques pixels. L'histogramme que montre la Figure 5.9 sert de référence pour les modifications. Notez que, pendant vos réglages dans l'histogramme Niveaux, le panneau Histogramme est automatiquement mis à jour, montrant l'état antérieur (en gris) et l'état actuel (en noir).

N'OUBLIEZ PAS

Décaler le curseur central vers la droite équivaut à décentrer l'histogramme, ce qui entraîne un assombrissement de l'image. Si vous le glissez vers la gauche, vous éclaircissez la totalité de la photo.

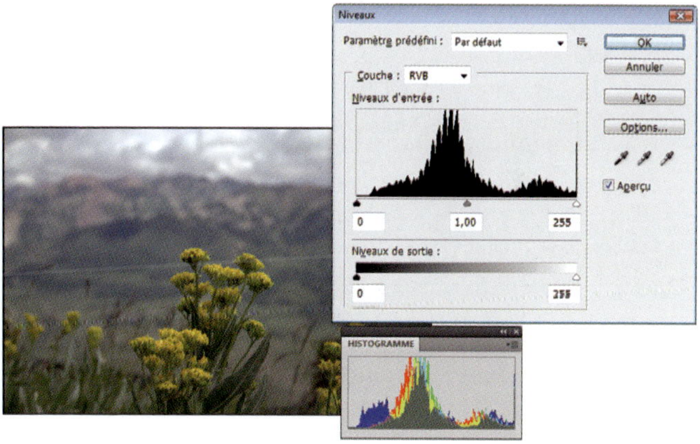

Figure 5.9 : Comparaison de l'histogramme Niveaux et du panneau Histogramme à un même moment.

Définir le blanc et le noir

Dans la boîte de dialogue Niveaux – et aussi dans celle de Courbes –, le bouton Options donne accès à des paramètres que je vous déconseille de modifier, car c'est le meilleur moyen de mettre une belle pagaille. Mais si vous y tenez, voici de quoi il retourne. Le bouton Options permet de contrôler le comportement du bouton Auto des boîtes de dialogue Niveaux et Courbes. Plus important, il permet de définir le pixel que Photoshop doit considérer comme le pixel le plus clair, et celui qu'il doit considérer comme le pixel le plus foncé. Eh oui, le noir et le blanc ne sont pas toujours ce que l'on croit.

Si vous utilisez une imprimante à jets d'encre et désirez exploiter la totalité de sa gamme de tons, le noir et le blanc doivent rester définis aux extrêmes, aussi loin l'un de l'autre que possible. Mais, si vous préparez des images pour une impression offset, vous devrez peut-être ajuster les valeurs utilisées pour les tons foncés et les tons clairs. Si le blanc est trop clair, les nuages, une chemise blanche ou la neige n'ont plus de détails ; ils sont complètement délavés. Si le noir est trop foncé, les ombres sont bouchées ; elles deviennent des aplats sans détails.

Si votre imprimeur – ou toute autre personne de la chaîne graphique – vous demande de redéfinir les tons sombres et les tons foncés, ouvrez la boîte de dialogue Niveaux (ou Courbes), cliquez sur le bouton Options, cliquez sur le champ blanc Tons clairs afin d'ouvrir le Sélecteur de couleurs, puis entrez les valeurs à utiliser. Cliquez sur OK et faites de même pour le champ Tons foncés. Veillez à cocher la case Enregistrer comme valeurs par défaut, avant de fermer la boîte de dialogue.

Remarquez aussi le curseur Niveaux de sortie, dans la Figure 5.9. Vous ne l'utilisez généralement que si vous préparez des images pour une presse typographique exigeant une compression de la gamme tonale de l'image. Dans les autres cas, ignorez ce curseur et ses deux champs, sauf si vous recherchez des effets spéciaux. Notez aussi le menu déroulant, en haut de la boîte de dialogue : il permet d'appliquer la commande Niveaux à des couches chromatiques en particulier, ce qui transforme cet outil de réglage tonal en outil de correction des couleurs. La correction des couleurs est étudiée au Chapitre 6.

TRUC

Quand vous travaillez avec les Niveaux – et avec quasiment n'importe quelle boîte de dialogue –, sachez que maintenir la touche Option/Alt enfoncée transforme le bouton Annuler en bouton Réinitialiser. Quand vous cliquez dessus, tous les paramètres de la boîte de dialogue sont réinitialisés à leurs valeurs par défaut, vous permettant ainsi de recommencer sans devoir annuler puis réactiver la commande.

Précédemment dans ce chapitre, j'ai mentionné que le panneau Histogramme pouvait être utilisé pour éviter d'introduire des problèmes dans l'image. Remarquez, à la Figure 5.9, l'apparition d'interstices dans la courbe noire. Ils représentent ce que l'on appelle techniquement une *isohélie* : des valeurs tonales ont été ramenées à une seule valeur.

TRUC

Il existe un moyen facile pour réduire les risques d'isohélie, et utiliser ainsi la commande Niveaux sans compromettre la régularité de l'histogramme. Immédiatement après avoir appliqué Niveaux, choisissez la commande Edition/Atténuer Niveaux et remplacez le mode de fusion Normal par le mode de fusion Luminosité. Comme vous le constatez dans la Figure 5.10, l'isohélie est éliminée sans modification notable des niveaux. Rappelez-vous que la commande Atténuer doit être appliquée immédiatement après un réglage, un filtre ou un outil. Même la commande Enregistrer ne doit pas être utilisée entre-temps.

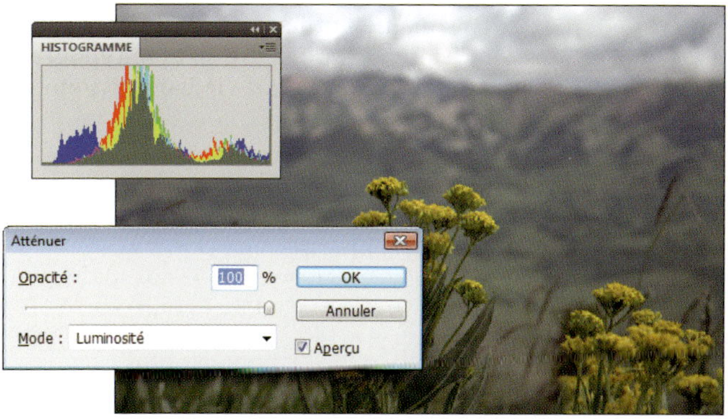

Figure 5.10 : Choisissez Edition/Atténuer pour remplacer le mode de fusion Normal des niveaux par le mode Luminosité.

Les corrections tonales à la pipette

La boîte de dialogue Niveaux – mais aussi Courbes – offre un autre moyen de corriger les tons d'une image. C'est une technique semi-automatique recourant à trois pipettes situées en bas à droite de la boîte de dialogue. Ouvrez l'image, ouvrez la boîte de dialogue Niveaux, puis corrigez les couleurs en trois clics :

1. **Cliquez avec la pipette de gauche sur ce qui doit être du noir.**

   Il peut s'agir d'une ombre très dense, d'un morceau de tissu, d'un pneu… Tout ce qui est très foncé convient.

2. **Cliquez avec la pipette de gauche sur ce qui doit être du blanc.**

   Un nuage, une robe de mariée, le blanc d'un œil… Tout ce qui est très clair convient.

3. **Cliquez avec la pipette du milieu sur ce qui doit être du gris.**

   Choisissez un élément dont la couleur devrait être neutre. Il n'est pas nécessaire qu'il soit en gris moyen, seulement neutre, ce qui réduit ou élimine toute dominante de couleur indésirable. Si le résultat ne vous convient pas, cliquez ailleurs dans l'image. Continuez ainsi jusqu'à ce que les couleurs vous semblent correctes.

Dans la Figure 5.11, l'ombre sous le pont, les éclaboussures d'eau et le bois vermoulu sont d'excellentes cibles pour les trois pipettes.

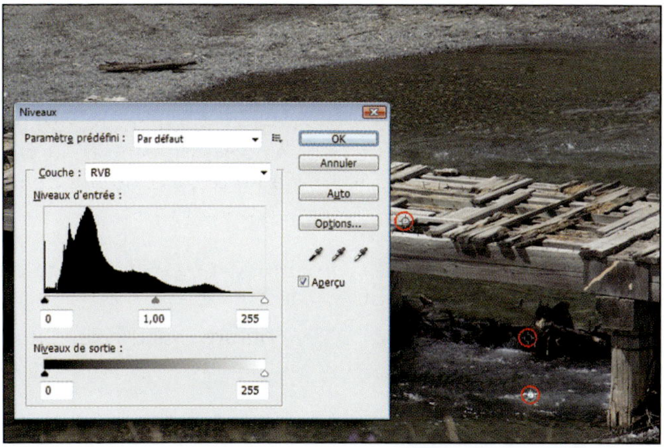

Figure 5.11 : Utilisez les pipettes pour définir le point noir et le point blanc. Neutralisez ensuite les couleurs.

Le réglage Courbes

Au tout début de ce chapitre, j'ai montré comment un simple réglage tonal peut redonner de la vigueur à une image un peu fade. La Figure 5.12 montre la courbe simple appliquée à cette image (ici sous la forme d'un calque de réglage). Tirer la courbe vers le bas, dans les tons foncés, rend l'image plus sombre, la tirer vers le haut, dans les tons clairs, la rend plus lumineuse. Les tons moyens sont eux aussi légèrement éclaircis par ce réglage.

Figure 5.12 : La commande Courbes intensifie la photo d'origine.

Lorsque la boîte de dialogue Courbes est ouverte, elle contient une ligne droite en diagonale, tendue entre un point d'ancrage situé dans le coin inférieur gauche et un autre dans le coin supérieur droit. Vous devez cliquer sur cette ligne et tirer vers le haut ou vers le bas – et non de côté – afin de modifier son incurvation, et de ce fait le rendu de l'image. Par défaut, les tons foncés sont en bas à gauche, de sorte que tirer la courbe vers le bas assombrit, et la tirer vers le haut éclaircit. (Les Options d'affichage de la courbe permettent de choisir entre Lumière et Pigment/Encre. Le passage de l'un à l'autre inverse les tons foncés et les tons clairs. N'utilisez cette option que si vous préparez des images CMJN destinées à des programmes de mise en page.) Une bonne douzaine de points peuvent être ajoutés, bien qu'habituellement vous en placerez rarement plus de trois.

La plupart des photos gagnent à subir une petite correction dans Courbes. Cliquez à l'intersection de la première ligne horizontale et de la première ligne verticale, en bas à gauche, et tirez légèrement le point. Le champ Entrée devrait indiquer 64 et le champ Sortie une valeur entre 55 et 60. Cliquez ensuite à l'intersection en haut à droite et remontez légèrement le point. Le champ Entrée devrait indiquer 192 et le champ Sortie une valeur entre 195 et 205. Cette forme obtenue est généralement appelée *courbe en S*.

Les boîtes de dialogue Courbes et Niveaux ont toutes deux des boutons Charger et Enregistrer. Si une correction doit être appliquée à d'autres images exactement de la même manière, enregistrez-la. Vous la récupérerez ultérieurement avec le bouton Charger. Par exemple, si vous avez pris une série de photos dans des conditions défavorables, il est fort probable que chacune doive être corrigée de la même manière. Corrigez la première, enregistrez les paramètres en cliquant sur le bouton Enregistrer, puis appliquez la même correction aux autres images grâce au bouton Charger.

Pour corriger une zone spécifique, maintenez le bouton de la souris enfoncé et déplacez le pointeur en forme de pipette dans l'image. Un cercle apparaît sur la courbe indiquant la valeur tonale du pixel survolé. Pour placer un point d'ancrage, cliquez dans l'image, bouton ⌘/Ctrl enfoncé. Notez que pour libérer de l'espace dans la boîte de dialogue Courbes, vous pouvez masquer les Options d'affichage de la courbe.

Désormais, il est possible d'ajuster la courbe en cliquant directement dans l'image et en faisant glisser le curseur. Activez l'outil situé dans le coin inférieur gauche de la courbe. Son icône représente une main pointant un doigt orné d'une double flèche. (Lorsque vous appliquez une courbe via un calque de réglage, cet outil se trouve dans le coin supérieur gauche.) Une fois l'outil activé, placez-le dans la zone de l'image nécessitant une amélioration. Cliquez et faites glisser le curseur vers le haut pour éclaircir la zone, ou vers le bas pour l'assombrir. Le réglage est alors appliqué à la totalité de l'image ou à une portion sélectionnée. (Le Chapitre 8 explique comment travailler avec le panneau Réglages.)

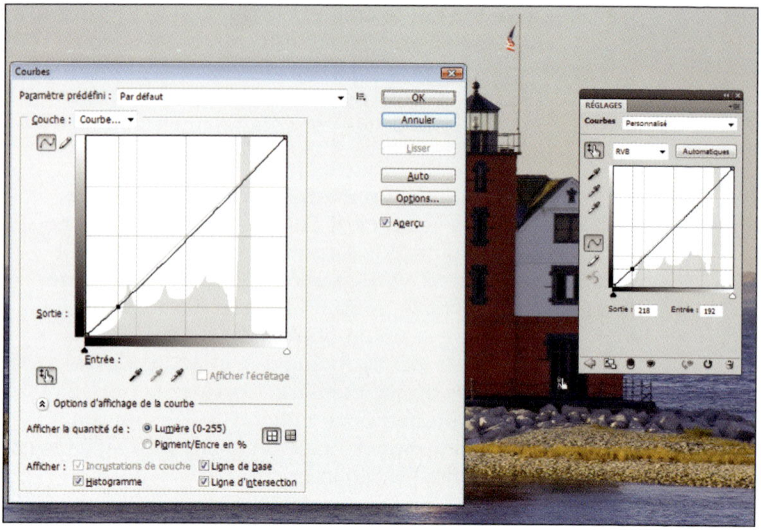

Figure 5.13 : L'ajustement de la courbe peut se faire directement sur l'image aussi bien dans la boîte de dialogue Courbes que via un calque de réglage de type Courbes (panneau Réglages).

Quand plusieurs points d'ancrage ont été placés sur une courbe, le point actif est représenté par un carré plein. Les points non sélectionnés sont représentés par des carrés vides. Pour plus de précision, le point d'ancrage actif peut être déplacé par les touches du clavier. Ou encore une valeur peut être tapée dans les champs Entrée (position en abscisse) et Sortie (position en ordonnée).

Pour afficher une grille plus ou moins dense, appuyez sur Option/Alt et cliquez dans la zone d'affichage de la courbe. Il est également possible de dessiner la courbe à main levée avec le crayon illustré à la Figure 5.14. Une fois la courbe tracée, le bouton Lisser devient accessible. Pour une meilleure transition dans les réglages de la tonalité, il est conseillé de cliquer dessus.

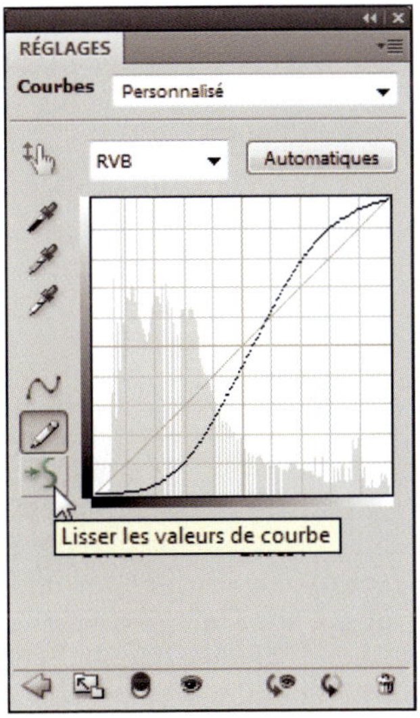

Figure 5.14 : Augmentez le nombre de cellules de la grille pour tracer plus facilement une courbe à main levée.

Un contrôle encore plus étroit

Le menu Image/Réglages de Photoshop CS4 comporte d'autres outils extrêmement puissants pour ajuster les tons d'une image. Le réglage Tons foncés/Tons clairs permet d'isoler et de modifier n'importe quelle plage de pixels foncés ou clairs. En spécifiant la gamme de valeurs tonales à considérer comme sombres ou claires, vous contrôlez l'étendue – large ou étroite – des changements appliqués. La fonction Exposition modifie la tonalité globale de l'image, comme si l'appareil photo avait été réglé différemment. N'oubliez pas non plus les corrections ponctuelles avec les outils Densité + et Densité -.

N'OUBLIEZ PAS

Les réglages Tons foncés/Tons clairs et Exposition n'ont rien à voir avec le travail sur des images au format RAW dans le module Camera Raw (voir Chapitre 7). Camera Raw travaille sur des données d'image brutes, d'où l'appellation de «négatif numérique». Avec les commandes du menu Réglages, vous travaillez sur des données qui ont déjà été traitées à l'intérieur de l'appareil photo, par

Photoshop ou par les deux. Quand vous travaillez sur des données brutes dans Camera Raw, vous bénéficiez effectivement du contrôle sur l'exposition, les tons foncés et clairs et sur bien d'autres paramètres.

Les réglages Tons foncés/Tons clairs et Exposition ne sont pas disponibles en tant que calque de réglage. Les modifications sont appliquées directement à l'image.

Tons foncés/Tons clairs

La commande Tons foncés/Tons clairs a été conçue pour corriger deux sortes de problèmes : l'arrière-plan est parfaitement exposé mais le sujet est terriblement sous-exposé ou, ce qui n'est pas mieux, l'arrière-plan est bien exposé mais le sujet est surexposé par un flash trop puissant, ou encore comme sur l'image de gauche de la Figure 5.15 aucun des deux plans n'est bien exposé. En contrôlant les tons foncés et clairs séparément du restant de l'image, vous pourrez rattraper l'exposition défectueuse et rééquilibrer ainsi les tons de l'image, comme le montre la photo de droite de la Figure 5.15.

Figure 5.15 : La commande Tons foncés/Tons clairs rattrape assez bien ces problèmes d'exposition très fréquents.

Les paramètres par défaut de Tons foncés/Tons clairs sont censés corriger des problèmes de contre-jour ou de dominante des tonalités dans tel et tel secteur de la photo. Quand une partie manque de détails suite à une surexposition, limitez les modifications aux tons foncés et actionnez le curseur Tons clairs. La Figure 5.16 montre une correction réalisée en affichant les options supplémentaires de la boîte de dialogue. Vous disposez d'un ensemble de réglages qui couvrent toute la plage tonale d'une image.

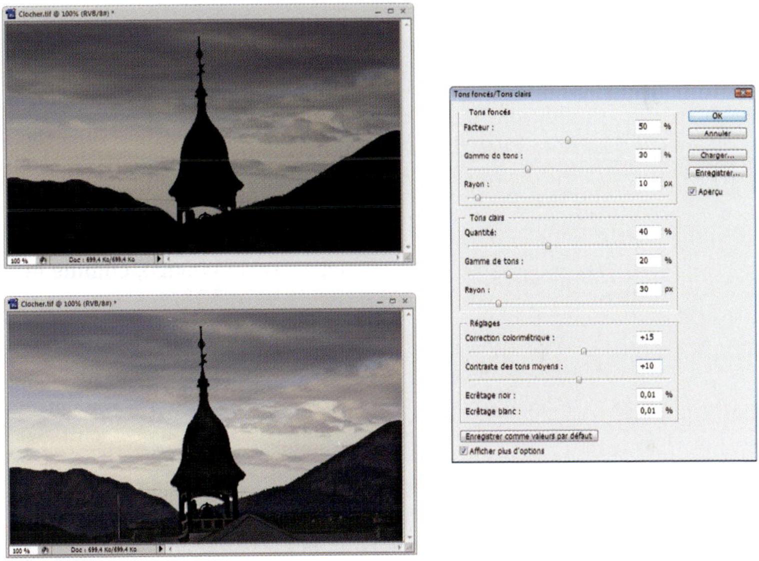

Figure 5.16 : Pour certaines images, il faut corriger à la fois les tons foncés et les tons clairs.

Dans la boîte de dialogue Tons foncés/Tons clairs, le curseur Tons foncés éclaire les zones sombres de l'image, tandis que le curseur Tons clairs assombrit les parties lumineuses. Vous utiliserez donc l'un ou l'autre de ces curseurs selon la correction à effectuer. Mais vous pouvez utiliser les deux à la fois, par exemple pour déboucher des ombres tout en récupérant des détails dans les hautes lumières.

Quand la case Afficher plus d'options est cochée, la boîte de dialogue Tons foncés/Tons clairs déploie une impressionnante panoplie de commandes. Elles sont heureusement assez simples à utiliser :

- **Facteur :** Ce curseur règle l'intensité de la correction des tons foncés ou des tons clairs. C'est la commande principale. Pour un sujet à contre-jour, vous agirez surtout avec le curseur Tons foncés, pas avec le curseur Tons clairs. Si vous devez corriger un sujet délavé, vous réglerez probablement le curseur Tons foncés à 0 % et travaillerez avec le curseur Tons clairs.
- **Gamme de tons :** Actionnez ce curseur pour indiquer la gamme de tons à considérer comme tons foncés ou comme tons clairs. En la réglant à 100 %, vous travaillez sur toute la gamme tonale de l'image : ce n'est toutefois pas une situation appropriée pour la commande Tons foncés/Tons clairs (utilisez plutôt la commande Courbes). La valeur par défaut de 50 % est le plus souvent trop élevée. Il est préférable de régler la gamme de tons à 20 %, quitte à la régler plus finement ensuite.
- **Rayon :** Il sert à indiquer à la commande Tons foncés/Tons clairs quels pixels doivent être considérés comme des tons clairs et lesquels doivent être considérés comme des tons foncés. Si le paramètre Rayon est trop faible, un seul pixel noir au milieu d'une zone claire peut faire considérer cette partie comme une zone de tons foncés. Mais s'il est trop élevé, la correction risque de s'appliquer à toute l'image. En règle générale, commencez avec un Rayon de 10 pixels pour de petites images et de 30 pixels pour de grandes photos numériques. Après avoir réglé les curseurs Facteur et Gamme de tons, actionnez franchement le curseur Rayon dans un sens et dans l'autre, tout en observant de petites zones foncées ou claires – celles que vous désirez corriger –, et vérifiez si les parties à corriger sont incluses dans les variations que vous observez.

- **Correction colorimétrique ou Luminosité :** Ce curseur change de nom selon le mode chromatique de l'image. Si l'image est en couleurs, Correction colorimétrique est affiché. Si elle est à niveaux de gris, Luminosité est affiché. Ne touchez pas à ce réglage tant que vous n'avez pas modifié le paramètre Facteur. Dans une image en couleurs, éclaircir les tons foncés ou assombrir les tons clairs montre la véritable couleur des pixels dans ces zones. Actionnez ce curseur vers la droite pour augmenter, ou vers la gauche pour réduire, la saturation de ces pixels. Rappelez-vous que la Correction colorimétrique ne s'applique qu'aux pixels impliqués avec les curseurs Facteur et Gamme de tons (si elles sont à 0 %, la correction colorimétrique n'a aucun effet). Par ailleurs, quand vous corrigez une image en niveaux de gris, le curseur Luminosité affecte tous les pixels, sauf ceux qui sont déjà en blanc pur et en noir pur.
- **Contraste des tons moyens :** Comme lorsque vous cliquez au milieu de la ligne de la commande Courbes et que vous tirez le point d'ancrage vers le haut ou vers le bas, actionner ce curseur règle le contraste dans toute la gamme tonale, y compris dans les tons clairs et foncés. Lorsqu'une image nécessite une correction globale, commencez par le Contraste des tons moyens, puis peaufinez chaque gamme de tons à part.
- **Ecrêtage :** Le plus souvent, vous ne toucherez pas les valeurs d'écrêtage. L'écrêtage force en noir pur les pixels qui sont presque noirs, et force en blanc les pixels qui sont presque blancs. Ecrêter les tons foncés et les tons clairs réduit les subtiles différences de couleur qui produisent du détail dans les ombres et les hautes lumières. Dans quelles conditions appliquerez-vous un écrêtage ? Lorsque vous n'avez que faire des détails et que le contraste des tons moyens doit être renforcé.

6

Rendre les couleurs plus naturelles

Dans ce chapitre :

- Les rouges, les verts et tous les autres.
- La panoplie pour la correction de couleur.

Dans Photoshop, une image se réduit à de simples carrés colorés. Chacun d'eux – chaque pixel – ne peut avoir qu'une seule couleur. Laquelle ? Cela dépend de vous. Répétons-le : il n'y a ni trait, ni cercle, ni vélo rouge, ni trogne de l'oncle Barnabé dans une image dans Photoshop, mais seulement une kyrielle de petits carrés colorés.

Dans ce chapitre, j'explique ce que sont ces petits carrés colorés, comment Photoshop les traite et, surtout, comment vous pouvez les manipuler.

Qu'est la couleur dans Photoshop ?

Photoshop traite des images numériques : celles produites par un appareil photo numérique, par un scanner, ou celles que vous avez créées dans Photoshop à partir d'un document vide. Le terme "numérique" fait allusion au fait qu'en informatique tout se ramène à des chiffres. Le nombre de pixels, la couleur de chacun d'eux et toutes les autres informations graphiques se réduisent à des 0 et des 1 qui se succèdent sur le disque dur. Tout n'est donc que chiffres, du moins dans l'univers de Photoshop. Mais, pour vous et moi, la couleur est bien plus que du code binaire entassé dans un disque dur. Elle est l'image, l'art et le message. L'art est couleur et la couleur est art, pixel par pixel.

Modes, modèles et profondeur

Avant d'entrer dans les détails, vous devez assimiler une notion de base : la gamme des couleurs théoriquement susceptibles d'être reproduites par un mode ou un profil de couleur donnés. (*NdT* : Les Anglo-Saxons utilisent pour ce concept un terme intraduisible autrement que par son interminable définition : le *gamut*. Nous l'adopterons par commodité.) Un *gamut étendu* permet d'utiliser beaucoup plus de couleurs qu'un *gamut étroit*. Ces couleurs supplémentaires sont généralement plus vives, plus brillantes, plus éclatantes… que celles d'une image conventionnelle. Le gamut du mode de couleur RVB (rouge, vert, bleu) est plus étendu que celui du mode de couleur CMJN (cyan, magenta, jaune, noir), comme le révèle la Figure 6.1. Et gardez bien à l'esprit qu'un profil colorimétrique – l'espace de travail que vous avez sélectionné – a aussi un impact sur les couleurs de votre image.

Figure 6.1 : Une image à gamut étendu (à gauche) et la même à gamut étroit (à droite).

Quel mode de couleur choisir ?

Si vous imprimez vos images avec une imprimante à jets d'encre ou si vous les postez sur le Web, vous choisirez le mode RVB. En effet, bien que les encres de l'imprimante soient celles du mode CMJN, le logiciel de l'imprimante attend des données en RVB, qu'il convertit ensuite. Si vous préparez des images destinées à être reprises en PAO avant d'être imprimées en offset, vous devrez choisir le mode CMJN. Le choix s'effectue dans le menu Image/ Mode. Voilà pour les généralités. Mais il y a bien plus à dire. Voici les modes de couleur présentés dans l'ordre où vous avez le plus de chance d'en avoir besoin :

- **RVB :** C'est le mode de couleur de la photographie numérique, des moniteurs informatiques, du Web et des imprimantes à jets d'encre. Toutes les couleurs sont obtenues par le mélange des trois couleurs primaires : rouge, vert et bleu. La couleur RVB est enregistrée dans trois couches chromatiques (décrites plus loin dans ce chapitre).

Le mode RVB repose sur la synthèse additive de la couleur : plus vous ajoutez de la couleur, plus elle tend vers le blanc.

- **CMJN :** Ce mode est principalement utilisé dans les imprimeries, mais aussi par les imprimantes laser couleurs ou par des imprimantes à jets d'encre haut de gamme équipées d'un RIP (*Raster Image Processor*, processeur d'image vectorielle). Le mode CMJN est celui de la presse, de l'édition et de l'imprimerie en général, comme l'illustre la Figure 6.2. Le mode CMJN repose sur la synthèse soustractive de la couleur : plus vous ajoutez de la couleur, plus elle tend vers le noir.

Figure 6.2 : Une image CMJN est destinée à l'impression.

- **Niveaux de gris** : Quand il est question de photos en noir et blanc, il s'agit en réalité de photos en niveaux de gris. L'image contient certes du noir et du blanc, mais aussi une vaste gamme de gris intermédiaires. Le mode Niveaux de gris est utilisable aussi bien pour l'impression que pour le Web. Mais rappelez-vous que, sauf si votre imprimante a été spécifiquement conçue pour reproduire des images à niveaux de gris avec des encres noires et grises, le résultat ne sera pas forcément attrayant. N'utiliser que l'encre noire ne permet pas de reproduire la totalité des gris d'une image. Utiliser des encres de couleur teinte légèrement l'image. Faute d'imprimante spéciale, la seule solution est de confier les photos à un laboratoire.

- **Couleurs indexées :** Basé sur une table d'indexation dans laquelle chacune des couleurs est numérotée, ce mode est fait pour le Web. Les formats de fichier GIF et PNG-8 sont à couleurs indexées. En raison du petit nombre de couleurs – 256 au maximum –, ces formats doivent être réservés à des logos, boutons et dessins simples. Peu encombrantes, les images à couleurs indexées sont rapidement téléchargées par les navigateurs Web.
- **Lab :** Espace de couleur établi en 1931 par la Commission internationale de l'éclairage, rebaptisée CIE L*a*b en 1976. C'est un mode de couleur que vous n'utiliserez que pour produire certains effets ou pour exploiter certaines techniques dans Photoshop. Vous ne l'utiliserez pas pour enregistrer votre travail terminé. Les trois couches d'une image Lab sont :
  - *Luminance* : elle enregistre la luminosité de chacun des pixels.
  - *a* : couleur de chaque pixel sur un axe du vert au rouge.
  - *b* : couleur de chaque pixel sur un axe du bleu au jaune.

  Une image Lab ne doit pas être envoyée vers une imprimante à jets d'encre ou postée sur un site Web. Vous risquez de voir apparaître un message indiquant que vous devez la convertir en RVB ou en CMJN lorsque vous essayez d'appliquer un des filtres de renforcement. Dans ce cas, appliquez le filtre Accentuation, choisissez la commande Edition/Atténuer Accentuation, puis remplacez le mode de fusion Normal par Luminosité. Le résultat est le même, le travail moindre et le risque de dégradation de l'image potentiellement réduit.

- **Bichromie :** La bichromie (à l'instar de la trichromie et de la quadrichromie) est un mode spécial réservé à l'imprimerie dans lequel deux couleurs seulement sont appliquées au papier. Bien que cela semble aussi convenir aux imprimantes à jets d'encre, ce n'est pas le cas. Une image en bichromie exige l'utilisation d'encres préalablement mélangées, ce que votre imprimante ne peut pas faire.
- **Multicouche** : A l'instar du mode Bichromie, le mode Multicouche ne s'adresse qu'au monde de l'imprimerie, car il dépend d'encres prémélangées. Mais, contrairement à la bichromie, où les encres sont généralement appliquées à toute la page, les images multicouches n'utilisent que certaines encres à certains endroits. Vous choisirez peut-être ce mode lorsque vous dessinerez un logo.
- **Bitmap :** C'est un mode authentiquement noir et blanc, comme le montre la Figure 6.3. Chaque pixel est soit blanc, soit noir. Leur répartition produit l'illusion d'un ombrage, mais en réalité il n'y a aucun pixel gris. Vous utiliserez le mode Bitmap pour créer des images pour certains appareils sans fil, pour le Web ou pour l'imprimerie, mais c'est tout.

Figure 6.3 : Dans Photoshop, une image bitmap est une image en noir et en blanc, sans gris ni couleur.

La conversion entre les modes de couleur ou les gamuts, effectuée dans le menu Image/Mode, peut réduire la qualité de votre image en ramenant différentes couleurs à une seule valeur colorimétrique. Abstenez-vous de convertir une image RVB, dont le nombre de couleurs est élevé, en image CMJN, dont le gamut est plus étroit, puis de la reconvertir en RVB, car les couleurs compressées par cette conversion ne seront pas restaurées à leurs valeurs initiales.

Le modèle de couleur fait-il une différence ?

Bien qu'une image n'ait qu'un seul mode de couleur, vous pouvez choisir n'importe lequel des modèles colorimétriques pour définir les couleurs dans Photoshop. Supposons que vous vous préparez à utiliser l'outil Pinceau. Le projet est en mode RVB, car vous l'imprimerez sur votre imprimante à jets d'encre. Vous choisirez la couleur de premier plan dans le panneau Couleur de la manière qui vous plaît : RVB, CMJN, Niveaux de gris, Lab, voire TSL (teinte, saturation, luminosité, qui n'est pas un mode, mais un modèle de couleur). Peu importe comment vous avez configuré le panneau Couleur, comme l'indique la Figure 6.4. Lorsque vous appliquez la couleur à l'image, Photoshop utilise l'équivalent RVB ou CMJN le plus proche.

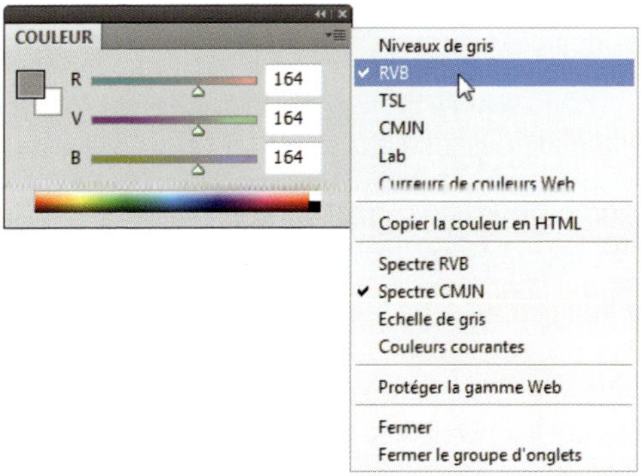

Figure 6.4 : Choisissez votre modèle de couleur préféré dans le menu du panneau Couleur.

Pourquoi la profondeur de couleur compte

La *profondeur de couleur* est le nombre réel de couleurs disponibles. Rappelez-vous en effet que chaque pixel ne peut être que d'une seule couleur à un moment donné. Quand vous travaillez en couleurs, avec un codage de 8 bits par couche, chacun des composants de la couleur est enregistré sur 8 bits dans le fichier, produisant des images 24 bits capables d'afficher plus de 16,7 millions de couleurs. Dans une image RVB à 8 bits par couche, la couleur de chaque pixel est enregistrée sous la forme de trois chaînes de huit caractères. Plus ce chiffre est élevé, plus les possibilités de définir la couleur sont vastes, mais aussi plus le fichier est gros.

En pratique, cela signifie qu'une image codée sur 16 bits par couche sera bien meilleure. Si elle comporte de subtils dégradés, aucun effet de bande ne se manifestera, et elle sera à l'abri des isohélies (expliquées au Chapitre 5) qui surviennent lorsque des couleurs similaires sont considérées comme des couleurs identiques, produisant d'abruptes transitions. Beaucoup de corrections de tons et de couleurs qui produisent des isohélies sur des images à 8 bits par couche ne dégraderont quasiment pas des images à 16 bits par couche. Observez la Figure 6.5. Un réglage Niveaux a augmenté la gamme de tons de l'image. Appliqué à une image à 8 bits par couche, un effet d'isohélie est discernable, représenté par les interstices vides dans l'histogramme.

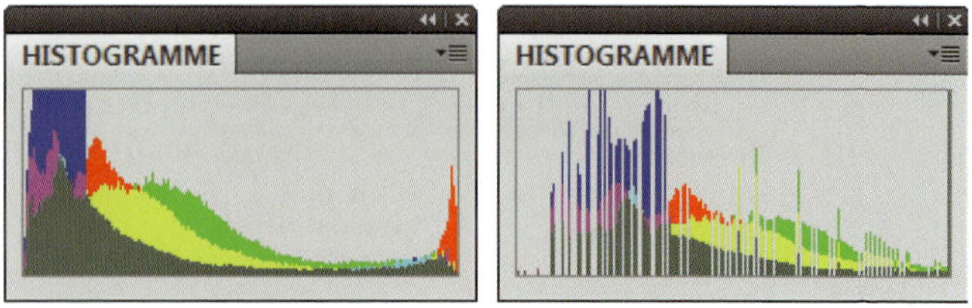

Figure 6.5 : Comparez les panneaux Histogramme pour déceler une isohélie (à droite).

Utiliserez-vous tout le temps la couleur à 16 bits par couche ? Non, parce qu'il est impossible de la poster sur le Web et parce que des images ainsi codées sont rarement imprimées en CMJN. Les photos numériques au format JPEG sont à 8 bits par couche, car ce format ne supporte pas la couleur à 16 bits par couche. Et avec la plupart des imprimantes à jets d'encre vous ne verriez aucune différence dans le résultat final. En revanche, l'allongement de la durée d'impression ne vous échapperait pas, l'imprimante étant obligée de traiter le double de données.

Enregistrer la couleur dans l'image

Les données chromatiques de toutes vos images sont enregistrées dans le panneau Couches. Qu'elles soient en RVB ou en CMJN, chaque couche chromatique contient les données de l'un des composants de la couleur : rouge, vert, bleu ou cyan, magenta, jaune, noir. Chaque couche est une version à niveaux de gris de la totalité de l'image. La densité du gris indique où et en quelle quantité la couleur apparaît. Dans une image RVB, plus le pixel est clair dans la couche, plus il y a de couleur. En CMJN, le principe est inversé : ce sont les zones les plus foncées qui indiquent les endroits où il y a le plus de couleur.

Les réglages de la couleur

Comment savoir si la couleur est correcte ? Votre premier outil est votre tête. Littéralement. Faites d'abord confiance à vos yeux. Mais, bien sûr, vous pouvez vérifier la couleur dans les panneaux Informations et Histogramme si les tons foncés comportent du noir et si les tons clairs comportent du blanc. Réglez ensuite l'image jusqu'à ce qu'elle vous paraisse satisfaisante.

ATTENTION

Procédez aux ajustements de tons avant de régler la couleur. Appliquez d'abord les procédures expliquées au Chapitre 5, et après seulement les techniques exposées ici. Pourquoi ? Parce que si vous avez réglé parfaitement la teinte et la saturation des couleurs, et que vous modifiez ensuite les tons, cela risque de tout compromettre.

Mais évidemment il est aussi possible d'améliorer les couleurs par des ajustements de tons.

Se baser sur les panneaux Histogramme et Informations

L'histogramme est utile pour suivre les changements dans la répartition des pixels à diverses gammes tonales. Ce sujet est traité au Chapitre 5. Quand la boîte de dialogue d'un réglage est ouverte, le panneau Informations permet de connaître une valeur "avant" et "après". Chaque fois que vous déplacez le pointeur au-dessus d'une image – il a la forme d'une pipette –, le panneau Informations montre le résultat d'un réglage ou, si vous préférez, les conséquences de votre action. Maintenir la touche Majuscule enfoncée active l'outil Echantillonnage de couleur. Quand vous cliquez dans l'image, il place jusqu'à quatre marqueurs. La valeur de la couleur sous chacun d'eux est affichée dans le panneau Informations et, à l'instar de l'emplacement du curseur, le panneau montre les valeurs "avant" et "après" au cours de vos interventions (voir Figure 6.6.)

Figure 6.6 : Chacun des réticules placés dans l'image figure dans le panneau Informations.

Le ton direct, c'est quoi ?

Les tons directs d'une image sont imprimés avec un mélange d'encres produisant exactement ces couleurs (nous sommes ici dans le monde de l'imprimerie, pas dans celui des imprimantes à jets d'encre à trois sous). Pour préparer correctement un ton direct pour l'impression, il doit se trouver dans sa propre couche de ton direct, qui est en fait une couche supplémentaire indiquant à quels endroits l'encre spécialement préparée doit être appliquée. La couche de ton direct peut d'ailleurs servir à créer la plaque d'impression. Comme les couches de ton direct sont utilisées avec les images en mode CMJN, les parties foncées représentent celles où il y a le plus d'encre. Si un ton direct doit être appliqué à 100 %, peignez directement dans la couche avec du noir. Peignez en gris clair dans les parties où le ton direct doit être léger.

Un ton direct est configuré en choisissant la commande Nouvelle couche de ton direct, dans le menu du panneau Couches. Cliquez dans le champ Couleur de la boîte de dialogue Nouvelle couche de ton direct pour accéder à la bibliothèque de couleurs. Si vous utilisez le sélecteur de couleurs conventionnel, cliquez sur le bouton Personnalisé, dans sa boîte de dialogue. Sélectionnez le nuancier approprié à votre projet (voir figure), puis choisissez la couleur du ton direct. Cliquez ensuite sur OK, dans la boîte de dialogue Nouvelle couche de ton direct, afin de valider votre choix. Ne modifiez pas le nom de la couche. Vous pouvez à présent peindre, copier et coller dans cette nouvelle couche.

Vous pouvez utiliser le format PSD, lors de l'enregistrement des tons directs, si l'image est destinée à être placée dans un document InDesign, ou choisir le format PDF, TIFF ou DCS 2.0. Demandez au maquettiste ou à l'imprimeur quel format il préfère.

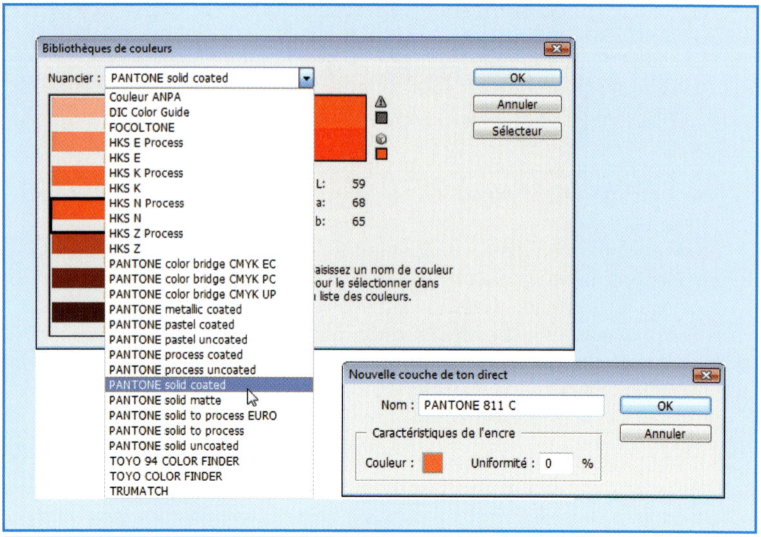

Choisir les commandes de réglage

Photoshop propose plus d'une douzaine de commandes permettant d'améliorer l'apparence des images. Toutes sont aisément accessibles par le menu Image/Réglages, comme le montre la Figure 6.7. Certaines sont très spécialisées, d'autres très polyvalentes, mais toutes méritent d'être connues afin que vous puissiez choisir celle qui contribuera le mieux à résoudre votre problème. La plupart des commandes évoquées peuvent être utilisées sous la forme de calque de réglage, ce qui accroît leur souplesse. Les calques de réglage sont expliqués en détail au Chapitre 8.

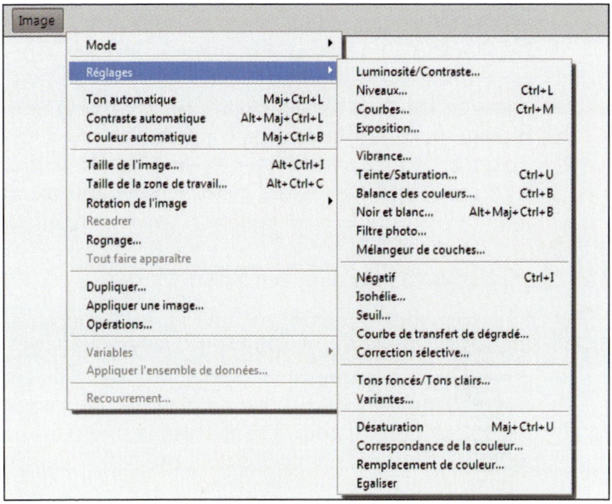

Figure 6.7 : Le menu Image/Réglages révèle la flexibilité de Photoshop.

Niveaux automatiques/Contraste automatique/ Couleur automatique

Ces trois réglages automatiques permettent de corriger une image en un seul clic (ou en trois, si vous appliquez chacun d'eux). Vous les trouvez directement dans le menu Image. Couleur automatique est probablement le réglage le plus puissant de tous. Il permet de corriger simplement la couleur et la tonalité (les tons foncés les plus sombres et les tons clairs les plus lumineux). Un clic sur cette commande et Photoshop s'occupe du reste. Pour plus de détails sur ces trois automatismes de Photoshop, consultez le Chapitre 5.

Luminosité/Contraste

La commande Luminosité/Contraste travaille sur la tonalité d'une image et non sur ses couleurs. Aussi, si votre photo a besoin d'un réglage des couleurs, n'utilisez pas cette fonction.

Niveaux

Les Niveaux, traités au Chapitre 5, utilisent trois curseurs pour contrôler individuellement les tons foncés, les tons clairs et les tons moyens. On utilise principalement ce réglage pour équilibrer les tons clairs et foncés d'une image en appliquant ainsi des modifications aux couches RVB ou CMJN. Ce réglage peut également être utilisé pour ajuster les couches de couleur individuellement.

Courbes

La commande Courbes est elle aussi abondamment décrite au Chapitre 5. Toutefois, pour des corrections de couleurs plutôt que pour des ajustements de tons, vous devrez travailler au niveau de chacune des couches, en les sélectionnant tour à tour dans le menu en haut de la boîte de dialogue (voir Figure 6.8).

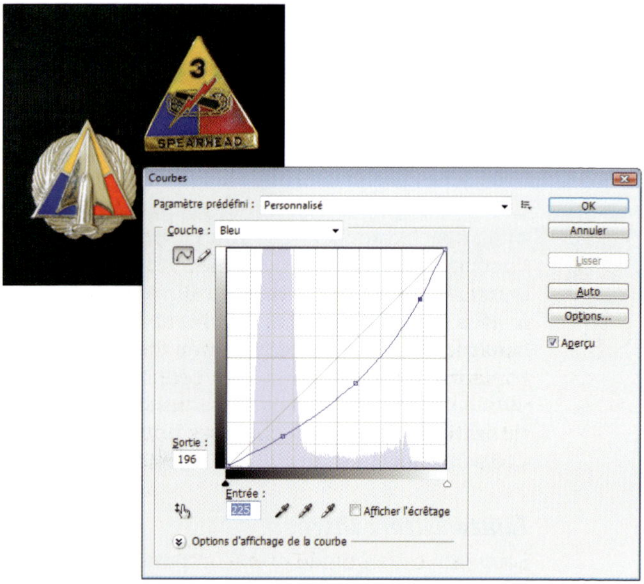

Figure 6.8 : Pour mieux régler les couleurs de l'image, corrigez chaque couche séparément.

Bien que le travail dans chacune des couches puisse s'avérer très efficace, cette technique risque aussi de prendre du temps, avec de nombreux va-et-vient entre les couches lorsqu'une correction interfère avec une autre. Mais, en dépit de désagrément, Courbes n'en est pas moins un puissant outil de correction des couleurs.

Sur la Figure 6.8, vous constatez la présence de la liste Paramètre prédéfini en haut de la boîte de dialogue Courbes. Vous y trouverez un certain nombre de réglages qui peuvent résoudre instantanément les problèmes posés par une photo. Si cela ne règle pas tout, utilisez les paramètres prédéfinis comme des points de départ à vos corrections. En plus des préréglages de correction chromatique comme Plus foncé, Plus clair, Contraste accentué et Contraste fort, vous trouverez des effets spéciaux comme Traitement croisé (développement intentionnel d'un film dans un mauvais bain) et Négatif couleur (qui donne l'aspect d'un négatif numérisé).

Exposition

Le réglage Exposition, étudié au Chapitre 5, est un ajustement tonal qui simule une modification de l'exposition d'un appareil photo au moment de la prise de vue.

Vibrance

Le réglage Vibrance est une nouveauté de Photoshop CS4. Il permet de contrôler la saturation des couleurs proches de la neutralité, mais aussi celle de toutes les couleurs de l'image. Ainsi, vous pouvez intensifier la saturation des couleurs "neutres", ou bien la réduire pour leur donner plus de réalisme. Il est ensuite possible d'augmenter la saturation globale des couleurs pour donner plus d'intensité à la photo.

Teinte/Saturation

Souvent sous-estimée et mal exploitée à fond, la commande Teinte/Saturation est un outil puissant. Utilisées conjointement, les trois glissières permettent de régler la teinte pour éliminer une dominante de couleur, augmenter la saturation pour obtenir des couleurs plus riches et plus vives, et régler la luminosité afin d'améliorer les tons de l'image (voir Figure 6.9). Gardez à l'esprit qu'en corrigeant un sujet très sombre il est préférable de commencer par le curseur Luminosité, ce qui permet de mieux évaluer les deux autres modifications, la teinte et la saturation. Le menu en haut de la boîte de dialogue permet d'appliquer la commande Teinte/Saturation à des plages de couleurs spécifiques.

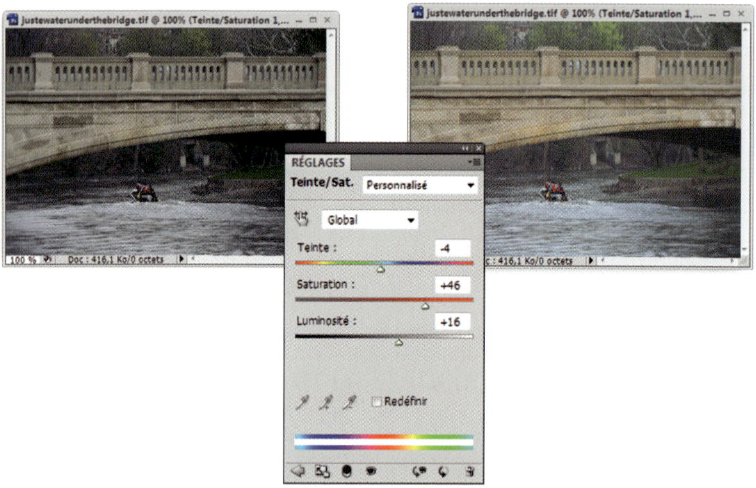

Figure 6.9 : Teinte/Saturation corrige trois problèmes à la fois.

Photoshop CS4 affiche la fonction Teinte/Saturation dans le panneau Réglages. Ce panneau dispose des mêmes options que la boîte de dialogue éponyme que vous invoquez via Image/Réglages/Teinte/Saturation. La grande différence tient au fait que l'invocation de cette fonction sous la forme d'un réglage applique vos modifications en tant que calque de réglage. Ici, l'aperçu s'active et se désactive par un clic sur l'icône de l'œil située en bas du panneau. Utilisez le panneau Réglages pour ajouter les réglages suivants en tant que calque de réglage indéfiniment modifiable tant que votre fichier est au format PSD non fusionné : Luminosité/Contraste, Niveaux, Courbes,

Exposition, Vibrance, Balance des couleurs, Noir et blanc, Filtre Photo, Mélangeur de couches, Négatif, Isohélie, Seuil, Courbes de transfert de dégradé et Correction sélective.

Balance des couleurs

La commande Balance des couleurs que montre la Figure 6.10 comporte trois glissières. Chacune sert à régler l'équilibre entre deux couleurs opposées. Si l'image est trop bleue, éloignez le curseur de la troisième glissière du bleu et tirez-le vers le jaune (voilà un bon moyen de mémoriser les couleurs antagonistes).

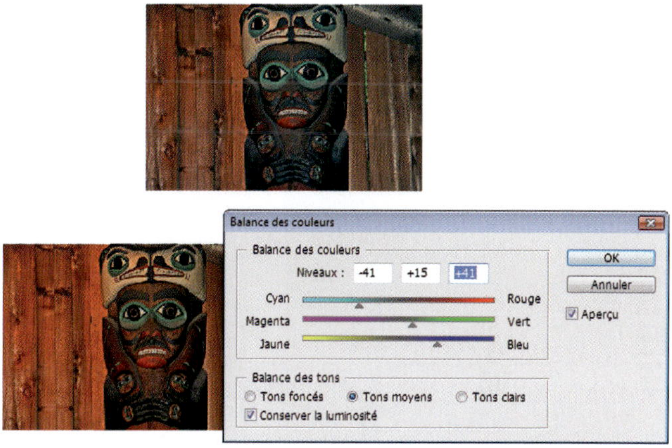

Figure 6.10 : La commande Balance des couleurs permet de contrôler les couleurs antagonistes.

Les tons foncés, moyens et clairs peuvent être contrôlés séparément en sélectionnant le bouton d'option approprié, en bas de la boîte de dialogue Balance des couleurs. Dans presque tous les cas, laissez la case Conserver la luminosité cochée afin de préserver la luminosité de chacun des pixels.

La commande Balance des couleurs peut aussi servir à créer des effets spéciaux ou à compenser une dominante de couleur introduite par un périphérique d'impression.

Noir et blanc

Le réglage Noir et blanc permet de créer des versions en niveaux de gris de vos plus belles photos couleurs (et de vos plus moches aussi d'ailleurs). Cette nouvelle fonction donne encore plus de contrôle que le Mélangeur de couches que vous utilisiez probablement pour ce type de conversion en y cochant la case Monochrome. Comme le montre la Figure 6.11, vous contrôlez la quantité de chaque composante utilisée dans une image en couleurs. La photo de cet exemple montre une dominante de couleurs verte et chair. En appliquant les valeurs affichées dans la boîte de dialogue Noir et blanc, j'obtiens une photo en niveaux de gris mettant bien en avant le visage et contrastant correctement la photo.

Figure 6.11 : Le réglage Noir et blanc permet de déterminer les tons de vos niveaux de gris en mélangeant les valeurs des couleurs.

Notez la présence d'une case Coloris dans la partie inférieure gauche de la boîte de dialogue. Cette option permet de créer très rapidement une tonalité sépia ou tout autre type de bichromie. Lorsque vous envisagez d'imprimer sur un périphérique à jets d'encre, appliquez Noir et blanc sous forme d'un calque de réglage. En effet, il se peut que votre imprimante introduise une légère dominante de couleur. Dans ce cas, vous pourrez facilement réajuster le réglage Noir et blanc. Il suffit de double-cliquer sur son calque de réglage, et d'agir sur les curseurs Teinte et Saturation de la section Coloris.

Filtre photo

Filtre photo est plus une commande de correction des couleurs qu'un filtre d'effet. Le filtre dont il est question fait allusion aux filtres que les photographes vissent sur l'objectif de leur appareil pour corriger la température de couleur en fonction du type de film utilisé. Par exemple, l'excès de bleu qui se manifeste par temps couvert sera compensé par un filtre légèrement ambre. D'autres filtres servent à utiliser un film de type "lumière du jour" en lumière artificielle, évitant ainsi une forte dominante orangée sur les photos prises à l'intérieur. Une image bleutée est trop froide, une image orangée trop chaude. Ce sont des évaluations perceptuelles, car dans l'échelle des températures une émission de bleu est plus chaude qu'une émission de jaune ou de rouge.

Dans Photoshop, le filtre de correction est sélectionné dans un menu déroulant, comme le montre la Figure 6.12 ; les filtres proposés ou la couleur que vous pouvez définir neutralisent efficacement une dominante.

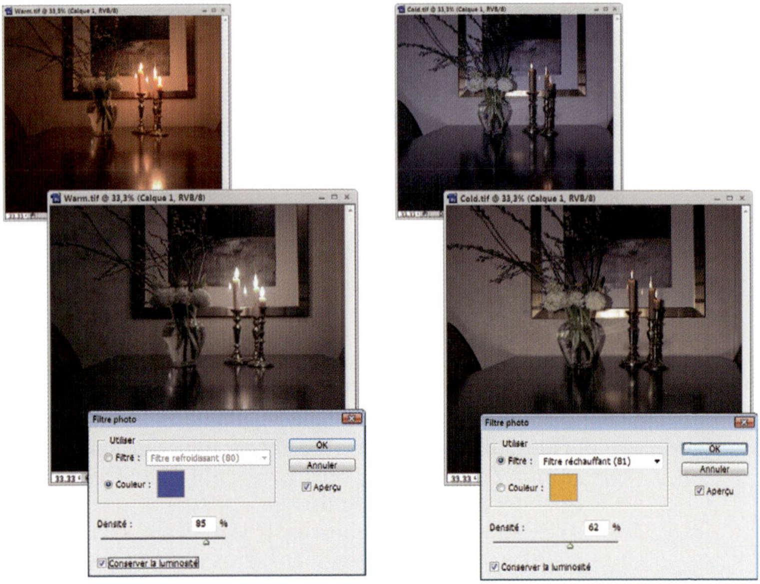

Figure 6.12 : Une dominante de couleur est compensée par sa couleur antagoniste.

Mélangeur de couches

Conçu pour réparer une couche défectueuse, le Mélangeur de couches est équipé de curseurs qui permettent de remplacer certaines ou toutes les intensités de couleur d'une couche par le contenu d'autres couches. Si une couche est abîmée, vous aurez de bonnes chances de récupérer l'image. Pour ce faire, vous réduirez la valeur de la couche cible en déplaçant le curseur d'un réglage vers la droite. Vous tirez ensuite le curseur d'un ou des deux autres réglages vers la droite. En règle générale, vous ajouterez un pourcentage, combiné avec les deux autres couches, quasiment égal à ce que vous soustrairez de la couche cible.

TRUC

Actionner un curseur vers la gauche, dans les valeurs négatives, inverse le contenu de la couche, produisant des effets parfois surprenants. En cochant la case Monochrome, vous disposez d'une alternative au réglage Noir et blanc pour la conversion des photos couleurs en niveaux de gris.

Négatif

Cette commande dépourvue de boîte de dialogue inverse les couleurs de l'image ou de la zone sélectionnée. Ses usages sont plutôt techniques ; vous l'utiliserez notamment avec des images au trait, en mode Bitmap notamment où l'inversion des zones noires et blanches peut s'avérer intéressante, ou pour inverser une couche alpha. En couleurs, la commande Négatif peut être utile pour rétablir les teintes d'un négatif numérisé ; mais, dans ce cas, il faudra corriger la forte dominante provoquée par le filtre dc protcction du film.

Isohélie

La commande Isohélie réduit la vaste gamme de couleurs d'une image à seulement quelques-unes, comme le montre la Figure 6.13. L'image ne contient plus que du noir et du blanc auxquels s'ajoute le nombre de couleurs – jusqu'à 255 – mentionné dans Niveaux. Un petit nombre de couleurs produit l'effet le plus plaisant, souvent exploité pour des affiches ou des couvertures de livres.

Figure 6.13 : L'isohélie réduit le nombre de couleurs.

TRUC

Lors de vos essais avec la commande Isohélie, tapez le nombre de couleurs à afficher dans le champ Niveaux et appuyez ensuite sur la touche Flèche haut ou Flèche bas pour varier le chiffre et faire défiler les effets (la case Aperçu doit être cochée). Cliquez sur OK pour appliquer celui qui vous plaît.

Seuil

Seuil convertit chaque pixel soit en noir, soit en blanc. Le curseur de la boîte de dialogue permet de définir la topographie des pixels noirs et des pixels blancs. Vous obtiendrez le même résultat en tapant directement une valeur dans le champ éponyme.

Courbe de transfert de dégradé

Plus créative que corrective, la fonction Courbe de transfert de dégradé recrée une image à partir d'un dégradé. L'étape – ou point d'ancrage – la plus à gauche du dégradé est appliquée aux tons foncés, celle la plus à droite aux tons clairs, et toutes les étapes intermédiaires sont appliquées de façon appropriée au restant de la gamme des tons. Dans la Figure 6.14, vous constatez qu'un dégradé bicolore restitue beaucoup moins de détails que le dégradé à quatre couleurs de l'image d'en bas.

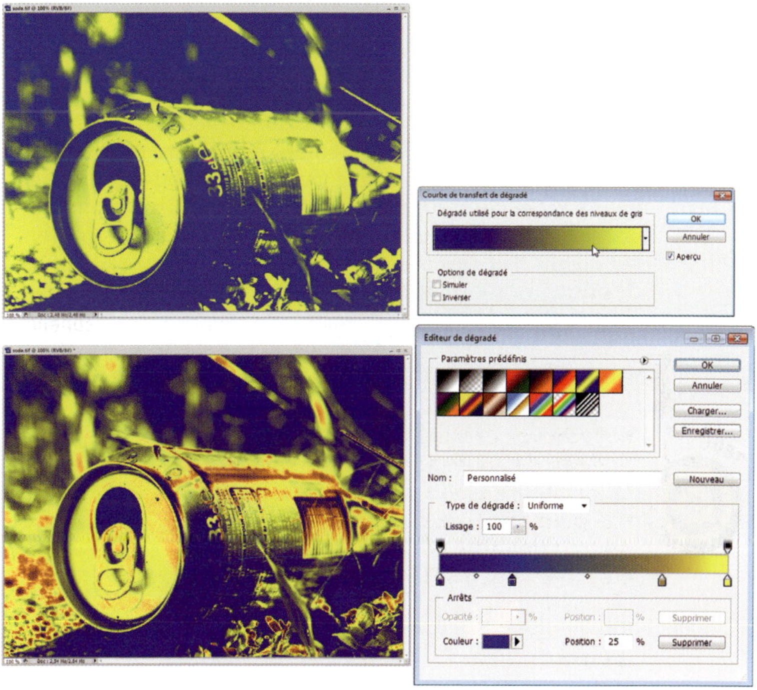

Figure 6.14 : Un dégradé riche en couleurs produit plus de détails.

Vous appliquerez de préférence les couleurs foncées aux étapes situées à gauche et les couleurs claires aux étapes de droite. Comme toujours dès qu'il s'agit de créativité, des effets intéressants peuvent être obtenus en transgressant sans vergogne cette règle. Un dégradé du noir au blanc produit une image à niveaux de gris.

Pour modifier un dégradé, cliquez dans le dégradé de la boîte de dialogue Courbe de transfert de dégradé. Cliquez ensuite juste sous le dégradé pour placer des étapes, et faites-les glisser où bon vous semble. Double-cliquez sur le carré coloré d'une étape afin de lui attribuer une autre couleur (la création des dégradés est expliquée plus en détail au Chapitre 14).

Correction sélective

Bien que conçue dans le but de compenser les écarts des presses typographiques, la commande Correction sélective n'en est pas moins utile. Sa boîte de dialogue (voir Figure 6.15) comporte un menu déroulant proposant les six couleurs de base de Photoshop, auxquelles s'ajoutent les blancs, les gris et les noirs. Vous sélectionnez la plage de couleurs à régler, puis vous actionnez les curseurs. Il est possible de travailler sur un ensemble de couleurs, de passer à un autre et de le régler, puis à un autre encore, et ainsi de suite, sans avoir à cliquer sur OK entre-temps. Par exemple, vous pouvez corriger les rouges d'une image sans toucher aux bleus, ou régler les rouges et les bleus sans avoir à quitter la boîte de dialogue.

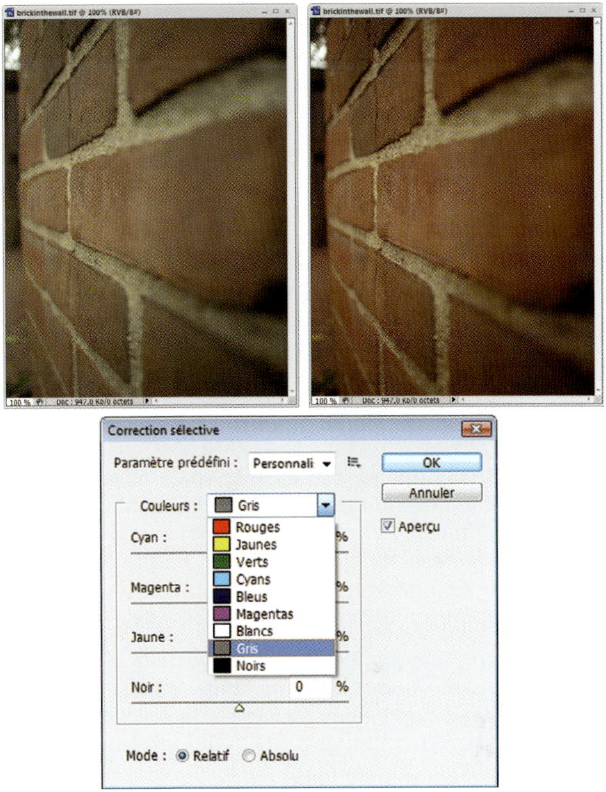

Figure 6.15 : Agir sur les gris peut agir sur l'apparence globale de l'image.

Si vous devez intervenir sur de petites zones, sélectionnez le bouton d'option Relatif. Si les modifications portent sur de vastes zones, choisissez plutôt le mode Absolu.

Tons foncés/Tons clairs

Cette commande de correction des tons est longuement expliquée au Chapitre 5. Rappelez-vous que ses options supplémentaires comportent une glissière Correction colorimétrique permettant d'augmenter ou de réduire la saturation dans les zones ajustées.

Variantes

La fonction Variantes est une méthode semi-automatique pour régler la plage tonale et les couleurs d'une image. Nous en parlons plus en détail dans une prochaine section.

Désaturation

La commande Désaturation produit une représentation en niveaux de gris de l'image sans changer son mode de couleur. C'est une technique sympa lorsque vous procédez d'abord à une sélection, ce qui laisse une partie de l'image en couleurs. Toutefois, ce réglage ne saurait valoir l'immense et génial Noir et blanc.

Correspondance de la couleur

Cette commande est appréciable : imaginez que vous faites un montage de photos de famille. Vous ajoutez un personnage et vous vous rendez compte qu'il ressort bizarrement du groupe. En fait, la photo présente une forte dominante, due probablement à un problème de température de couleur à la prise de vue.

La commande Correspondance de la couleur permet de régler les couleurs d'une image selon celles d'une autre. Vous pouvez même limiter la correction à certaines parties d'une image grâce à des sélections. Mais retenez que les meilleurs résultats sont obtenus avec des images dont les couleurs sont assez proches. Vous pouvez corriger une photo puis mémoriser le réglage pour en corriger d'autres. En effet, à l'instar de la plupart des réglages, une modification peut être enregistrée dans un script, après quoi vous utilisez la commande Automatisation/Traitement par lot pour appliquer le réglage à une série d'images. La Figure 6.16 montre la boîte de dialogue Correspondance de la couleur.

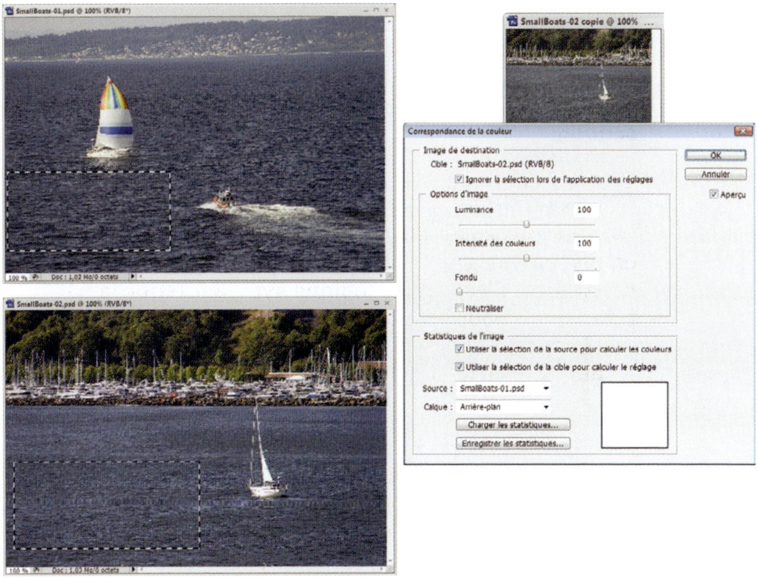

Figure 6.16 : La boîte de dialogue Correspondance de la couleur.

L'utilité de la commande Correspondance de la couleur mérite que nous nous attardions sur sa boîte de dialogue :

- **Ignorer la sélection lors de l'application des réglages :** Cochez cette case si une sélection active a été définie dans le calque ou dans l'image de destination, et que le réglage doit être appliqué à sa totalité. Si la case est décochée, le réglage est appliqué uniquement dans la sélection. Notez qu'une correspondance de couleur peut n'être appliquée qu'à une partie de l'image, comme les tons chair.
- **Luminance :** Après avoir prévisualisé l'image dans l'aperçu, ce curseur permet d'augmenter ou de réduire sa luminosité.
- **Intensité des couleurs :** Ce curseur est l'équivalent d'une glissière "saturation".

- **Fondu :** Harmonise l'effet du réglage, réduisant ainsi son intensité.
- **Neutraliser :** Si le réglage produit une dominante de couleur, cocher cette case peut l'éliminer.
- **Utiliser la sélection de la source pour calculer les couleurs :** Vous pouvez effectuer une sélection dans l'image source et utiliser les couleurs présentes dans la sélection pour les calculs de concordance.
- **Utiliser la sélection de la cible pour calculer le réglage :** Une sélection peut être effectuée dans l'image à corriger, ou dans un de ses calques, et servir de base pour le calcul du réglage.
- **Source :** Le menu de cette commande liste toutes les images ouvertes susceptibles de servir de base pour le réglage. Seules les images dont le mode de couleur et la profondeur de couleur sont équivalents sont acceptées. Par défaut, l'aperçu montre le calque sélectionné. La source est l'image contenant les couleurs correctes.
- **Calque :** Quand une image à calques multiples est sélectionnée dans le menu Source, ce menu permet de sélectionner le calque – ou la fusion de l'ensemble des calques – à considérer comme source. Dans l'exemple, le calque d'arrière-plan, qui contient l'herbe, est la source.
- **Charger les statistiques, Enregistrer les statistiques :** Si vous corrigez une série d'images et désirez accélérer le travail, enregistrez le réglage que vous venez d'effectuer, puis chargez-le pour chacune des images à traiter.

Sur la Figure 6.16, une portion de l'eau est sélectionnée dans l'image cible. Elle est comparée à une zone de l'eau de l'image source. Avec les deux sélections, je demande à la fonction Correspondance de la couleur d'ajuster l'image cible en fonction des différences qui existent dans la couleur de l'eau des deux photos. Les sélections évitent d'altérer la couleur d'autres éléments, notamment celle du voilier de l'image source et des arbres de l'image cible. L'option Ignorer la sélection lors de l'application du réglage assure que l'intégralité de l'image cible sera ajustée, et pas seulement la zone sélectionnée.

Remplacement de couleur

Hybride de la commande Sélection/Plage de couleurs décrite au Chapitre 8 et du réglage Teinte/Saturation, la commande Remplacement de couleur est parfaite pour substituer une couleur à une autre. Elle est très appréciée dans les studios graphiques, lorsqu'il faut décliner un même objet, une blouse par exemple, en plusieurs couleurs.

La boîte de dialogue que montre la Figure 6.17 est divisée en deux parties : Sélection et Transformation. Effectuez une sélection initiale en cliquant avec la pipette de gauche soit dans l'aperçu, soit dans l'image. Réglez ensuite la plage de couleurs à prendre en compte avec le curseur Tolérance. Utilisez ensuite la pipette du milieu pour ajouter une autre couleur ou une nuance de la couleur initiale. Utilisez enfin la pipette de droite pour soustraire de la sélection, en ne choisissant que des variantes d'une même couleur. Actionnez ensuite les curseurs Teinte, Saturation et Luminosité, dans la zone Transformation, afin de changer l'apparence de l'image à votre gré.

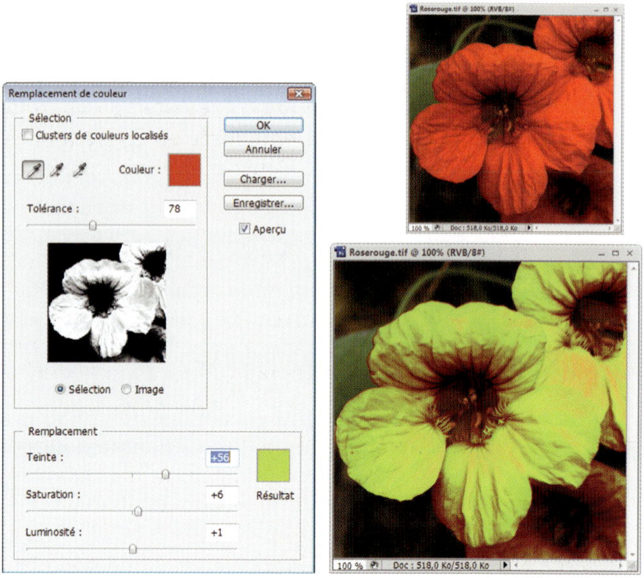

Figure 6.17 : Sélectionnez puis modifiez la teinte, la saturation et la luminosité.

Plutôt que de passer d'une pipette à une autre, utilisez celle de gauche et appuyez sur Maj pour ajouter ou sur Option/Alt pour soustraire. Vous pouvez aussi tirer, touche Majuscule enfoncée, pour sélectionner toutes les couleurs se trouvant dans la zone. Si par mégarde vous en avez une dont vous ne voulez pas, relâchez la touche Majuscule et recommencez.

Dans CS4, la fonction Remplacement de couleur propose l'option Clusters de couleurs localisés. Lorsque vous cochez cette case, la fonction identifie, comme une entité séparée, chaque plage de couleurs que vous ajoutez à la sélection. Cela permet un meilleur contrôle des couleurs sélectionnées. Toutefois, elle n'est pas appropriée à la majorité des utilisations que vous ferez de cette fonction. En effet, dans la plupart des cas, vous souhaiterez purement et simplement transformer toutes les couleurs sélectionnées.

Egaliser

Avec ce réglage, Photoshop trouve le pixel le plus foncé de l'image et le rend complètement noir. Ensuite, il rend d'un blanc pur le pixel le plus clair. La valeur des autres pixels de l'image est équilibrée en conséquence. Vous préférerez le réglage Couleur automatique à Egaliser.

Corriger avec les Variantes

La fonction Variantes, dans le menu Image/Réglages, est une technique de correction colorimétrique et tonale semi-automatique. Vous ouvrez l'image, affichez la boîte de dialogue Variantes, puis cliquez sur la version qui vous semble la meilleure (voir Figure 6.18).

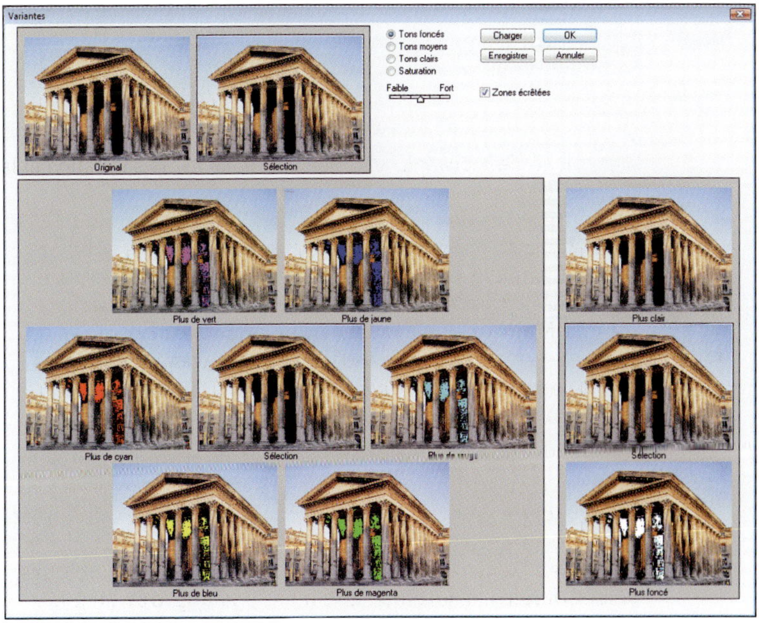

Figure 6.18 : C'est dans les variantes que se trouve l'image parfaite.

Quand vous cliquez sur l'une des vignettes, elle se retrouve à la case Sélection, et un nouvel ensemble de variantes est proposé. Les parties bleues visibles sur certaines images signalent des zones où la couleur est écrêtée, c'est-à-dire forcée en noir dans les tons foncés ou en blanc dans les tons clairs, provoquant des pertes de détails. Cette fonction peut être désactivée en décochant la case Zones écrêtées, en haut à droite. Remarquez la possibilité de régler indépendamment les tons foncés, moyens et clairs, et celle aussi de régler – dans une certaine mesure – l'écart des variations entre les vignettes.

TRUC

Commencez par placer le curseur Faible/Fort vers le centre, puis cliquez sur les vignettes qui permettent vraiment d'améliorer votre image. Activez successivement les options Tons foncés, Tons moyens, Tons clairs et Saturation. Ensuite, placez le curseur Faible/Fort sur Faible, et vous obtenez l'image parfaite.

Les corrections manuelles dans les couches

Parfois, différentes zones d'une image requièrent des corrections ou des réglages particuliers, notamment en "peignant" les corrections dans des parties spécifiques d'une couche à l'aide d'un des outils Densité de Photoshop. La photo de la Figure 6.19 présente, dans le coin inférieur gauche, une zone délavée verdâtre – peut-être causée par un reflet parasite – qui, si elle était éliminée, sauverait la photo. Il devrait être possible de l'assombrir en appliquant sélectivement l'outil Densité + sur une seule couche à la fois.

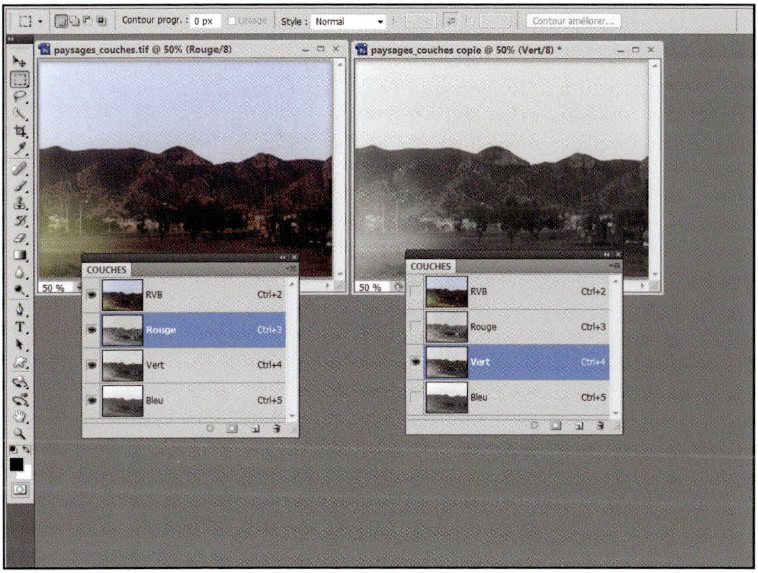

Figure 6.19 : Le reflet se manifeste seulement dans une partie de chaque couche. Il pourra être éliminé manuellement.

Dans l'illustration de gauche, le reflet est visible dans chacune des couches. A droite, après une retouche avec l'outil Densité +, il a disparu et la photo ne s'en porte que mieux.

Outre l'outil Densité +, vous pouvez utiliser les outils Densité -, Goutte d'eau, Netteté et Doigt, de même que le Pinceau, et peindre en noir, en blanc ou en gris. Vous pouvez aussi appliquer les commandes Niveaux et Courbes sur une couche, voire dans une sélection faite dans une couche. N'hésitez jamais à n'intervenir que sur une couche à la fois pour améliorer l'ensemble d'une image.

7

Le module Adobe Camera Raw

Dans ce chapitre :

- Tirer profit des avantages du format Raw.
- Evaluer la compatibilité Raw.
- Utiliser le module Camera Raw.

A présent, des appareils photo d'un prix abordable sont capables de "photographier en Raw". Les avantages de ce format de fichier sont séduisants. Dans ce chapitre, vous découvrirez en quoi le format Raw diffère des autres formats de fichier, et en quoi ces différences sont décisives.

Comprendre le format Raw

Fondamentalement, le format Raw n'est qu'un ensemble de données d'image non traitées. Il existe en une foule de variantes, et parfois même en plusieurs par fabricant d'appareils photo. De plus, chacune a sa propre extension de fichier (`.crw`, `.cr2`, `.nef`, etc.) et beaucoup ont des spécificités qui les rendent incompatibles entre elles (*NdT* : C'est un peu l'histoire du Raw des villes et du Raw des champs). Pour compliquer les choses, chaque fabricant se fait un malin plaisir de bidouiller ses formats propriétaires, qui changent régulièrement. Mais, à la base, fondamentalement, c'est quand même du Raw. Vérifiez dans son manuel si votre appareil photo est capable d'enregistrer dans un autre format que JPEG ou TIFF. Si oui, c'est probablement dans une variante du Raw.

Fort heureusement, Adobe procède régulièrement à des mises à jour de Camera Raw, le module pour Photoshop que montre la Figure 7.1, l'agrémentant des fonctionnalités offertes par les nouveaux appareils dès leur sortie.

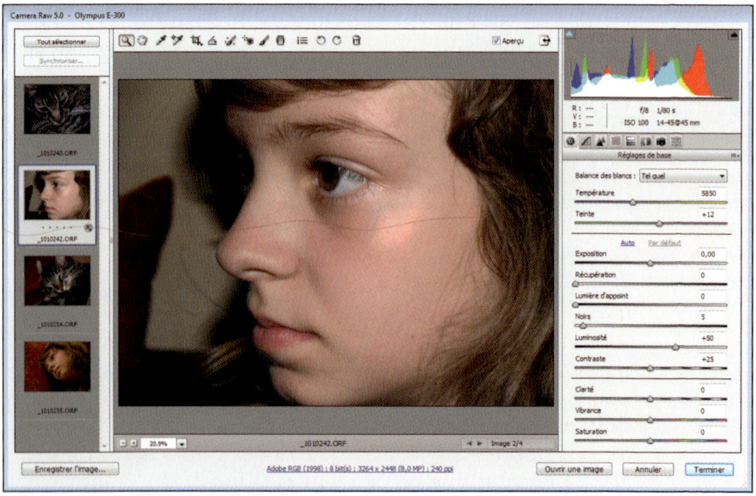

Figure 7.1 : L'impressionnant module Camera Raw est décortiqué dans ce chapitre.

Que le Raw a-t-il de plus ?

Les appareils photo utilisant le format Raw enregistrent des données d'image non traitées. Lorsque vous photographiez en TIFF ou en JPEG, l'appareil manipule les données graphiques et leur applique divers traitements. Mais qu'est-ce qu'il en est du Raw ? Partant du principe que vous savez apprécier la bonne bouffe, je vais recourir à une analogie culinaire.

Supposons que vous avez acheté une lasagne surgelée que vous avez réchauffée dans le four à micro-ondes. Elle est sans doute bonne à manger et vous l'avez appréciée. Le chef qui a conçu ce plat a utilisé une recette spéciale destinée à plaire au plus grand nombre, en espérant qu'elle ne rebuterait que très peu de consommateurs. Au moment de mettre la lasagne dans le four, vous avez plusieurs options : suivre scrupuleusement les instructions sur la boîte ou l'agrémenter de sel, de poivre et peut-être d'une rasade d'huile piquante.

En revanche, ce que vous ne pouvez pas faire avec cette lasagne surgelée, c'est extraire l'excès de sel et les mauvaises graisses qui s'y trouvent. Pas moyen non plus de remplacer l'huile mise à la fabrication par du beurre, ni d'ôter l'ail si vous ne l'aimez pas. Bref, vous êtes plus ou moins obligé de vous en tenir à ce que vous avez acheté. Vous pourriez bien sûr napper la lasagne d'un coulis de colorant alimentaire bleu pour créer un effet spécial, mais vous ne ferez croire à personne que c'est de la grande cuisine.

Travailler en Raw

Il existe une différence fondamentale entre une image au format Raw et celles au format JPEG ou TIFF : vous ne modifiez en réalité jamais le fichier Raw. Les modifications apportées à l'image sont enregistrées sous forme de métadonnées, c'est-à-dire de données "non image" enregistrées avec les données graphiques, ou dans un fichier annexe si les informations ne peuvent être incluses comme métadonnées. Ces fichiers annexes ont le même nom que le fichier d'image, mais leur extension est `.xmp` ; ils doivent être stockés dans le même dossier que le fichier d'image correspondant. Les réglages étant enregistrés séparément plutôt qu'appliqués aux images, les données d'origine restent inchangées, prêtes à être retravaillées à volonté, autant de fois que vous le désirez. Elles sont toujours brutes, sans dégradation.

TRUC

Quand vous photographiez en Raw, vous pouvez ignorer tous les réglages autres que l'ouverture, la vitesse, la sensibilité ISO et, bien sûr, la distance. Tout le reste peut être ajusté dans le module Camera Raw. Toutefois, du fait que le format Raw octroie significativement plus de ressources à l'enregistrement des tons clairs qu'à celui des tons foncés, il n'est pas inutile de se concentrer sur les hautes lumières lors de la prise de vue. Si ces dernières le permettent, vous pouvez réallouer une partie de la gamme de tons aux ombres, ce qui les détaille tout en réduisant le bruit numérique.

Le format de fichier DNG

A la fin de l'année 2004, Adobe Systems a annoncé un nouveau standard ouvert – c'est-à-dire utilisable par tous les éditeurs de logiciels sans devoir payer de redevance – pour les photos en Raw. Le format DNG (*Digital Negative*) adhère aux spécifications de base du Raw, mais n'est pas évolutif. Il a pour but de faire en sorte que, dans les années à venir, il soit possible d'ouvrir et traiter les images prises dans ce qui sera le passé. Malheureusement, des changements du format Raw spécifique à tel ou tel appareil photo font que certaines images ne peuvent déjà plus être lues par les logiciels d'aujourd'hui, et ce n'est qu'un début !

Adobe s'est engagé à supporter la compatibilité ascendante du traitement des fichiers DNG, et propose en téléchargement le logiciel gratuit Adobe Digital Negative Converter que montre l'illustration. Seul l'avenir dira si les fabricants seront tentés de faire du format DNG leur nouvelle version du Raw. Notez que, même si vous convertissez des images en DNG, Adobe recommande de conserver les originaux Raw, pour le cas où…

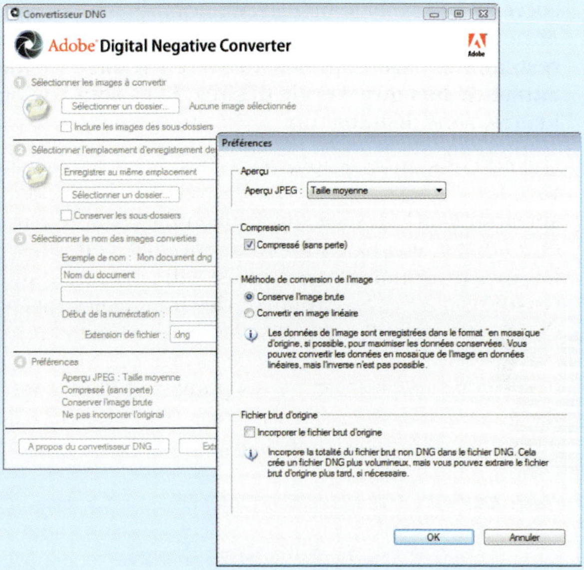

Avez-vous ce qu'il faut ?

Pour prendre des photos au format Raw, il suffit d'un appareil capable de le faire. Mais pour travailler sur ces images dans Photoshop, il vous faut l'appareil et le logiciel capables de traiter les fichiers Raw. Pour travailler les images dans le module Camera Raw de Photoshop, votre appareil photo doit figurer dans la liste du matériel reconnu par Camera Raw. Adobe la met régulièrement à jour afin d'assurer la compatibilité avec les derniers modèles sortis, mais aussi avec les derniers petits changements que ces pinailleurs de fabricants apportent à leurs versions propriétaires du format Raw (il faudrait vraiment qu'ils adoptent tous le format DNG !). Vérifiez à cette adresse si une nouvelle version de Camera Raw est sortie, sans oublier de consulter les instructions pour l'installation :

```
http://www.adobe.fr/products/photoshop/cameraraw.html
```

Travailler sur des images au format Raw exige un autre élément qui vous manque peut-être : le temps. Ouvrir le module Camera Raw, procéder aux indispensables réglages de l'image puis la transférer dans Photoshop, tout cela prend du temps. C'est sûr, les interventions dans Camera Raw éliminent la nécessité de nombreux réglages dans Photoshop, mais travailler dans Camera Raw peut paraître plus lent. En fait, cela dépend de votre ordinateur. Camera Raw peut même s'avérer plus rapide à l'usage, car les réglages de tons, la correction des couleurs, l'amélioration de la netteté et la réduction du bruit se trouvent tous à un seul emplacement : vous n'avez plus à attendre que les filtrages aient été appliqués avant de pouvoir accéder à une autre boîte de dialogue.

Camera Raw et les fichiers JPEG et TIFF

Camera Raw permet de travailler avec les fichiers au format JPEG et TIFF. Bien que cette fonction ne se substitue pas à la prise de vue au format Raw puisque les images JPEG et TIFF sont traitées par l'appareil photo numérique avant de vous être délivrées, elle apporte une grande souplesse dans le traitement de ces deux types de formats. Lorsque vous effectuez des réglages dans Adobe Camera Raw, des instructions les concernant sont enregistrées dans un fichier de métadonnées au lieu d'être directement appliquées aux pixels de votre image. De facto, l'image d'origine n'est jamais altérée. Ce fichier texte sera actualisé dès que vous souhaiterez effectuer de nouveaux réglages sur l'image. Vous pouvez donc obtenir des dizaines de versions différentes de l'image sans jamais les dupliquer ni altérer les originaux. Vous créez en effet des dizaines de fichiers de métadonnées.

Pour ouvrir un fichier JPEG ou TIFF dans Camera Raw, cliquez sur Fichier/Ouvrir. Dans la boîte de dialogue qui apparaît, choisissez le fichier qui vous intéresse. Ensuite, dans la liste Format (Mac) ou Type (Windows), sélectionnez Camera Raw. Enfin, cliquez sur le bouton Ouvrir. L'image s'ouvre dans Adobe Camera Raw. Si vous souhaitez systématiquement ouvrir les fichiers JPEG avec Camera Raw, affichez la boîte de dialogue Préférences de Photoshop CS4 (pas d'Adobe Camera Raw). Dans le volet Gestion des fichiers, cochez l'option Utiliser Adobe Camera Raw pour les fichiers JPEG. Sur PC (Windows), cette ouverture pose parfois problème.

Dans ce cas, ne passez pas par Photoshop. Affichez vos images JPEG et TIFF dans Adobe Bridge. Faites un clic-droit sur une des photos JPEG ou TIFF et, dans le menu contextuel, choisissez Ouvrir dans Camera Raw.

Travailler avec Camera Raw

Dans Photoshop, la clé de voûte des capacités Raw est le module Camera Raw. Bien qu'une image puisse être ouverte directement depuis Adobe Bridge, le gestionnaire de fichiers installé en même temps que Photoshop (voir Chapitre 4), le recours à Camera Raw indique clairement que vous désirez utiliser les réglages enregistrés sous forme de métadonnées. Si l'image est ouverte dans Photoshop, vous manipulez les pixels directement, et donc des métadonnées. En revanche, avec Camera Raw, vous ne touchez jamais à l'image, mais seulement à ses métadonnées enregistrées dans le fichier ou dans un fichier annexe.

Comme le montre la Figure 7.1, l'interface de Camera Raw contient plein d'outils et de glissières. Même si vous n'utiliserez pas toutes ces fonctionnalités, nous les passerons néanmoins en revue.

Les outils et les options d'aperçu

CS4

Plusieurs nouveaux outils se trouvent dans le coin supérieur gauche de Camera Raw (voir Figure 7.2). En plus des outils standard comme Zoom, Main, Balance du blanc, Echantillonnage de couleurs, Recadrage, Redressement et Retouche, vous disposez des outils Pinceau retouche et Filtre gradué. A droite des outils, un bouton permet d'accéder aux préférences de Camera Raw.

Figure 7.2 : Les 10 outils de perfectionnement de vos images de Camera Raw.

Les outils Zoom et Main fonctionnent comme vous le supposez. Le zoom (la loupe) permet d'effectuer des agrandissements sur des zones spécifiques de l'image, puis de revenir à une échelle d'affichage permettant de voir la totalité de l'image. L'outil Main permet de se déplacer dans l'image quand vous zoomez. Avec l'outil Balance du blanc, il suffit de cliquer sur une zone de l'image qui devrait être grise pour lui assigner la bonne température de couleurs et ainsi éliminer la couleur dominante. En un seul clic vous réglez correctement ce qui vous demanderait beaucoup d'efforts à obtenir avec les curseurs Température et Teinte. Bien entendu, si vous vous trompez en désignant une couleur qui, en réalité, n'est pas grise, cliquez n'importe où. Ensuite, ajustez la balance des couleurs en jouant sur la valeur des paramètres Température et Teinte.

Quand vous placez des échantillonneurs de couleur – jusqu'à neuf – dans l'image, en cliquant avec l'outil Echantillonnage de couleur, leurs valeurs sont affichées sous les outils, comme le montre la Figure 7.3. Si vous n'en avez pas utilisé, cette zone est rétractée, libérant ainsi plus de place pour l'image. L'outil Echantillonnage de couleur de Camera Raw fonctionne exactement comme celui de Photoshop (voir Chapitre 6). Vous pouvez glisser les réticules d'échantillonnage pour afficher les valeurs d'une autre couleur. Pour supprimer un réticule, appuyez sur Option/Alt et cliquez dessus. Le pointeur de la souris prend, pour la circonstance, la forme d'une paire de ciseaux dès que vous le placez sur le réticule. Lorsque vous déplacez l'outil Echantillonnage de couleur sur l'image, les valeurs RVB de la couleur sous laquelle se trouve le pointeur de la souris sont affichées sous l'histogramme.

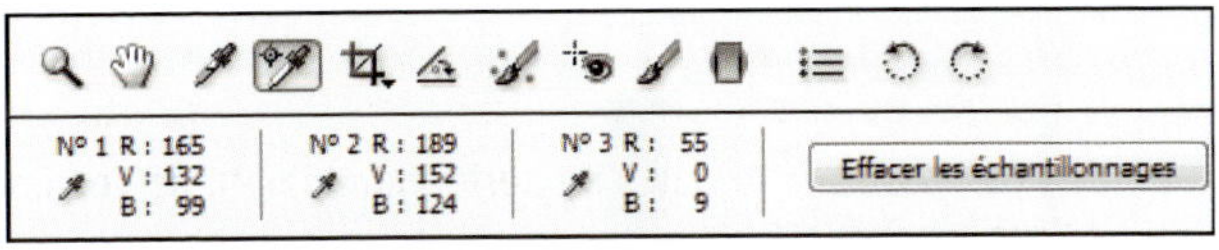

Figure 7.3 : Valeurs des échantillonnages affichées.

TRUC

L'échantillonnage de couleur est parfait pour être certain de ne pas griller les hautes lumières, qui deviendraient toutes blanches, ou de boucher les ombres, qui deviendraient noires. Placez un échantillonneur de couleur dans une zone très claire et dans une zone très foncée, et les deux autres échantillonneurs à des endroits stratégiques. Personnellement, j'aime bien en positionner un à un endroit neutre, gris moyen de préférence, et l'autre dans une partie de l'image importante. Un échantillonneur peut être déplacé avec l'outil Echantillonnage de couleur ; tirez-le hors de l'image pour le supprimer. Pour les supprimer tous, cliquez sur le bouton Effacer les échantillonnages.

Maintenez le bouton de la souris enfoncé sur l'outil Recadrage pour sélectionner un *rapport hauteur-largeur*, comme le montre la Figure 7.4. Ensuite, cliquez dans l'image et, sans relâcher le bouton de la souris, tracez un cadre de sélection autour de la zone de l'image que vous désirez conserver. En fonction de la direction que vous imprimez à la formation de ce cadre, il adopte automatiquement le mode portrait ou paysage, tout en respectant le rapport de hauteur et de largeur que vous avez choisi. Une fois ce cadre créé, vous pouvez le redimensionner en faisant glisser un de ses quatre points d'ancrage. Vous pouvez aussi faire pivoter la zone de recadrage. Pour cela, placez le pointeur de la souris en dehors du cadre. Il prend alors la forme d'une double flèche incurvée. Cliquez et, sans relâcher le bouton de la souris, faites glisser cette flèche vers le haut ou le bas.

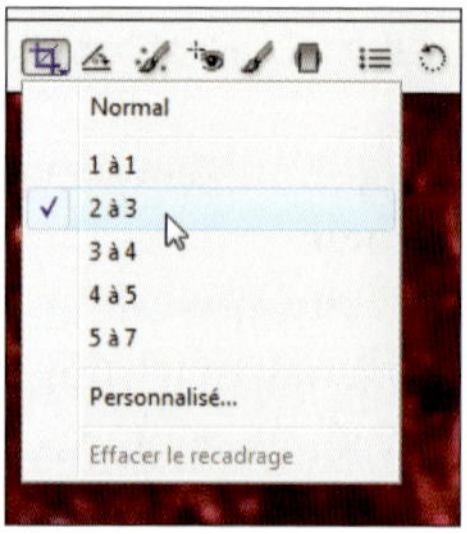

Figure 7.4 : L'outil Recadrage préserve le rapport hauteur-largeur.

Si vous faites glisser l'outil Redressement verticalement ou horizontalement, par exemple le long d'un mur ou de la ligne d'horizon, une zone de recadrage est définie en fonction de cet alignement opéré.

Dès que vous avez recadré, cliquez sur le bouton Ouvrir une image ou Terminer. Si, au final, vous ne désirez pas recadrer, maintenez le bouton de la souris enfoncé sur l'outil Recadrage, et choisissez Effacer le cadre. Vous obtiendrez un résultat identique si vous appuyez sur la touche Echap ou Retour arrière de votre clavier.

L'outil Retouche permet d'effectuer des corrections mineures directement dans la boîte de dialogue Camera Raw. Comme le montre la Figure 7.5, il offre des possibilités proches de celles des outils Tampon de duplication et Correcteur. Toutefois, son utilisation est quelque peu différente :

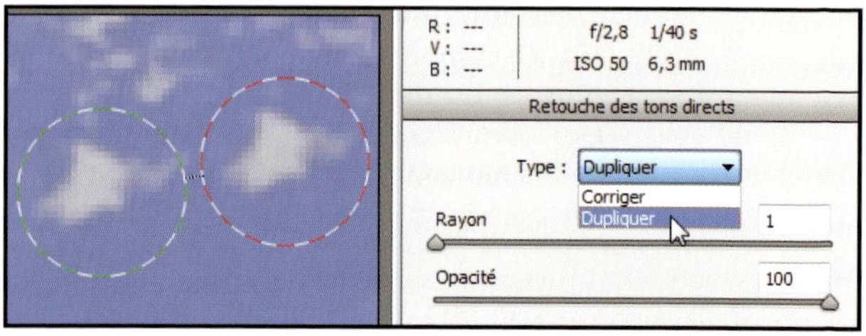

Figure 7.5 : L'outil Retouche de Camera Raw permet de corriger ou de dupliquer.

1. **Cliquez dans la zone que vous désirez dupliquer ou corriger.**
2. **Tracez un cercle en partant du centre de l'élément concerné par votre retouche.**
   - Vous pouvez affiner le diamètre du cercle en modifiant la valeur du paramètre Rayon.
   - Un cercle rouge apparaît, puis quelques secondes plus tard un cercle vert légèrement éloigné du rouge.
3. **Positionnez le cercle source (vert) et celui de destination (rouge).**
   - Pour cela, il suffit de placer le pointeur de la souris dans le cercle, et de le faire glisser sur la bonne partie de l'image. Ainsi, le cercle rouge devra couvrir la zone à corriger, et le cercle vert la zone où sont prélevés les pixels "propres" à appliquer dans le cercle rouge.
   - Pour redimensionner les cercles, placez le pointeur de la souris sur le bord de l'un d'eux, cliquez et faites-le glisser. Vous pouvez également redimensionner les cercles en utilisant le curseur du paramètre Rayon.
4. **Répétez, acceptez ou effacez.**
   - Cliquez en dehors des cercles pour accepter la modification et commencer une nouvelle correction ou duplication. Pour effectuer d'autres modifications, il suffit de changer d'outil. L'activation d'un autre outil a pour effet de valider la correction en cours. Pour annuler la correction avant de l'appliquer, cliquez sur le bouton Tout effacer.

L'outil Retouche des yeux rouges est une nouveauté de Photoshop CS4. Il permet d'éliminer automatiquement et facilement les yeux de lapin albinos qui viennent défigurer certains portraits magnifiques. Dès que vous activez cet outil, deux curseurs font leur apparition comme le montre la Figure 7.6 : Taille et Obscurcir.

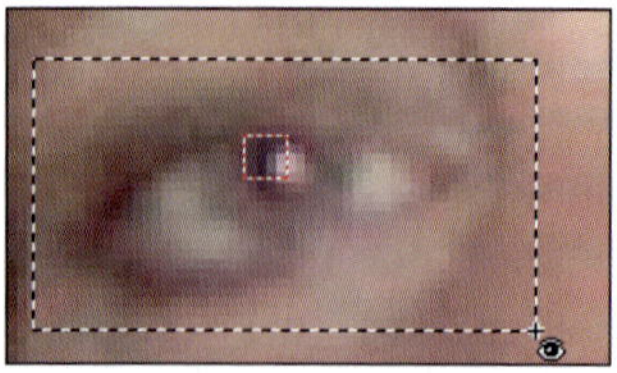

Figure 7.6 : Réduisez les yeux rouges diaboliques directement dans Camera Raw.

Dans la version 5 de Camera Raw, vous disposez d'un outil Pinceau de retouche qui permet d'appliquer plusieurs types de retouche sur une même image (Figure 7.7). Il suffit pour cela de cliquer dans l'image. Un point de contrôle apparaît. Faites glisser le pinceau pour retoucher la zone qui vous intéresse en définissant les différentes valeurs des paramètres (dans le volet de droite). Si l'option Ajouter est active, cliquer dans l'image crée un nouveau point de contrôle autorisant la correction d'une autre zone de l'image avec de nouvelles valeurs. Bien entendu, vos corrections sont toujours modifiables. Il suffit de cliquer sur un point de contrôle existant, puis de changer la valeur de ses paramètres.

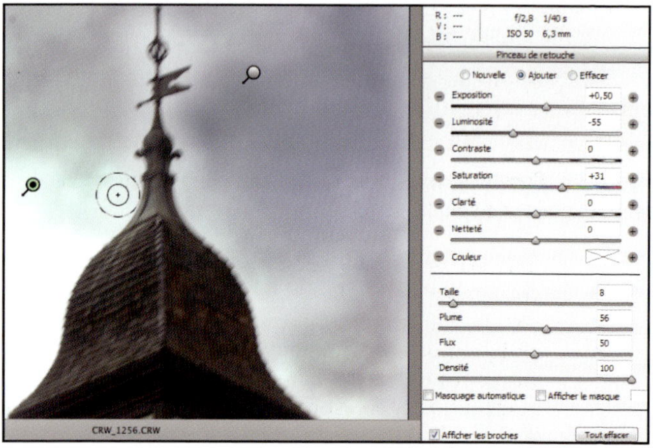

Figure 7.7 : Camera Raw sait maintenant faire des réglages ciblés.

Autre nouveauté d'Adobe Camera Raw 5 : l'outil Filtre gradué. Placez le curseur dans la partie droite de la zone à corriger. Cliquez et faites glisser l'outil de manière rectiligne pour couvrir la zone à corriger (Figure 7.8). Par défaut, le réglage est appliqué en pleine puissance, puis il s'atténue progressivement jusqu'à être nul en bas de la photo. Vous pouvez redéfinir la zone couverte par ce filtre gradué en cliquant sur un bouton et en le faisant glisser. Vous pouvez également faire pivoter la zone pour appliquer un dégradé en fonction d'un certain angle.

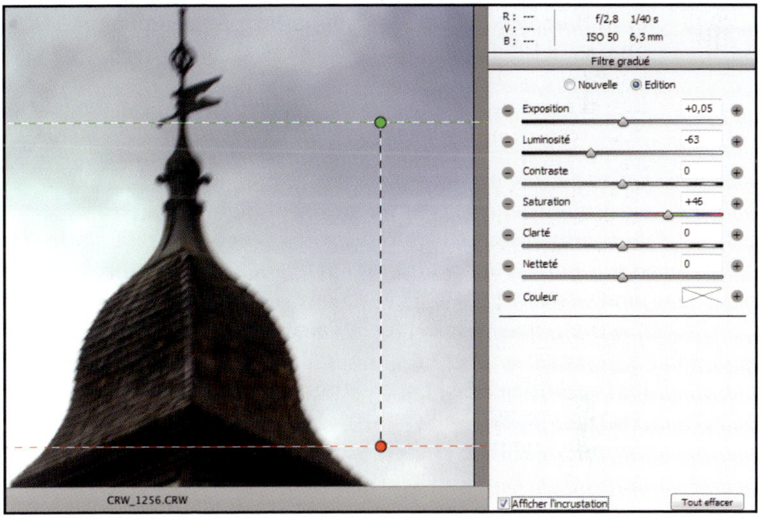

Figure 7.8 : Comme si vous utilisiez un filtre gris à la prise de vue, mais avec beaucoup plus de souplesse ici

A droite des outils de la boîte de dialogue Camera Raw, vous trouvez des boutons de rotation. Chacun fait pivoter l'image par incrémentations de 90 degrés dans la direction indiquée par le bouton. Vous pouvez accéder rapidement aux préférences de Camera Raw. Pour cela, cliquez sur le bouton du même nom ou appuyez sur le raccourci clavier ⌘/Ctrl + K.

Voici quelques modifications que vous pouvez apporter aux préférences de cet utilitaire :

- **Enregistrer les paramètres de l'image dans des fichiers annexes.** Il s'agit du paramètre par défaut, ce qui représente un excellent choix. Lorsque Camera Raw ne peut pas enregistrer directement les données dans un fichier de métadonnées, il est possible de tout enregistrer dans la base de données Camera Raw. Le problème est que vous perdez absolument toutes les informations si la base de données est endommagée ou corrompue.

  L'avantage des fichiers annexes est que vous pouvez toujours faire une sauvegarde sur un autre disque dur.

- **Appliquer la netteté aux aperçus des images seules.** Le contrôle de la netteté de Camera Raw n'est pas aussi sophistiqué que celui de Photoshop. Il est donc conseillé de modifier la netteté dans Photoshop après avoir effectué vos autres réglages dans Camera Raw.

- **Les paramètres par défaut de l'image.** Si vous utilisez plusieurs appareils photo, il est judicieux d'utiliser des paramètres par défaut pour chacun d'eux. La sauvegarde d'un nouvel appareil par défaut est expliquée plus loin dans ce chapitre.

- **Mettre à jour les aperçus DNG.** Si vous travaillez avec le convertisseur DNG d'Adobe et que vous créez des copies DNG de vos images, souhaitez-vous que les derniers réglages appliqués soient reproduits dans les aperçus du fichier ? (L'aperçu JPEG est utilisé par le système d'exploitation et d'autres programmes de votre ordinateur qui ne sont pas capables de lire les fichiers DNG.) Ces aperçus peuvent également être affichés en taille réelle.

L'histogramme

En raison de la nature brute des images Raw, l'histogramme que vous apercevez en haut à droite de l'interface (voir Figure 7.9) est généralement plus important que celui du panneau Histogramme de Photoshop. Gardez un œil dessus pendant que vous réglez des glissières. Vous éviterez ainsi de griller les hautes lumières (quand l'extrémité droite de l'histogramme commence à grimper au mur) et de boucher les ombres (quand la partie gauche est trop haute). Les valeurs R, V et B au-dessus de l'histogramme représentent la valeur du pixel sous le pointeur, lorsque celui-ci se trouve dans l'image.

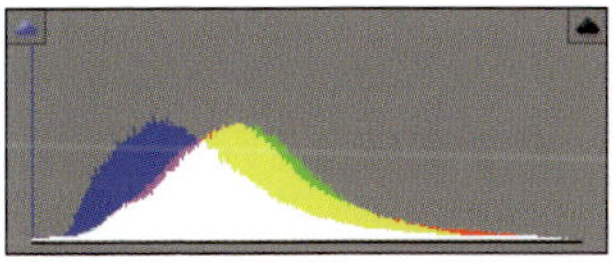

Figure 7.9 : Basez-vous sur l'histogramme pour préserver les hautes lumières et les ombres.

L'histogramme de Camera Raw montre non seulement la répartition des valeurs tonales, mais aussi la répartition dans les couches. La Figure 7.9 montre que la couche Bleu, prédominante à gauche, contient beaucoup de pixels foncés. Cela peut correspondre à nombre de situations. Mais, comme la répartition du bleu est bonne sur l'ensemble de l'histogramme, il est quasiment certain que le tas de bleu à gauche indique la présence d'une grande quantité de jaune dans l'image (en mode RVB, le bleu et le jaune sont des couleurs antagonistes). Comme toujours, rappelez-vous que l'image que vous voyez l'emporte toujours sur les informations fournies par l'histogramme.

Pour afficher les zones d'écrêtage dans les tons foncés et les tons clairs de l'histogramme, cliquez sur les triangles situés en haut à gauche et à droite de la zone d'affichage de l'histogramme. Partout où les tons foncés sont des noirs purs, c'est-à-dire des zones ne contenant aucun détail, vous voyez une incrustation bleu uni. Partout où les tons clairs sont saturés, c'est-à-dire affichent un blanc pur ne permettant de distinguer aucun détail de l'image, vous voyez une incrustation blanc uni. Pour masquer ces avertissements chromatiques, cliquez de nouveau sur les triangles.

La zone d'aperçu

Comme vous le constatez dans la Figure 7.1, l'aperçu de l'image occupe la plus grande partie de Camera Raw afin que vous puissiez évaluer efficacement vos interventions. L'interface de Camera Raw peut être redimensionnée en la tirant par son coin inférieur droit. La représentation de l'image risque cependant de pâtir de ce genre de manipulation. En bas à gauche, un menu déroulant contient plusieurs facteurs de zoom. Deux boutons de zoom en avant et en arrière se trouvent juste à côté. Ils s'ajoutent à l'outil Zoom. Contrairement à Photoshop, le facteur d'agrandissement de Camera Raw ne dépasse pas 400 %.

Dans le coin supérieur droit de la zone d'aperçu, vous constatez la présence d'une option libellée Aperçu. Elle permet d'apprécier la différence entre les réglages que vous venez d'effectuer et l'image d'origine, ou tout au moins des précédents réglages effectués dans Camera Raw. A droite de l'option Aperçu, vous découvrez un bouton qui permet d'activer et de désactiver le mode Plein écran. Si vous cliquez dessus, l'interface de Camera Raw occupe la totalité de votre moniteur. Seule la barre de titre du programme disparaît. Les utilisateurs d'un Macintosh ne pourront plus accéder au Dock. Pour revenir au mode d'affichage normal de Camera Raw, cliquez de nouveau sur ce bouton d'activation et de désactivation du mode plein écran.

Les options de flux de production et les paramètres

Sous la fenêtre d'aperçu, une case affiche ou masque la zone des options de flux de production. Les choix effectués ici définissent la dimension en pixels, la profondeur de couleur, la résolution et même le profil colorimétrique qui sera utilisé dans Photoshop.

Voici les options du flux de production :

- **Distance :** Camera Raw ne contient que quatre espaces de couleur : Adobe RGB, ColorMatch RGB, ProPhoto RGB et sRGB. Un *espace de couleur* (voir Chapitre 6) définit le nombre de couleurs disponibles dans une image.

  L'espace de couleur PhotoPro RGB propose le *gamut* – le nombre de couleurs exploitables – le plus étendu, ce qui minimise le risque de voir des couleurs réduites à des valeurs équivalentes. Si l'image comporte des couleurs extrêmes, sélectionnez l'espace ProPhoto en 16 bits par couche dans Camera Raw, puis choisissez la commande de Photoshop Edition/Convertir en profil afin d'obtenir le profil approprié, sans doute Adobe RGB ou sRGB. Sélectionnez le mode Colorimétrie Relative.

- **Profondeur :** Une grande profondeur de couleur favorisant la diversité dans les couleurs, vous sélectionnerez le codage sur 16 bits par couche. Par la suite, vous la réduirez peut-être à 8 bits/couche dans Photoshop avec la commande Image/Mode/8 bits-couche. Ce sera le cas si vous comptez enregistrer l'image en JPEG (pour le Web, par exemple) ou en CMJN, ou si la taille du fichier en 16 bits par couche est trop élevée pour votre imprimante. La conversion à 8 bits est aussi une option lorsque l'espace de stockage est limité. Nous reviendrons plus en détail sur la profondeur de couleur au Chapitre 6.

- **Taille** : Vous avez le choix entre six dimensions de pixel. Par défaut, la dimension en pixels native de l'appareil photo est sélectionnée, mais vous pouvez la réduire à 67 ou 50 %, ou l'augmenter à 133, 167 et 200 %. Pour augmenter le rééchantillonnage, Camera Raw utilise une variante de l'algorithme Bicubique plus net.

- **Résolution** : C'est une instruction concernant la taille des pixels envoyée au périphérique d'impression. Elle peut être définie dans Camera Raw ou, plus tard, dans la boîte de dialogue Taille de l'image de Photoshop (avec la commande Rééchantillonnage désélectionnée). Si votre appareil incorpore une résolution que Camera Raw peut lire, elle sera bien évidemment utilisée. En règle générale, 300 ppp est une bonne résolution pour les images destinées à l'impression.

Ouvrir dans Photoshop comme objets dynamiques : Cette nouvelle option permet d'ouvrir automatiquement l'image traitée dans Camera Raw comme un objet dynamique de Photoshop. Les objets dynamiques sont étudiés au Chapitre 10. Ils peuvent être redimensionnés et subir de multiples transformations avec un minimum de dégradation de l'image. La grande nouveauté des objets dynamiques est que CS4 permet de leur appliquer des filtres dynamiques. Il s'agit de filtres qui agissent comme des calques de réglages. Ils sont donc modifiables à tout moment et ne s'appliquent pas aux images de manière destructive.

TRUC

En matière de flux de production, il est important d'enregistrer vos paramètres. La Figure 7.10 montre le menu local de Camera Raw en la matière. Toutes ses commandes ne sont pas systématiquement accessibles. Cela dépend du travail que vous effectuez dans Camera Raw. Ici, la commande la plus importante est Enregistrer les nouveaux paramètres par défaut Camera Raw.

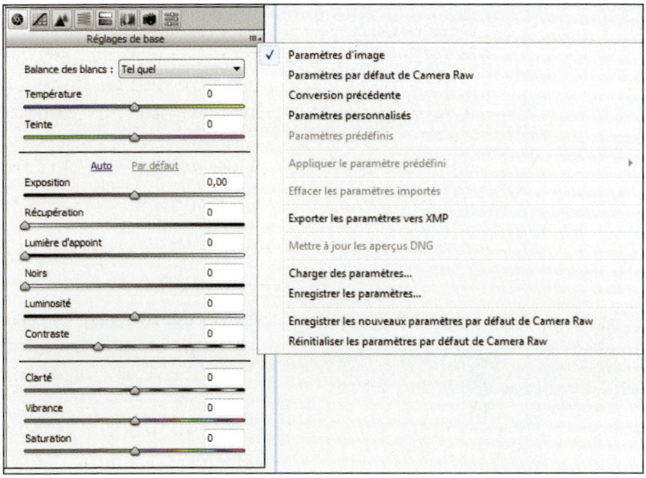

Figure 7.10 : Camera Raw permet de sauvegarder, d'exporter et d'importer des paramètres, ainsi que de définir des paramètres par défaut personnalisés.

Voici ce que je préconise :

1. **Ouvrez une image typique de vos travaux photographiques.**

   Cette image doit être correctement exposée et refléter votre manière de prendre des photos.

2. **Appliquez vos réglages de manière à rendre l'image la plus belle possible.**

   Ces réglages sont traités dans les prochaines sections. Incluez-y la réduction du bruit et la calibration de l'appareil si nécessaire.

3. **Enregistrez vos nouveaux paramètres par défaut.**

   Ouvrez le menu local et choisissez Enregistrer les nouveaux paramètres par défaut Camera Raw.

Désormais, dès que vous ouvrez une image dans Camera Raw, elle est correctement corrigée. Seuls quelques ajustements seront probablement nécessaires.

N'oubliez pas que vous pouvez également enregistrer des paramètres pour chacun de vos clichés. Il suffit pour cela d'utiliser la commande Enregistrer les paramètres. Par exemple, vous photographiez dans un lieu où les conditions d'éclairage sont difficiles. Plutôt que de procéder à la correction de chaque image, appliquez des modifications sur une seule d'entre elles, enregistrez ces réglages, puis appliquez-les aux autres photographies qui ont été prises dans les mêmes conditions.

Le panneau Réglages de base

Lorsque vous devez corriger vos images dans Camera Raw, l'essentiel de vos actions s'accomplit dans le panneau Réglages de base. Cliquez sur le bouton situé le plus à gauche sous l'histogramme. Vous affichez ainsi le contenu du panneau Réglages de base illustré à la Figure 7.11.

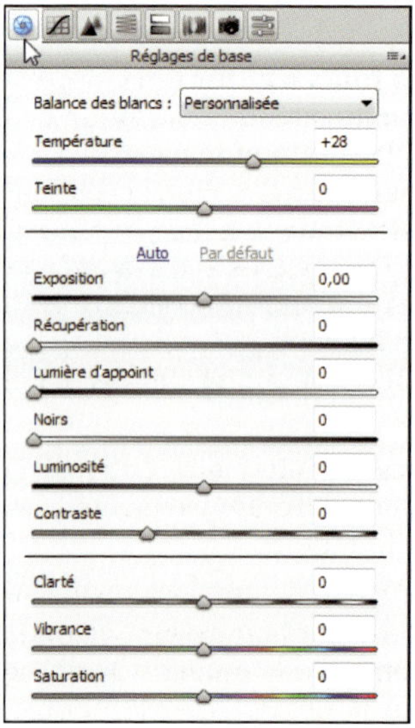

Figure 7.11 : La plupart de vos corrections s'effectuent dans le panneau Réglages de base.

Voici une présentation du travail que vous pouvez réaliser dans ce panneau (sans oublier que chaque image a ses propres particularités) :

- **Réglage du point blanc.** Normalement, vous réglez le point blanc en utilisant l'outil Balance du blanc. Vous cliquez dans une portion que vous supposez neutre de l'image, c'est-à-dire proche du gris ou du blanc. Si vous ne vous trompez pas de couleur, cette action a pour effet d'équilibrer toutes les autres teintes de l'image. Si cette première correction s'avère insuffisante, cliquez n'importe où ou bien ajustez manuellement les paramètres Température et Teintes.
- **Régler l'exposition.** Faites glisser le curseur Exposition vers la droite ou la gauche de manière à étendre l'histogramme le plus possible. N'oubliez pas qu'il s'agit simplement d'une méthode d'équilibrage de l'exposition. Elle ne saurait établir une véritable règle.
- **Ajuster les tons foncés et les tons clairs.** Utilisez les curseurs Luminosité et Noirs pour étendre l'histogramme vers la droite et la gauche. Le curseur Récupération permet de restaurer une partie de la profondeur située dans la partie supérieure de la plage tonale. En d'autres termes, cela concerne les zones claires qui sont légèrement moins lumineuses que les hautes lumières. De son côté, le curseur Lumière d'appoint permet d'éclaircir les tons moyens.
- **Régler le contraste.** Faites glisser le curseur Contraste vers la droite pour l'augmenter ou vers la gauche pour le réduire.
- **Ajuster les couleurs.** En utilisant conjointement le curseur Vibrance et le curseur Saturation, vous ajustez l'apparence de la couleur de votre image. Notez également la présence de l'option Convertir en niveaux de gris. Vous pouvez utiliser cette option ou bien celle de l'onglet TSL/niveaux de gris. Le fait de sélectionner l'un va sélectionner l'autre.

TRUC

Pour réinitialiser la valeur de n'importe quel curseur, double-cliquez dessus. Cette règle vaut pour tous les curseurs disponibles dans Camera Raw, donc pas uniquement pour ceux présents dans le panneau Réglages de base.

Vibrance et Saturation

Les curseurs Vibrance et Saturation de Camera Raw règlent l'intensité des couleurs de l'image. Alors, quelle est la différence entre les deux ? Le curseur Saturation altère toutes les couleurs de l'image, alors que le curseur Vibrance n'agit que sur les pixels les moins saturés. Pour voir comment cela fonctionne, ouvrez une image dans Camera Raw et ajustez les curseurs nécessaires pour en améliorer la qualité. Ensuite, placez le curseur Saturation complètement à gauche. Normalement, l'image apparaît en niveaux de gris. Maintenant, placez ce même curseur complètement à droite. L'image apparaît saturée. Faites glisser le curseur Vibrance très lentement vers la droite tout en regardant l'aperçu de l'image. Vous voyez alors dans quelle partie de l'image ce curseur augmente graduellement la couleur. Voici maintenant une astuce tout à fait sympathique : Alors que la valeur de Saturation est fixée à +100, positionnez le curseur Vibrance complètement à gauche, c'est-à-dire à la valeur -100. Si vous travaillez avec une image appropriée, vous obtiendrez un effet extrêmement intéressant.

N'OUBLIEZ PAS

Lorsque vous travaillez sur le réglage des images, n'oubliez jamais que votre sens artistique est le seul juge de paix valable. Personne ne peut se permettre de dire qu'il existe un réglage objectif des photographies. Laissez parler votre sensibilité et votre perspicacité artistique.

Régler la courbe des tonalités

Le deuxième onglet de Camera Raw permet d'ajuster l'histogramme en utilisant des courbes (voir la Figure 7.12). L'onglet en question en propose deux autres : Paramétrique et De points. Vous devez absolument comprendre cette chose essentielle : tout ce que vous effectuez sur la courbe des tonalités s'ajoute aux réglages que vous avez réalisés dans l'onglet Réglages de base. Par conséquent, les curseurs de ces réglages ne sont pas du tout affectés par vos manipulations de la courbe des tonalités.

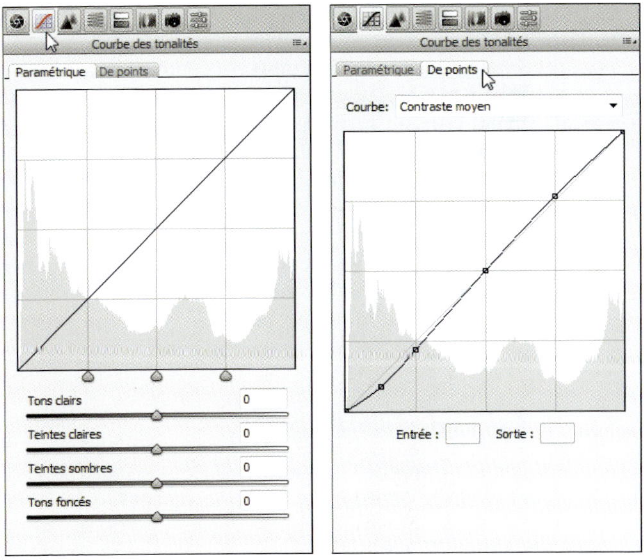

Figure 7.12 : Vous modifiez la tonalité dans l'onglet Courbe des tonalités.

Dans le panneau Paramétrique, vous travaillez avec quatre curseurs qui permettent de contrôler les diverses parties de la plage tonale. Les trois curseurs situés juste sous la courbe gouvernent les *points pivots* autour desquels ils modifient cette courbe. Les deux curseurs extrêmes définissent la partie de la plage tonale qui est affectée par les curseurs Tons foncés et Tons clairs. Le curseur du milieu contrôle la relation qui existe entre les curseurs Teintes sombres et Teintes claires.

Le panneau De points de l'onglet Courbe des tonalités fonctionne à peu près comme le réglage Courbe de Photoshop : cliquez sur la courbe pour ajouter un point de contrôle ; faites-le glisser vers le haut ou le bas pour ajuster cette zone de la plage tonale. Vous pouvez placer jusqu'à 14 points de contrôle sur la courbe. Pour activer un point de contrôle, il suffit de cliquer dessus. Vous pouvez utiliser les champs Entrée et Sortie pour préciser la valeur numérique d'un point, ou bien utiliser les touches du pavé numérique pour changer la position des points.

Je sens naître dans votre cerveau embrumé une question tout à fait légitime : "Dois-je utiliser l'onglet Réglages de base, l'onglet Courbe des tonalités, ou bien les deux ?" La réponse est : "Oui ! Vous devez utiliser l'onglet Réglages de base. Ou bien l'onglet Courbe des tonalités. Ou bien les deux." Certains utilisateurs sont plus à l'aise avec la courbe qu'avec les curseurs Noirs, Luminosité et Contraste de l'onglet Réglages de base. Dans certaines circonstances, vous constaterez que les images ont besoin de quelques réglages de base, qui doivent être affinés par d'autres interventions.

Le panneau Détail

Les six curseurs du panneau Détail contrôlent la netteté et le bruit de l'image. Dès que vous cliquez sur l'onglet Détail, je vous suggère de zoomer à 200 ou 400 %. Ensuite, positionnez les trois curseurs complètement à gauche, soit à la valeur zéro. Laissez le curseur de Netteté sur zéro ; améliorez la netteté dans Photoshop en utilisant le filtre Netteté optimisée ou Accentuation.

Dans la section Réduction du bruit, faites glisser le curseur Couleur très lentement vers la droite jusqu'à ce que les taches rouges, vertes et bleues disparaissent des tons foncés. Ensuite, faites glisser le curseur Luminance vers la droite jusqu'à ce que les taches claires soient considérablement réduites dans les tons foncés sans pour autant endommager les détails de votre image. La Figure 7.13 compare la même image avant et après l'application de ces réglages. Cette photographie a été prise avec une valeur ISO de 1600. (Sur la plupart des appareils photo, tout réglage ISO supérieur à 400 ajoute du bruit numérique à l'image.)

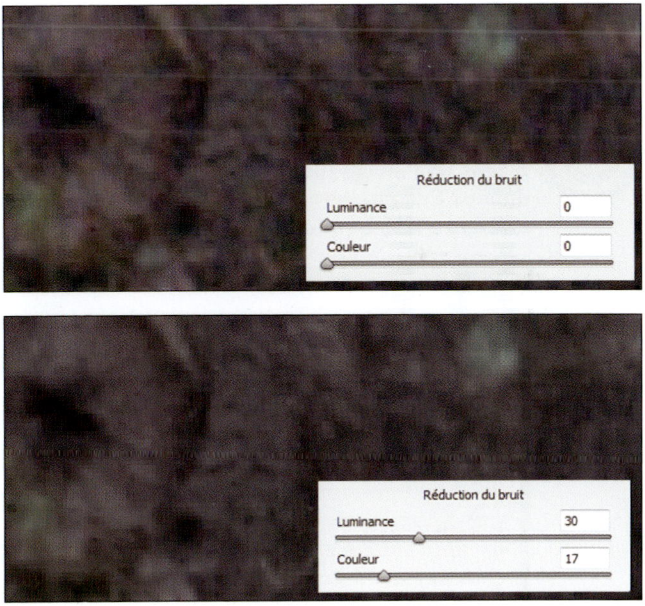

Figure 7.13 : Réduire le bruit et atténuer la luminance améliorent considérablement les zones ombrées.

HSL, Niveaux de gris et Virage partiel

L'onglet TSL/Niveaux de gris est une nouveauté CS4. Il contient trois onglets plus une option Niveaux de gris illustrés à la Figure 7.14. L'ensemble donne un contrôle poussé sur des plages de couleurs spécifiques de votre image. Besoin de rehausser les rouges ? Pas de problème – glissez le curseur Rouges de l'onglet Saturation et Luminance. Les jaunes sont trop criants ? Descendez le curseur Jaunes ! L'herbe verte est un peu jaune ? Placez le curseur Verts dans le dernier tiers de l'onglet Teinte.

Quand vous activez l'option Convertir en niveaux de gris, vous contrôlez la distribution de chaque plage de couleurs dans l'image finale en niveaux de gris. Utilisez les curseurs Exposition, Noirs, Luminosité et Contraste de l'onglet Réglages de base pour contrôler l'apparence générale de la photo.

TRUC

L'onglet Saturation permet de créer facilement une image partiellement colorisée. Faites glisser quelques curseurs vers la gauche pour transformer en niveaux de gris les plages de l'image qui contiennent les couleurs correspondantes. Ensuite, glissez les autres curseurs vers la droite. La Figure 7.15 montre comment obtenir pareil effet.

Figure 7.14 : Vous pouvez ajuster la teinte, la saturation et la luminance individuellement sur les diverses parties du spectre.

L'onglet Virage partiel est généralement utilisé en conjonction avec les options des onglets Réglages de base et TSL/Niveaux de gris. Envisagez le virage partiel comme la création d'une version sépia ou bichromique de votre image. Comme le montre la Figure 7.15, vous avez des contrôles indépendants pour ajuster les tons clairs et foncés. Choisissez une teinte différente pour chacune de ces tonalités, et ajustez indépendamment la saturation. Le curseur Balance permet de contrôler la partie de la plage tonale qui est considérée comme faisant partie des tons clairs ou des tons foncés.

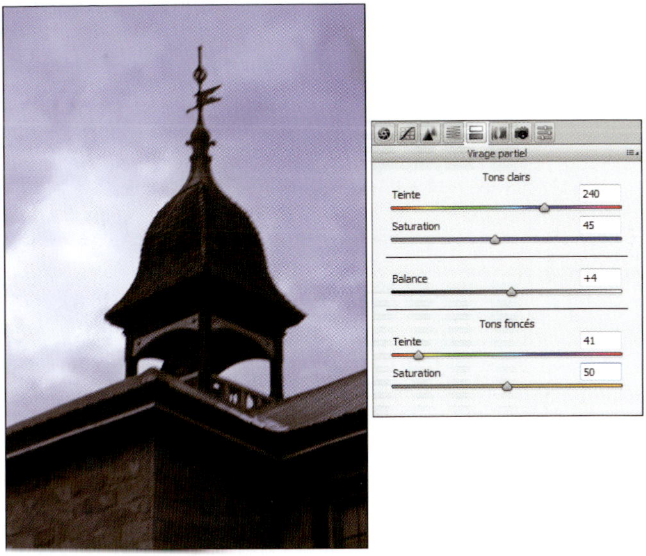

Figure 7.15 : Une photo d'un clocher sur un ciel couvert est améliorée par un virage partiel.

Pour créer un effet sépia, fixez les valeurs des deux champs Tons clairs et Tons foncés sur 40. Fixez la valeur de Balance sur 30. Pour les Tons foncés, appliquez une valeur de Saturation égale à 0. Si vous désirez amplifier l'effet sépia, jouez sur les curseurs Saturation. Pour créer un effet monochrome, les curseurs Tons foncés et Tons clairs doivent viser la même teinte.

Etalonner l'appareil photo

Avec l'onglet Etalonnage de l'appareil photo, vous pouvez facilement corriger certains défauts introduits par votre matériel dans vos photographies. Par exemple, vous pourrez utiliser ses paramètres pour réduire une couleur dominante. Pour cela, vous agirez sur les curseurs de l'onglet Etalonnage de l'appareil photo illustré à la Figure 7.16. Appliquez des réglages minimalistes ! La majorité d'entre vous n'aura pas besoin d'utiliser les paramètres de cet onglet.

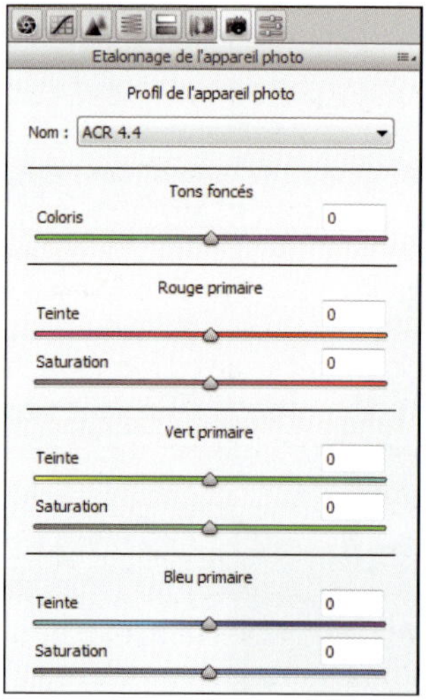

Figure 7.16 : Les curseurs d'étalonnage permettent de corriger une couleur dominante.

Si vous possédez un modèle d'appareil photo particulier pour lequel il existe plusieurs profils, vous les trouverez dans la liste située en haut de l'onglet Etalonnage de l'appareil photo. Sur la Figure 7.16, l'image utilisée provient d'un appareil photo numérique dont le profil a été actualisé pour Adobe Camera Raw 4.4. Par conséquent, c'est ce profil qui est sélectionné en lieu et place de la nouvelle version Camera Raw 5.

Le nouvel onglet Paramètres prédéfinis de Camera Raw stocke la liste des paramètres prédéfinis que vous avez enregistrés. Chaque fois que vous utilisez la commande Enregistrer les paramètres, ce nouveau paramètre est ajouté à la liste de cet onglet. Il est alors très facile d'appliquer un de ces paramètres. Commencez par ouvrir une image dans Camera Raw, puis cliquez sur le panneau Paramètres prédéfinis, et enfin sur le nom du paramètre à appliquer. Ensuite, cliquez sur Ouvrir une image/Ouvrir un objet ou sur Terminer.

Les boutons de Camera Raw

Dans les coins inférieur gauche et inférieur droit de Camera Raw, se trouvent quatre boutons. Trois d'entre eux ont des fonctions cachées auxquelles vous accédez en appuyant sur la touche Option/Alt :

- **Enregistrer l'image.../Enregistrer l'image :** Une fois vos réglages terminés, cliquez sur le bouton Enregistrer l'image... pour ouvrir la boîte de dialogue des options d'enregistrement, qui permet entre autres de convertir l'image au format DNG. En bas de cette fenêtre, vous constatez que la liste Format affiche DNG. Lorsque vous appuyez sur la touche Option/Alt, ce bouton devient simplement Enregistrer l'image. Dans ce cas, l'enregistrement se fait au format DNG, mais sans afficher la boîte de dialogue Options. Lorsque vous fermez la fenêtre Camera Raw, l'image est automatiquement enregistrée. (Pour plus d'informations sur le format de fichier DNG et les options de la boîte de dialogue d'enregistrement, reportez-vous à l'encadré "Le format de fichier DNG", plus haut dans ce chapitre.)

- **Ouvrir une image/Ouvrir une copie (ou Ouvrir un objet/Ouvrir une copie) :** Une fois vos réglages effectués, cliquez sur Ouvrir pour actualiser les métadonnées du fichier et faire apparaître l'image dans Photoshop. Si vous appuyez sur la touche Option/Alt, le bouton devient Ouvrir une copie. Cela signifie que si vous cliquez dessus, l'image s'ouvre mais sans actualiser les métadonnées. En règle générale, vous utilisez Ouvrir une copie pour créer une deuxième version de l'image, préservant ainsi vos précédents réglages. (Rappelez-vous que pour ouvrir l'image en temps qu'objet dynamique, il suffit de cliquer sur le lien situé en bas et au centre de la boîte de dialogue Camera Raw. Dans les Options du flux de production qui apparaît, cochez la case Ouvrir dans Photoshop comme objets dynamiques.)
- **Annuler/Réinitialiser :** Cliquer sur Annuler ferme la boîte de dialogue Camera Raw sans appliquer vos modifications aux métadonnées de l'image. Si vous appuyez sur la touche Option/Alt, ce bouton prend le libellé Réinitialiser. Si vous cliquez dessus, tous les paramètres sont restaurés sur les valeurs qui étaient les leurs lorsque vous avez ouvert pour la première fois votre image dans Camera Raw.
- **Terminer :** Le bouton Terminer, que vous appuyiez ou non sur la touche Option/Alt, se contente d'actualiser les métadonnées de l'image en fonction des réglages que vous venez d'effectuer. Cela referme Camera Raw sans ouvrir l'image dans Photoshop.

8

Sélections, masques et calques de réglage

Dans ce chapitre :

- Délimiter les retouches grâce aux sélections.
- Masquer à la fois pour la visibilité et pour protéger des parties de l'image.

Vous repeignez votre chambre à coucher. C'est le moment de passer aux fenêtres. Vous ne voulez pas que la peinture bave sur les vitres, n'est-ce pas ? Il faut ne peindre que sur les dormants, les montants, les traverses, les meneaux et les croisillons. Pour ne pas salir les carreaux, vous pouvez utiliser un petit pinceau et peindre avec beaucoup de soin. Ou alors choisir un pinceau plus large et nettoyer ce qui déborde sur les vitres. Ou encore recouvrir les carreaux d'un film de protection ou de ruban adhésif et peindre sans aucun souci : le film ou l'adhésif retiré, les vitres sont propres.

Dans ce chapitre, vous apprendrez à vous préparer à modifier une image, plutôt que la modifier réellement. Vous isolerez des groupes de pixels de diverses manières. Par exemple, vous sélectionnerez ceux qui appartiennent à la même partie de l'image, indépendamment de leur couleur, ou alors ceux qui sont de la même couleur, indépendamment de l'endroit où ils se trouvent.

Qu'est-ce qu'une sélection ?

Quand vous effectuez une sélection, vous choisissez des pixels et vous les isolez des autres. Vous pouvez ainsi travailler sur la sélection sans risquer de modifier le restant de l'image. Photoshop affiche le contour d'une sélection sous la forme d'une ligne en pointillé animée qui évoque une colonne de fourmis en mouvement.

Supposons qu'une image serait parfaite si certaines parties en étaient corrigées. La Figure 8.1 est un excellent exemple.

Figure 8.1 : Parfois, seul un détail d'une image doit être retouché.

Cette image serait bien meilleure si une partie en était sélectionnée afin de la corriger. Le résultat est visible en bas à gauche de la Figure 8.2. En sélectionnant les barres avec l'outil Lasso polygonal (cet outil est expliqué plus loin), nous les isolons du restant de l'image, ce qui permet de modifier leur couleur sans rien changer d'autre.

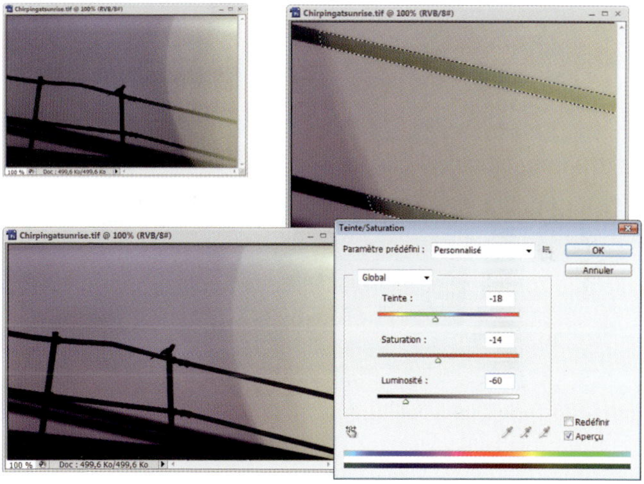

Figure 8.2 : La sélection (à droite) restreint les modifications à une partie précise de l'image.

Les réglages de tons et de couleurs expliqués aux Chapitres 5 et 6 sont souvent appliqués à la totalité d'une image. Or, ils peuvent aussi l'être à une partie spécifique, comme dans la Figure 8.3. Le sujet est sélectionné (un agrandissement de la sélection est visible à droite), puis la commande Edition/Copier copie la sélection dans la mémoire de l'ordinateur, le Presse-papiers. Vous pouvez ensuite passer à une autre image, puis choisir Edition/Coller pour placer la sélection dans une autre image (en bas à gauche). Vous pouvez ajuster la taille via Edition/Transformation/Homothétie, définir une nouvelle position avec l'outil Déplacement et, pourquoi pas ? ajouter des ombres avec le Pinceau ou un style de calque Ombre portée.

Figure 8.3 : Sélectionnez, copiez, basculez vers une autre image et collez.

Contour progressif et lissage

Quelques termes importants doivent impérativement être connus avant d'étudier les divers outils et commandes de sélection. Contour progressif et lissage contribuent tous deux à adoucir les bords d'une sélection en les rendant translucides ou en ajoutant des pixels colorés. Une sélection ainsi traitée s'intègre beaucoup mieux dans le restant de l'image.

Tous les pixels d'une image sont carrés, parfaitement ordonnés en lignes et en colonnes (d'où le terme de "matriciel" pour ce type d'image). Quand vous tracez une courbe ou une ligne inclinée, les coins des pixels pointent et deviennent apparents. Le contour progressif et le lissage atténuent cet aspect en escalier. La largeur de la zone adoucie produite par le contour progressif est réglable. Retenez que le lissage sert à améliorer la qualité des bords, tandis que le contour progressif sert à créer des sélections aux bords estompés.

Rien n'explique mieux le contour progressif qu'une démonstration en noir et blanc comme celle de la Figure 8.4. En haut à gauche, une sélection a été remplie de noir. En haut à droite, la sélection est identique, mais avec un contour progressif de 2 pixels. En bas, il est de 15 pixels.

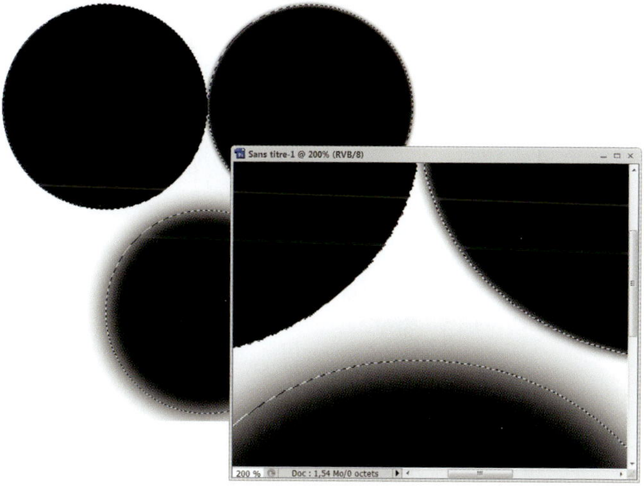

Figure 8.4 : Agrandissement d'une sélection simple, à contour progressif et à contour fortement progressif.

N'OUBLIEZ PAS

Le contour progressif s'applique de part et d'autre du bord de la sélection. Ne vous fiez pas aveuglément à la valeur entrée dans le champ Contour progressif, dans la barre d'options, car elle n'est qu'indicative. Un contour progressif de 15 pixels appliqué à une Ellipse de sélection peut produire une plage de 50 ou 60 pixels partiellement transparents de part et d'autre du bord de la sélection. Même s'il n'est que d'un seul pixel, un contour progressif peut s'étendre sur plusieurs pixels.

Le lissage s'apparente au contour progressif dans la mesure où il estompe les bords. Il sert à atténuer les coins des pixels le long des courbes et des lignes inclinées. Le lissage est surtout appliqué aux caractères typographiques, comme nous le verrons au Chapitre 13. Vous vous rendrez compte qu'il est souvent suffisant pour une sélection. Le lissage fonctionne en "tout ou rien" ; il n'est pas paramétrable. La Figure 8.5 montre une ligne inclinée non lissée, la même (en diagonale) avec un lissage et plus bas avec un contour progressif.

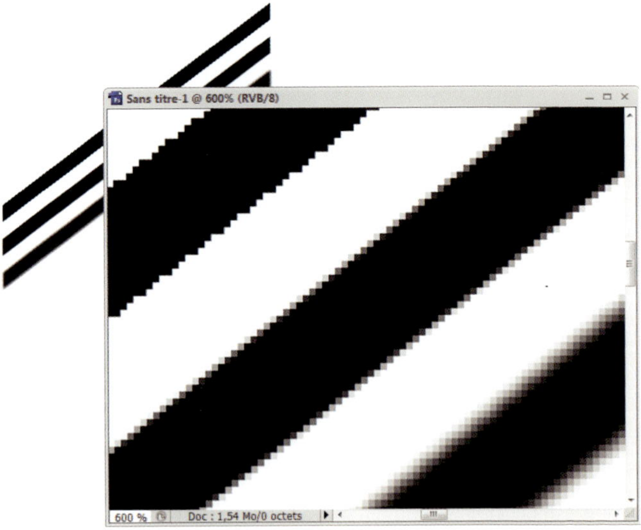

Figure 8.5 : Le lissage atténue la rugosité des lignes inclinées.

En haut à gauche, à un facteur de zoom de 100 %, le premier trait est rugueux à cause de l'effet d'escalier. Le trait tout en bas est plus doux mais paraît flou. Et celui du milieu ? Il est exactement comme il faut. Un zoom à 600 % révèle la rugosité d'un trait et l'atténuation des autres. Observez, dans celui du milieu, la présence de pixels gris parsemés le long du bord pour donner l'illusion de douceur. A 100 %, le subterfuge est indiscernable, d'où l'impression d'une ligne aux bords bien réguliers.

Sélectionner avec les outils

Dans Photoshop, neuf outils servent essentiellement à faire des sélections. Vous vous en servirez aussi pour cumuler des sélections, en soustraire une d'une autre, ou ne conserver que la partie commune à deux sélections. Les neuf outils de sélection se répartissent en trois groupes :

- Quatre outils de type "contour de sélection".
- Trois outils de type "lasso".
- Les outils Sélection rapide et Baguette magique.

Les outils de contour de sélection

Vous disposez de quatre outils permettant de tracer un contour de sélection ; mais, à vrai dire, vous n'en utiliserez fréquemment que deux. La Figure 8.6 montre ces outils ainsi que leur barre d'options.

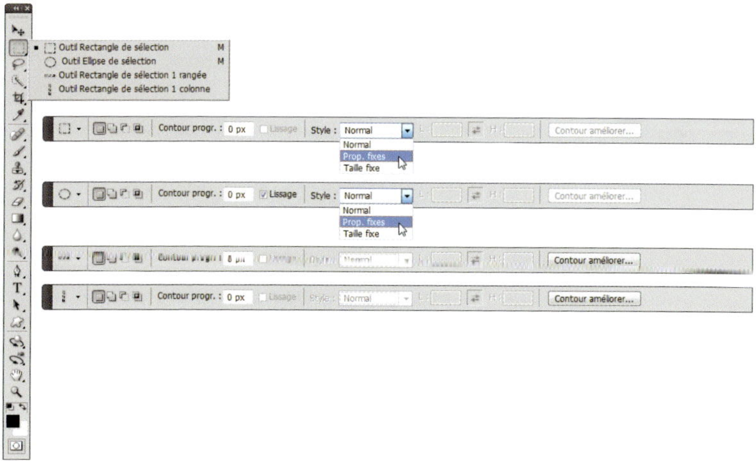

Figure 8.6 : Il existe quatre outils de contour de sélection, dont deux sont très utilisés.

Les fort utiles outils Rectangle de sélection et Ellipse de sélection fonctionnent par traction : cliquez et tirez dans une direction pour sélectionner une zone. Si la touche Majuscule est maintenue enfoncée pendant l'opération, un carré ou un cercle est créé plutôt qu'un rectangle ou un ovale. Si la touche Option/Alt est enfoncée au moment de tirer, la sélection se centre d'elle-même sur le point où vous venez de cliquer. Les touches Maj et Option ou Maj et Alt peuvent être enfoncées ensemble. Toutefois, enfoncer la touche Majuscule avant d'avoir cliqué et tiré cumule la sélection à celle existant déjà, tandis qu'enfoncer la touche Option/Alt avant de cliquer soustrait la sélection de celle existant déjà.

Les outils Rectangle de sélection 1 rangée et Rectangle de sélection 1 colonne délimitent une sélection d'un pixel de haut ou de large à l'endroit où vous cliquez. La sélection s'étend sur toute la largeur ou sur toute la hauteur de l'image. Ils servent à créer des sélections en forme de quadrillage ou à supprimer une rangée ou une colonne de pixels qui aurait été sélectionnée en trop avec le Rectangle de sélection.

Jetez de nouveau un coup d'œil aux barres d'options de la Figure 8.6. Les quatre boutons à gauche définissent la manière dont les outils interagissent avec une sélection existante :

- **Nouvelle sélection** : La sélection que vous effectuez remplace la précédente. Si vous cliquez dans une sélection active, son contour peut être déplacé sans mouvoir aucun des pixels de l'image. Notez que si aucune sélection n'est présente dans l'image, les outils en créent systématiquement une nouvelle, quel que soit le bouton actif.
- **Ajouter à la sélection :** Conserve une sélection déjà existante, permettant ainsi d'en ajouter une autre. Le même effet est obtenu en maintenant la touche Majuscule enfoncée tout en tirant une sélection.

- **Soustraire de la sélection :** Retranche une partie d'une sélection existante. Vous utiliserez cette option pour créer une sélection en forme d'anneau, en traçant une sélection circulaire au milieu d'une sélection circulaire plus grande (maintenir la touche Option/Alt enfoncée facilite le centrage de la sélection).
- **Intersection avec la sélection :** La zone sélectionnée est la partie commune à une sélection existante et à celle que vous tracez.

La Figure 8.7 illustre le comportement de ces quatre boutons. Vous voyez à gauche le bouton activé dans la barre d'options, puis une première sélection. Dans la colonne suivante, une deuxième sélection est faite (l'outil est tiré d'en bas à droite vers en haut à gauche). La dernière colonne montre le résultat du cumul des sélections selon le bouton actif.

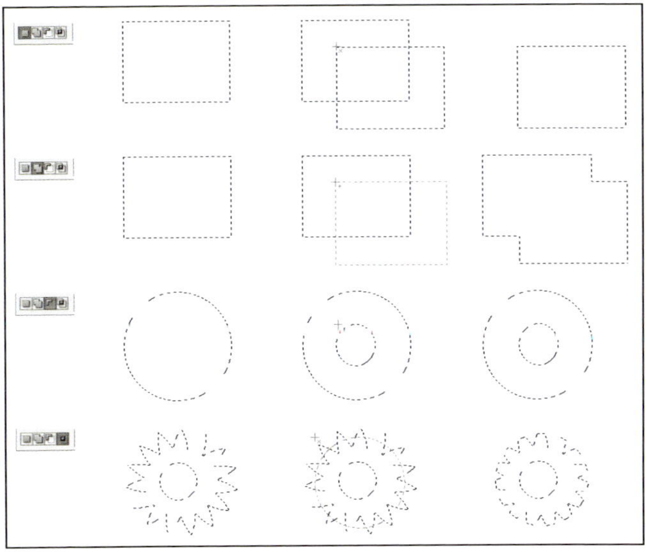

Figure 8.7 : Les boutons à gauche de la barre d'options définissent les interactions entre les sélections.

Dans l'exemple tout en bas, une technique consisterait à couper tous les points de la sélection en étoile par des soustractions successives, mais ce serait fastidieux. L'option de sélection de l'intersection exécute l'opération en un seul cliquer-tirer.

TRUC

Pendant que vous définissez une sélection avec les outils Rectangle de sélection ou Ellipse de sélection, et que le bouton de la souris est enfoncé, vous pouvez appuyer sur la barre Espace – ne relâchez pas le bouton de la souris – pour déplacer le contour de sélection. Après l'avoir repositionné, relâchez la touche Espace et continuez à tirer le rectangle ou l'ellipse.

Regardez de nouveau les quatre icônes de la barre d'options représentée à la Figure 8.6. Notez ceci :

- Le Lissage n'est pas disponible pour l'outil Rectangle de sélection. Cela s'explique par le fait que les quatre angles s'alignent parfaitement sur les bords de chaque pixel. Bien entendu, une fois la sélection créée, rien ne vous empêche d'appliquer un contour progressif qui produit un effet identique au lissage.
- Les outils Rectangle et Ellipse de sélection disposent d'une liste Style. L'option Normal qui trace exactement ce que vous définissez avec le pointeur de la souris ; l'option Proportions fixes qui détermine une contrainte de traçage de la sélection en fonction des valeurs saisies dans les champs Largeur et Hauteur ; et l'option Taille fixe qui trace, en un clic, une sélection dont les dimensions ont été préalablement déterminées dans les champs Largeur et Hauteur.
- Les outils Rectangle de sélection 1 rangée et Rectangle de sélection 1 colonne disposent de quatre boutons qui déterminent l'interaction avec une sélection existante, et d'une option Contour progressif. Il paraît toutefois assez improbable d'appliquer un contour progressif à une sélection qui ne dépasse pas les 1 pixel de large.

Les outils de sélection Lasso

Photoshop CS4 propose trois outils de sélection Lasso. Dans la barre d'options, leurs options de base sont identiques à celles des outils de type "contour de sélection", comme le montre la Figure 8.8. Vous pouvez ajouter une sélection, soustraire à une sélection ou ne conserver que l'intersection ; les options Contour progressif et Lissage sont disponibles.

Les sélections contrôlées

Dans le menu Style de la barre d'options, deux commandes méritent votre attention : Proportions fixes et Taille fixe. Utilisée avec le Rectangle de sélection et l'Ellipse de sélection, la commande Proportions fixes oblige la sélection à respecter les proportions indiquées dans les champs Largeur et Hauteur. La sélection ainsi définie ne redimensionnera pas automatiquement une image, mais vous pourrez le faire en choisissant Image/Recadrer pour rogner la photo, puis Image/Taille de l'image pour la dimensionner à la taille et à la résolution désirées.

L'option Taille fixe change le comportement des outils. Après avoir indiqué la Largeur et la Hauteur précises de la sélection dans la barre d'options, positionnez le pointeur dans le coin supérieur gauche de la zone à sélectionner, puis cliquez une seule fois. La sélection est aussitôt créée à partir de ce point. Ne vous souciez pas de la précision du clic, car vous pourrez repositionner la sélection après coup (à condition que le bouton Nouvelle sélection soit sélectionné, à gauche dans la barre d'options). Remarquez le bouton entre les champs Largeur et Hauteur : il sert à permuter leurs valeurs.

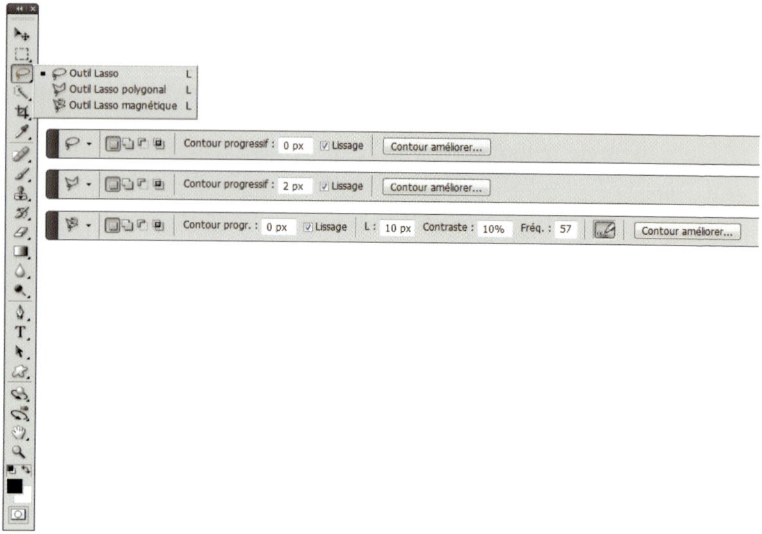

Figure 8.8 : Les options des outils Lasso sont aussi celles des outils de contour de sélection.

Qu'est-ce qui fait la différence entre les outils qui délimitent un contour et les lassos ? Ceci :

- **Lasso :** Le lasso s'utilise à main levée. Vous cliquez dans l'image puis, bouton de la souris enfoncé, vous promenez le pointeur autour de la zone à sélectionner, en revenant au point de départ. Si vous relâchez le bouton prématurément, une droite est tracée jusqu'au clic d'origine, ce qui est parfois fort utile. Appuyer sur la touche Option/Alt au cours de la sélection transforme provisoirement l'outil Lasso en lasso polygonal.
- **Lasso polygonal** : Au lieu de dessiner, vous cliquez-cliquez-cliquez successivement tout autour de la zone à sélectionner. Lorsque le pointeur a rejoint le point de départ, un minuscule cercle, à proximité, indique qu'il est prêt à fermer le contour de sélection. Un double-clic la clôt aussi. Appuyer sur la

touche Option/Alt au cours de la sélection transforme provisoirement l'outil Lasso polygonal en lasso simple. C'est commode pour délimiter des détails.

- **Lasso magnétique :** Si le sujet à sélectionner ressort bien de l'arrière-plan, le Lasso magnétique fera merveille. Cliquez puis, sans même appuyer sur le bouton de la souris, promenez le pointeur le long du bord contrasté. Si l'outil perd le fil, revenez en arrière puis recommencez. Si le bord change soudainement de direction, cliquez pour placer un point d'ancrage. Si l'outil a placé un point d'ancrage au mauvais endroit, revenez en arrière et appuyez sur la touche Supprimer/Retour arrière pour ôter le point. (Soit dit en passant, si une tablette graphique de marque Wacom est installée, vous pouvez associer la largeur de la zone de détection du Lasso magnétique à la pression du stylet. Pour ce faire, cliquez sur le bouton à gauche du conteneur, dans la barre d'outils.)

  Le Lasso magnétique identifie les différences de couleur le long d'un bord, en se basant sur toutes les couches chromatiques disponibles. Dans la barre d'options, indiquez dans le champ Largeur le périmètre de détection que l'outil doit analyser pour repérer un bord. Le champ Contraste quantifie la différence de contraste à prendre en compte. Le champ Fréquence indique à l'outil à quel intervalle il doit placer des points d'ancrage le long du contour qui délimite la sélection.

L'outil Sélection rapide

Envisagez l'outil Sélection rapide comme une sorte de Baguette magique qui s'appliquerait comme un Pinceau. Vous passez cet outil sur une couleur de votre image, et toutes les teintes qui s'en rapprochent sont sélectionnées au passage du pointeur de la souris. En fonction de la grandeur des portions sur lesquelles vous passez l'outil, vous pouvez obtenir une plus grande précision en réduisant la taille du Pinceau. Si vous travaillez avec une tablette graphique Wacom, la taille de l'outil peut varier en fonction de la pression que vous exercez sur la pointe du stylet. Avec un peu de pratique, vous pouvez très vite opérer des sélections comme celle de la Figure 8.9.

Figure 8.9 : Faites glisser la souris sur une couleur pour sélectionner les teintes environnantes qui s'en rapprochent.

L'outil Baguette magique

L'outil Baguette magique sélectionne les pixels de même couleur que celui sur lequel vous avez cliqué. A l'instar des autres commandes de sélection, vous pouvez ajouter une sélection, soustraire à une sélection ou ne conserver que l'intersection. Le paramètre Tolérance définit l'exactitude exigée pour que les pixels soient inclus dans la sélection. Si la case Pixels contigus est cochée, seuls les pixels en contact les uns avec les autres avec celui sur lequel vous avez cliqué sont pris en compte. L'option Echantillonner tous les calques permet de sélectionner les pixels sur chacun des calques visibles de l'image, et pas uniquement sur le calque actif.

Quand la valeur de Tolérance est faible, seuls les pixels très semblables à celui sur lequel vous avez cliqué sont sélectionnés. Une valeur élevée étend la sélection, mais elle risque de déborder malencontreusement sur des zones à ne pas sélectionner.

Utilisez une valeur de Tolérance raisonnablement réduite, puis cliquez avec la Baguette magique, touche Majuscule enfoncée, dans différents endroits de la zone à sélectionner. C'est ce que j'ai fait à la Figure 8.10, en cliquant dans les tons clairs des fleurs pour éviter de sélectionner les tons clairs des feuilles et de la palissade.

Contour améliorer

Si vous avez bien observé les différentes barres d'options des outils de sélection, vous avez noté la présence du bouton Contour améliorer. Il donne accès à la boîte de dialogue illustrée Figure 8.10 qui vous aide à affiner le contour de vos sélections.

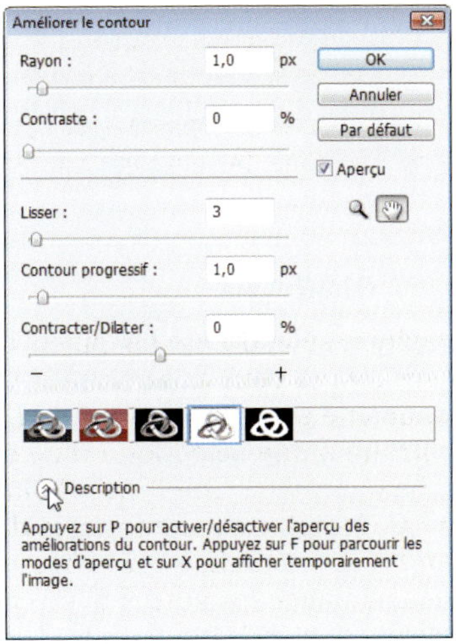

Figure 8.10 : Améliorer le contour affiche une explication sur chaque paramètre dans la zone Description.

Voici ce que vous devez savoir sur les options de la boîte de dialogue Améliorer le contour :

- **Rayon :** Lorsque vous essayez de sélectionner une zone dont les contours sont lisses ou flous, le fait d'augmenter la valeur du paramètre Rayon permet de mieux définir le bord de la zone de couleur sélectionnée.
- **Contraste :** Quand les contours d'une zone de couleur sont lisses ou flous au point de générer des petits éclats de couleur superflus, il faut augmenter la valeur de ce paramètre. Le programme tente alors d'exclure les pixels dont la couleur varie beaucoup trop par rapport à ceux de la zone qui doit être sélectionnée.
- **Lisser :** Parfois le contour d'une zone sélectionnée est trop crénelé pour être utilisé. En augmentant la valeur de ce paramètre, vous appliquez une sorte de contour progressif. Si la valeur est très élevée, les angles de la sélection s'arrondissent.
- **Contour progressif :** Produit le même effet que lorsque vous choisissez Sélection/Modifier/Contour progressif. Augmenter la valeur de ce paramètre adoucit les contours d'une sélection en les rendant plus flous. Le contour progressif agit sur la totalité de la sélection.
- **Contracter/Dilater :** Plutôt que de simplement réduire ou étendre une sélection, envisagez ce paramètre comme un réglage qui intéresse toutes les modifications apportées via les autres options de la boîte de dialogue Améliorer le contour. Si tous ces paramètres sont à zéro, Contracter/Dilater est sans incidence sur la sélection.

Les commandes de sélection

Vous disposez de 17 commandes qui vous aident à sélectionner des pixels. Certaines, comme celles en haut du menu Sélection, sont simples à comprendre (voir Figure 8.11).

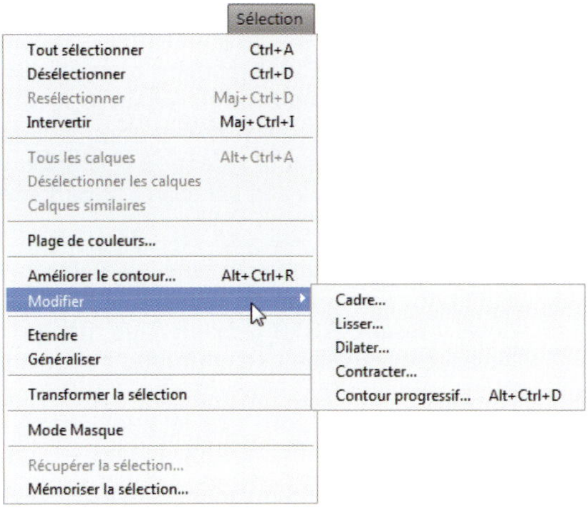

Figure 8.11 : Les commandes de sélection de Photoshop.

Les principales commandes de sélection

Les commandes en haut du menu Sélection sont des fonctions que vous utiliserez régulièrement, sauf peut-être Resélectionner. Mémoriser leur raccourci clavier fait gagner beaucoup de temps.

- **Tout sélectionner (⌘ + A/Ctrl + A) :** Sélectionne la totalité des pixels de l'image, mais seulement dans le calque actif ou dans le masque de fusion actif.

- **Désélectionner (⌘ + D/Ctrl + D) :** Utilisez cette commande pour vous assurer que plus aucun pixel n'est sélectionné. Elle vous tirera d'affaire si un réglage ou un filtre semble ne pas fonctionner. Il arrive en effet qu'une minuscule sélection à peine repérable existe quelque part dans l'image, empêchant certaines commandes de fonctionner.
- **Resélectionner (⌘ + Maj + D/Ctrl + Maj + D) :** C'est une commande qui évite bien des énervements, quand vous avez passé un long moment à sélectionner méticuleusement et qu'à cause d'une action inopportune la sélection disparaît. Cette commande restaure la sélection la plus récente.
- **Intervertir (⌘ + Maj + I/Ctrl + Maj + I) :** Cette précieuse commande inverse la sélection. Ce qui était sélectionné ne l'est plus et ce qui était désélectionné l'est à présent. Une manipulation classique consiste à sélectionner l'environnement d'un sujet à la Baguette magique, puis à utiliser cette commande pour que le sujet soit sélectionné.

La commande Plage de couleurs

Cette puissante commande se trouve au milieu du menu Sélection. Observez les fleurs orange de la Figure 8.12. Au lieu de cliquer dedans avec l'outil Baguette magique, touche Majuscule enfoncée, vous pouvez sélectionner la couleur rapidement et facilement à l'aide de la commande Plage de couleurs. Dans la Figure 8.13, j'ai cliqué et tiré autour de quelques zones orange, dans l'image, avec la pipette du milieu. Vous pouvez aussi cliquer une seule fois avec la pipette de gauche, et utiliser les autres pour ajouter ou soustraire des couleurs de la sélection. La glissière Tolérance spécifie jusqu'à quel point une couleur doit être similaire pour être prise en compte.

Figure 8.12 : La commande Plage de couleurs sélectionne par couleur.

Voici deux moyens pour améliorer une sélection. La Figure 8.13 montre les options du menu déroulant Prévisualisation. Les options Niveaux de gris (en haut à gauche) et Cache noir (en haut à droite) montrent bien que l'arrière-plan sera partiellement sélectionné si vous cliquez sur OK. Réduisez la Tolérance ou cliquez avec la pipette de droite dans les zones de la palissade à ne pas sélectionner. L'option Cache blanc (en bas à gauche) montre que la pointe de quelques feuilles sous les fleurs sera aussi sélectionnée. Ignorez cela, et désélectionnez ultérieurement avec le Lasso, touche Option/Alt enfoncée. Du fait de la couleur du sujet, l'option Masque, qui est rouge (en bas à droite), est pratiquement inutilisable, bien qu'elle soit appréciable sur d'autres images où le rouge n'est pas dominant.

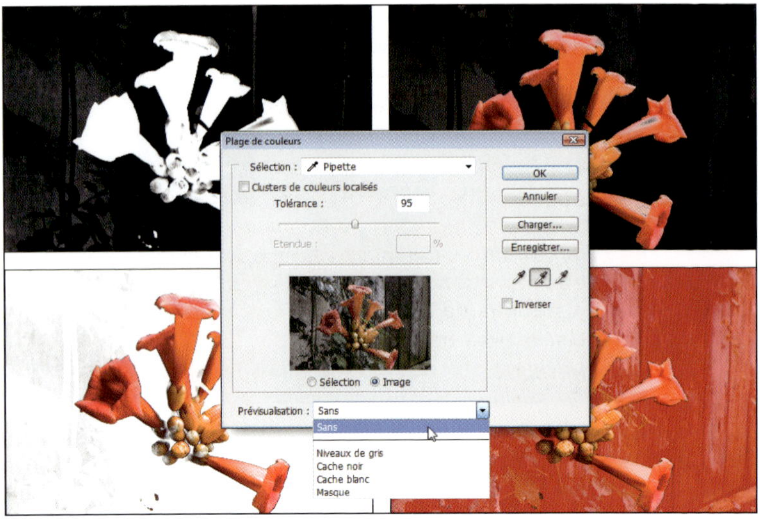

Figure 8.13 : La commande Plage de couleurs est dotée de quatre modes d'aperçu.

Le menu déroulant en haut de la boîte de dialogue Plage de couleurs permet d'échantillonner des couleurs RVB (rouge, vert, bleu), CMJN (cyan, magenta, jaune, noir), de même dans les tons foncés, moyens et clairs et les couleurs non imprimables (hors du gamut). Quand vous choisissez une de ces options la glissière Tolérance n'est plus disponible, ce qui limite leur intérêt.

Les commandes de modification de la sélection

Le prochain groupe du menu Sélection contient cinq commandes : Contour progressif ainsi que les quatre variantes de la commande Modifier. Chacune possède une boîte de dialogue à un seul paramètre :

- **Cadre :** Reléguée dans le sous-menu Modifier, la commande Cadre crée un second contour de sélection autour de celui que vous venez de réaliser.

La sélection est la zone entre les deux contours. Cette commande est disponible pour tous les types de sélection, y compris Tout sélectionner. Mais, si toute l'image est sélectionnée, le cadre est – forcément – formé à l'intérieur.

- **Lisser :** Il arrive qu'après avoir cliqué avec la Baguette Magique d'innombrables petites zones de un ou deux pixels se trouvent hors du contour de sélection. Ces pixels auraient normalement dû être sélectionnés, mais ils sont probablement tout juste hors de la Tolérance. Utilisez la commande Lisser pour intégrer ces pixels vagabonds dans la sélection. Elle élimine aussi l'effet d'escalier autour de la sélection.
- **Dilater** : Cette commande agrandit la sélection du nombre de pixels spécifié. Les angles vifs sont arrondis. Cet effet peut être corrigé en convertissant la sélection en tracé qui est ensuite dimensionné puis reconverti en sélection. Les tracés sont expliqués au Chapitre 11.
- **Contracter :** Cette commande rétrécit la sélection du nombre de pixels spécifié.
- **Contour progressif :** Décrit précédemment dans ce chapitre, le contour progressif adoucit les bords d'une sélection. Quand vous copiez et collez une sélection, ou quand vous déplacez une sélection à l'intérieur de l'image, un contour progressif de un ou deux pixels est recommandé. Cette commande est utilisable avec tous les types de sélection, excepté Tout sélectionner.

En bas du menu Sélection, se trouvent les commandes Etendre et Généraliser, des équivalents de la case Pixels contigus cochée et non cochée, dans le panneau d'options de la Baguette magique. Etendre ajoute à la sélection tous les pixels adjacents de la couleur appropriée ; Similaire recherche et sélectionne dans l'image les pixels de couleur similaire. Utilisez ces fonctions de préférence lorsque la sélection initiale contient principalement une seule couleur. Si elle en contient trop, ces commandes ont tendance à sélectionner la totalité de l'image.

Transformer une forme en sélection

Vous vous rendrez vite compte que les capacités des outils de sélection ne répondent pas toujours à vos besoins. Par exemple, l'Ellipse de sélection est certes capable de former des ovales, mais ces derniers sont toujours verticaux ou horizontaux. Comment ferez-vous alors pour effectuer une sélection inclinée ? C'est là que la commande Sélection/Transformer la sélection entre en jeu. Tracez une sélection initiale, choisissez la commande Transformer la sélection, puis déformez le contour de sélection selon les nécessités, comme à la Figure 8.14.

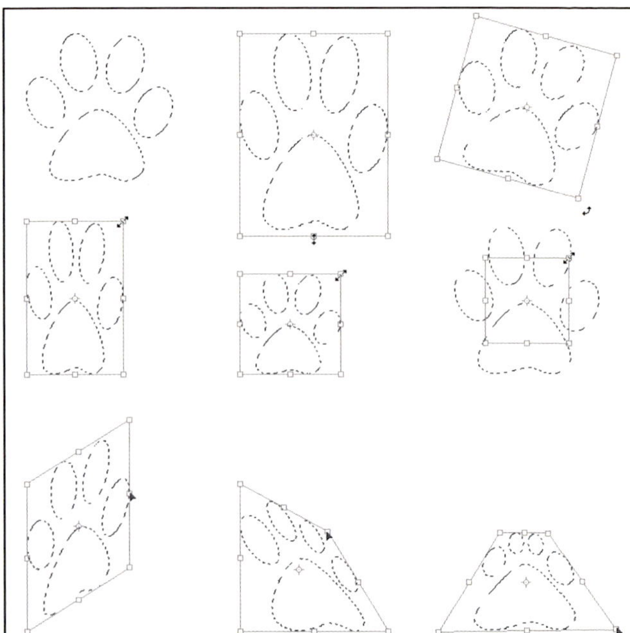

Figure 8.14 : Différentes transformations d'un contour de sélection.

Voici quelques explications sur ce que montre la Figure 8.14 :

- **En haut à gauche :** La sélection originale (*NdT* : Effectuée avec l'outil Forme personnalisée/ Empreinte de chat).
- **En haut au milieu :** Cliquez sur un point d'ancrage latéral et tirez-le pour modifier la largeur ou la hauteur de la sélection.
- **En haut à droite :** Placez le pointeur hors du contour et tirez-le pour pivoter la sélection.
- **Au milieu à gauche** : Tirez le contour par un point d'ancrage d'angle pour modifier simultanément la largeur et la hauteur de la sélection.
- **Au milieu :** Tirez le contour par un point d'ancrage d'angle, touche Majuscule enfoncée, pour modifier simultanément la largeur et la hauteur de la sélection tout en conservant les proportions.
- **Au milieu à droite** : Tirez le contour par un point d'ancrage d'angle, touche Option/Alt enfoncée, pour redimensionner l'image autour du réticule central, qui reste à sa position. Il peut cependant être décentré, voire placé hors du contour – cela est aussi possible avec les autres manipulations –, afin de transformer la sélection d'une autre manière.
- **En bas à gauche :** La touche ⌘/Ctrl enfoncée, tirez sur un point d'ancrage latéral pour incliner la sélection.
- **En bas au milieu :** La touche ⌘/Ctrl enfoncée, tirez sur un point d'ancrage d'angle pour déformer la sélection.
- **En bas à droite :** En déplaçant deux ou quatre points d'ancrage d'angle, touche ⌘/Ctrl enfoncée, il est possible de créer un effet de perspective. Par exemple, en faisant se succéder, par des copier-coller, une série de sélections remplies de couleur et ainsi déformées, nous pourrions donner l'impression qu'un chat s'est éloigné en laissant ses empreintes.

Les commandes de sélection liées aux masques

Les deux dernières commandes du menu Sélection servent à stocker des sélections afin de les réutiliser ultérieurement et à les rappeler. Quand vous mémorisez une sélection, vous créez une couche alpha dans l'image, c'est-à-dire une représentation en niveaux de gris de l'image. Les parties blanches de la couche alpha correspondent aux parties sélectionnées lorsque la couche alpha est chargée comme sélection. Les parties noires correspondent aux parties non sélectionnées. Les parties grises représentent des contours progressifs ou d'autres pixels partiellement sélectionnés.

Ce qu'il y a sous le masque

Dans Photoshop, un masque est une couche – présente dans le panneau Couches – qui stocke des informations à propos de la visibilité d'un calque. En fait, quand il est question de sélections enregistrées comme masques, c'est de couche alpha qu'il s'agit. Chaque fois que vous réalisez laborieusement une sélection complexe, ne manquez pas de l'enregistrer en tant que couche alpha, pour le cas où… Mais qu'appelle-t-on complexe ? Cela dépend du temps. Toute opération qui exige plus d'une ou deux minutes devrait être enregistrée. Et qu'entend-on par "pour le cas où" ? La probabilité d'avoir à travailler de nouveau sur l'image ultérieurement, mais aussi un blocage de Photoshop ou un plantage de l'ordinateur. Enregistrez la sélection, juste pour le cas où…

Mémoriser et récupérer des sélections

La création d'une couche alpha à partir d'une sélection est aussi simple que choisir la commande Sélection/ Mémoriser la sélection, puis nommer cette nouvelle couche. Si plusieurs documents sont ouverts dans

Photoshop, et à la condition expresse qu'ils aient tous une même dimension en pixels, n'importe lequel d'entre eux peut être sélectionné pour la nouvelle couche. Si vous avez d'ores et déjà mémorisé une sélection en tant que couche alpha, vous pouvez faire en sorte que deux sélections interagissent dans une seule couche. Comme le montre la Figure 8.15, les options de la zone Résultat sont calquées sur celles de la barre d'options des outils de sélection : la couche peut remplacer celle qui existait, s'y ajouter, s'y soustraire ou encore se limiter aux parties communes.

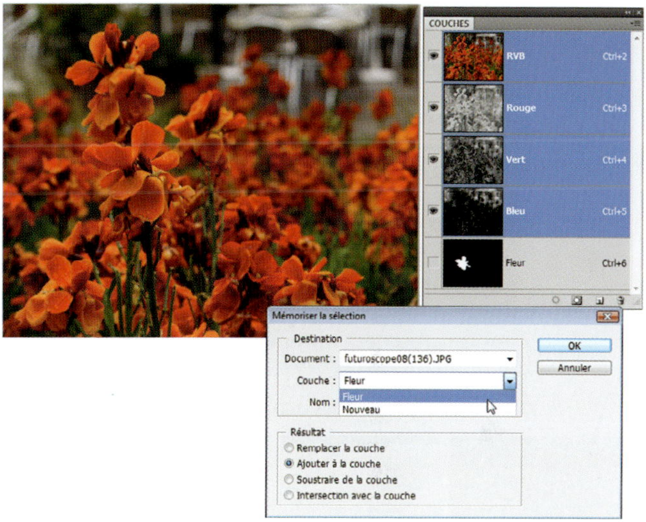

Figure 8.15 : Si une couche alpha a déjà été créée, la nouvelle sélection peut la modifier.

Si vous avez besoin de travailler avec une sélection mémorisée, choisissez Sélection/Récupérer la sélection ou, touche ⌘/Ctrl enfoncée, cliquez dans la vignette de la couche, dans le panneau Couches.

La boîte de dialogue Récupérer la sélection contient les mêmes fonctions que pour la mémorisation : quand vous chargez une sélection, vous pouvez l'ajouter à celle qui existe, la soustraire de celle qui existe ou ne conserver que la partie commune. La sélection peut aussi être intervertie en cochant la case Inverser. Le résultat est le même qu'avec Sélection/Intervertir, mais en plus rapide.

Modifier une couche alpha

A l'instar des couches chromatiques, les couches alpha sont des représentations en niveaux de gris. C'est en tant que telles que vous les modifierez. Cliquez sur une couche, dans le panneau Couches, pour l'activer et la rendre visible. Vous voyez dans la fenêtre une représentation en niveaux de gris – en noir et blanc, si vous préférez – de la sélection mémorisée. Pour voir l'image tout en travaillant sur la couche, cliquez dans la colonne, celle avec l'œil, située à gauche de la couche composite RVB ou CMJN. La couche alpha apparaît sous la forme d'un film rouge (*NdT* : Les photograveurs reconnaîtront l'analogie avec le film inactinique Rubylith) qui recouvre l'image. La Figure 8.16 montre l'image quand seule la couche alpha est affichée (en haut), et la même quand la couche composite RVB est activée. Remarquez les icônes de visibilité en forme d'œil, dans le panneau Calques.

Figure 8.16 : Une couche alpha peut être affichée seule (en haut) ou avec un film rouge (en bas).

Voici ce que vous pouvez effectuer sur une couche alpha :

- **La rendre floue.** Rendre une couche alpha floue avec une des commandes Filtre/Atténuation équivaut à créer une sélection à contour progressif : les bords sont estompés. La grande différence est que le flou peut être prévisualisé, ce qui est plus efficace que de deviner ce que donnera la commande Contour progressif.
- **Rendre la couche alpha plus nette.** Appliquer la commande Filtre/Renforcement rend les bords plus nets et mieux définis.
- **Peindre dans la couche alpha.** Peindre en noir, en blanc ou en gris dans une couche alpha, avec l'outil Pinceau, modifie la sélection. Peindre avec du blanc ajoute des zones à la sélection, peindre avec du noir en ôte, et peindre avec du gris sélectionne partiellement des parties de l'image. Une couche alpha peut être modifiée très précisément avec l'outil Pinceau, ce qui permet d'éliminer des pixels erratiques, et aussi de créer des bords d'une très grande finesse.
- **Appliquer la commande Courbes ou Niveaux.** Si la sélection est à contour progressif, ou si elle comporte des zones partiellement sélectionnées (en gris), vous pouvez intervenir dessus avec les commandes Niveaux ou Courbes du menu Image/Réglages. Le réglage avec Niveaux est particulièrement approprié pour contrôler le contour progressif sur les bords.
- **Appliquer un ou plusieurs filtres.** Appliquez des filtres artistiques à une sélection mémorisée pour créer des effets spéciaux comme des bordures et des cadres.

Le mode Masque

Vous avez décidé de sélectionner, de mémoriser cette sélection comme couche alpha, de cliquer sur l'icône en forme d'œil afin que la couche composite RVB soit visible, et voir ainsi sur quoi vous travaillez, de peindre et d'appliquer des filtres dans la couche alpha, d'activer la couche RVB, de récupérer la couche alpha comme sélection et, bien sûr, de tenter de faire preuve de créativité. Eh bien ! N'y aurait-il pas un moyen plus simple de procéder ?

Dans Photoshop, en mode Masque, vous effectuez une sélection de base, vous appuyez sur la touche Q pour activer le mode Masque, vous modifiez les bords de la sélection comme si c'était une couche alpha, et vous appuyez de nouveau sur Q. Il n'est pas même nécessaire de sélectionner : en mode Masque, un film rouge recouvre l'image, semblable à celui qui apparaît lorsque la couche composite RVB est visible, comme nous l'avons vu à la Figure 8.16. Peignez, appliquez des réglages et des filtres ou faites des sélections : tout ce qui peut être fait sur une image à niveaux de gris peut l'être aussi sur le film rouge du mode Masque.

TRUC

Si vous êtes plus à l'aise avec l'outil Pinceau qu'avec le Lasso, vous préférerez faire vos sélections en mode Masque. Il vous sera en effet plus facile et plus rapide de "peindre" une sélection que de promener le lasso autour de la zone à sélectionner, ou de recourir à une commande de sélection. Activez le mode Masque, peignez dans le masque, puis quittez le mode Masque : la sélection est aussitôt créée. Vous pouvez aussi passer du mode normal au mode Masque et inversement, en cliquant sur l'un des deux boutons dans la Boîte à outils, juste sous les indicateurs de couleur. Double-cliquer sur l'un d'eux affiche la boîte de dialogue Options de masque que montre la Figure 8.17. Le comportement du film peut être inversé afin qu'il montre les parties sélectionnées plutôt que non sélectionnées, et la couleur du film peut être modifiée. Retournez à la Figure 8.13 pour comprendre combien il est difficile de discerner les bords des fleurs orange par rapport au film rouge.

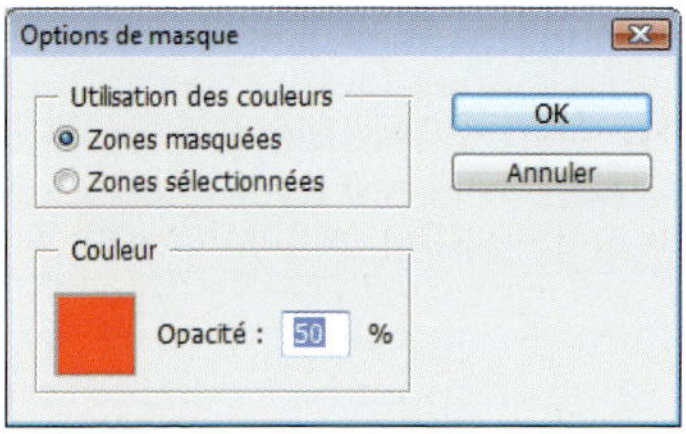

Figure 8.17 : L'opacité et la couleur du mode Masque sont réglables.

N'OUBLIEZ PAS

Par défaut, vous peignez en noir, en mode Masque, pour définir les zones à ne pas sélectionner, en blanc pour définir les zones sélectionnées, et en gris pour définir des zones partiellement sélectionnées.

Ajouter des masques à des calques et à des objets dynamiques

Lorsqu'une image comporte plusieurs calques, comme nous le verrons au Chapitre 10, ces derniers peuvent être partiellement masqués grâce à des masques de fusion. Les masques de fusion et les couches de fusion ont de nombreux points communs : les masques de fusion sont eux aussi des sélections mémorisées et, à l'instar des couches, vous pouvez peindre dessus, leur appliquer des réglages et des filtres, etc. Gardez simplement à l'esprit qu'un masque de fusion n'apparaît dans le panneau Couches que lorsque vous sélectionnez son calque dans le panneau Calques. Dans ce dernier, la vignette du masque de fusion est affichée à droite du panneau du calque. Pour modifier un masque de fusion, cliquez sur la vignette dans le panneau Calques, puis retouchez-le comme vous le feriez d'une couche alpha. N'oubliez pas de cliquer ensuite sur la vignette du calque afin de le réactiver.

Le moyen le plus facile d'ajouter un masque de fusion consiste à sélectionner, dans un calque, les pixels qui doivent rester visibles, puis à cliquer sur le bouton Ajouter un masque de fusion, en bas du panneau Calques. Vous pouvez aussi faire une sélection, puis choisir Calque/Ajouter un masque de fusion/Faire apparaître la sélection ou Calque/Ajouter un masque de fusion/ Masquer la sélection. Ce sous-menu contient des options Tout faire apparaître et Tout masquer, de même que des commandes permettant de désactiver (masquer) ou supprimer le masque de fusion.

N'OUBLIEZ PAS

Dans le panneau Calques, un calque nommé *Arrière-plan* (en italique) ne peut pas contenir de parties transparentes. C'est pourquoi il est impossible de lui ajouter un masque de fusion. Mais ce n'est pas un problème : double-cliquez sur le nom du calque et acceptez ou modifiez le nouveau nom qui est proposé, Calque 0 en l'occurrence. Renommer le calque d'arrière-plan le convertit en calque conventionnel qui acceptera le masque de fusion.

CS4

Dans le panneau Calques, un masque de fusion est lié à son calque : si vous déplacez le calque dans le panneau, le masque de fusion suit. La nouveauté de CS4 est qu'un masque est automatiquement lié à un objet dynamique. Vous pouvez très facilement rompre ce lien en cliquant sur l'icône en forme de chaînon visible entre les vignettes, et rétablir cette liaison en cliquant dans l'espace vide entre les vignettes.

Les masques de fusion à tracés vectoriels

Un calque ou un objet dynamique peut aussi être masqué à l'aide d'un tracé vectoriel (les tracés sont expliqués au Chapitre 11). Un *tracé vectoriel* se caractérise par des bords très précis, qui peuvent être modifiés à l'aide de l'outil Sélection directe. Un calque (autre que d'arrière-plan) peut recevoir à la fois un masque de fusion basé sur des pixels et un masque vectoriel. Pour qu'ils apparaissent dans le graphisme, les pixels d'un calque doivent se trouver à la fois dans le masque de fusion et dans le masque vectoriel. Quand un calque possède ces deux types de masques, la vignette du masque vectoriel se trouve à droite, dans le panneau Calques.

9

Les problèmes courants et leur solution

Dans ce chapitre :

- Améliorer les portraits.
- Atténuer le bruit dans une image.
- Améliorer les photos prises en extérieur.

Vous prenez parfois des photos parfaites de gens qui ne sont pas parfaits, et parfois des photos imparfaites de gens… imparfaits (même un *top model* a parfois besoin d'une petite intervention dans Photoshop). Bien que l'absolue reproduction de la réalité soit le but de certains artistes et de la plupart des photojournalistes, les personnes photographiées aiment bien l'être à leur avantage. Dans ce chapitre, vous découvrirez quelques techniques de base susceptibles de corriger bon nombre des problèmes que vous rencontrerez en tant que photographe.

Devenir plus beau

Il existe bien des manières d'améliorer des images avec Photoshop. Les techniques les plus appréciées sont celles qui corrigent les petites imperfections du sujet (celles de leur apparence, pas leurs mauvaises habitudes). Qu'il s'agisse d'un portrait posé ou d'un instantané, les sujets gagnent toujours à être un peu retouchés.

TRUC

Bien que la plupart des sujets puissent théoriquement être embellis et devenir séduisants dans Photoshop – c'est Quasimodo, La Bête et Elephant Man qui vont être contents –, rappelez-vous qu'il faut néanmoins conserver un juste équilibre entre "améliorer" et "respecter la réalité". Travaillez toujours sur une copie de l'image. Je recommande aussi d'enregistrer des exemplaires séparés à différents stades de la retouche. Car un client peut fort bien demander un blanchiment des dents, puis revenir sur cette décision.

T'as de beaux yeux tu sais

Quand un sujet regarde vers l'appareil photo au moment où le flash se déclenche, il en résulte souvent un hideux effet yeux rouges, car la lumière est réfléchie par le réseau de vaisseaux sanguins de la rétine. L'outil Œil rouge permet de corriger ce phénomène. Zoomez sur un œil, puis cliquez une seule fois dedans pour faire disparaître l'affreuse coloration et obtenir un rendu naturel de l'œil. Comme le révèle la Figure 9.1, les paramètres par défaut sont efficaces, même quand le phénomène est très marqué.

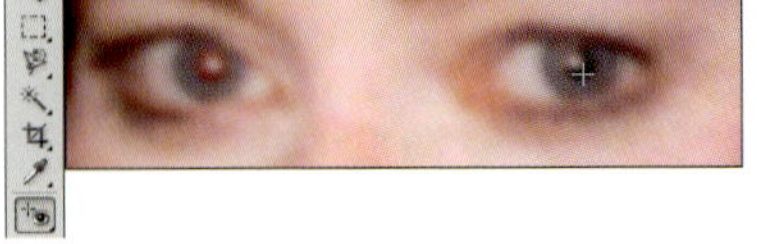

Figure 9.1 : Cliquez avec l'outil Œil rouge pour obtenir un regard naturel.

L'outil Œil rouge ne corrige pas l'effet "yeux verts" d'un animal qui a été flashé (Figure 9.2). Pour cela, vous devrez utiliser l'outil Pinceau. Définissez une couleur de premier plan noire. Dans la barre d'options, sélectionnez le mode de fusion Luminosité et mettez l'opacité à environ 50 %. Le diamètre du pinceau doit être légèrement supérieur à la pupille, et la Dureté à environ 75 %. Cliquez une seule fois et évaluez le résultat. Au besoin, réduisez l'Opacité à 20 %.

TRUC

Voici une autre technique pour corriger les yeux rouges ou verts : l'outil Eponge en mode Désaturer suivi de l'application de l'outil Densité + (dans la barre d'options) rectifient très bien un effet yeux rouges pas trop accentué.

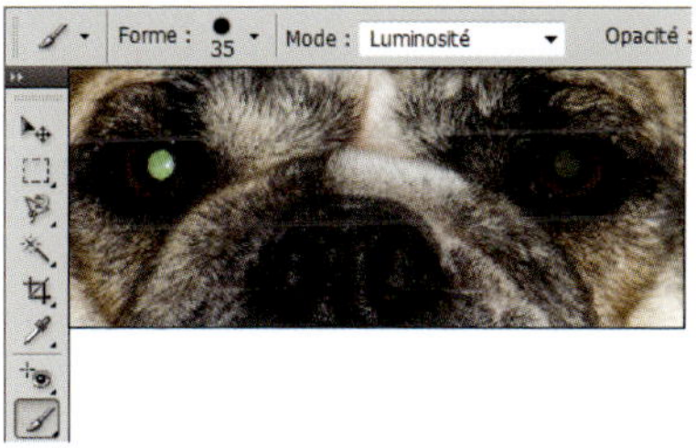

Figure 9.2 : Si l'outil Œil rouge n'est pas approprié, essayez avec l'outil Pinceau.

La fontaine de Jouvence numérique

Les outils Correcteur et Pièce copient tous deux la texture d'une zone vers une autre. Vous pouvez ainsi recopier de la peau bien lisse sur une partie ridée, puis atténuer les rides tout en conservant les tons et les couleurs généraux. Pour travailler avec le Correcteur, cliquez, touche Option/Alt enfoncée, dans la partie à prélever, puis cliquez et tirez dans la partie à corriger. Si la case Aligné est cochée, dans la barre d'options, la relation entre le point source et le point de correction est maintenue : quels que soient les mouvements du curseur, le point source reste à la même distance, dans la même direction.

Mais, pour retoucher un visage, il sera sans doute plus commode de décocher la case Aligné. Ainsi, chaque fois que vous relâcherez le bouton de la souris et retoucherez ailleurs, le point source restera inchangé.

Pour utiliser l'outil Pièce, sélectionnez d'abord une zone, activez l'outil Correcteur puis déplacez la sélection. Selon l'option Rapiécer, dans la barre d'options, vous pouvez sélectionner et tirer une partie endommagée vers une partie correcte (option Source), ou sélectionner et tirer une partie saine vers la partie à corriger (option Destination). Les outils Correcteur et Pièce peuvent tous deux appliquer un motif prédéfini. C'est commode pour ajouter une texture inexistante dans l'image.

A l'instar de l'outil Correcteur, vous activez l'outil Tampon de duplication, puis vous cliquez, touche Option/Alt enfoncée, pour définir la zone que vous copierez là où vous promènerez le curseur. Tandis que le Correcteur recopie la texture, l'outil Tampon de duplication recopie des pixels qui remplacent ceux présents dans la zone retouchée. L'effet exact dépend toutefois grandement du mode de fusion et de l'opacité définis dans la barre d'options. Le Tampon de duplication comporte lui aussi une case Aligné. La Figure 9.3 compare une atténuation de rides effectuée avec l'outil Correcteur et la même opération esthétique réalisée avec le Tampon de duplication avec un mode de fusion Normal et l'Opacité à 100 %. A vrai dire, il vaut mieux réduire l'opacité lorsque vous retouchez la peau, et choisir comme source une partie où le grain de la peau, sa couleur et son éclairage sont pareils que la partie corrigée.

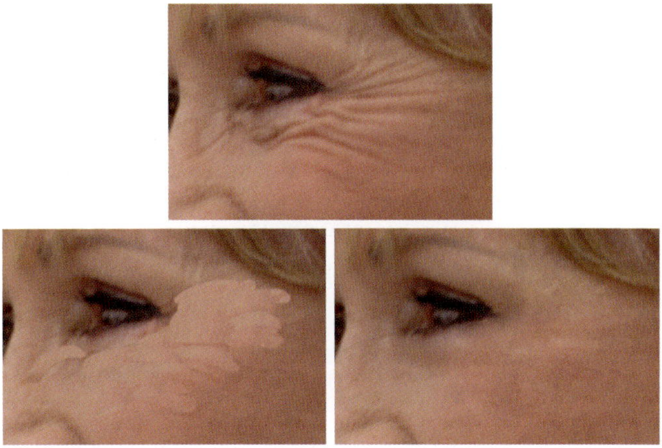

Figure 9.3 : Pour atténuer des rides, utilisez plutôt l'outil Correcteur (en bas à droite) que le Tampon de duplication (en bas à gauche).

Le régime amaigrissant numérique

Vous pourriez sans doute utiliser l'outil Tampon de duplication pour réduire un peu de ventre à la taille ou redonner sa ligne à un bras, mais il sera plus facile – et beaucoup plus naturel – de sélectionner la partie disgracieuse et de pivoter la partie renflée vers l'intérieur, comme le montre la Figure 9.4. Bien que le sujet ne ressemble pas encore au Bibendum Michelin, le bourrelet qui dépasse de la jupe n'est guère flatteur. Sélectionnez-le avec le Lasso en incluant un peu de l'arrière-plan et un peu de la peau (ou du vêtement, le cas échéant). Copiez la sélection sur un calque autonome en appuyant sur ⌘ + J/Ctrl + J. Appuyez sur ⌘ + T/Ctrl + T afin d'activer la commande Transformation manuelle (ou choisissez Edition/Transformation/Rotation). Tirez le point de pivot qui se trouve au centre du cadre de délimitation, et placez-le légèrement à l'extérieur. Tirez ensuite à proximité pour pivoter la transformation. Dès que l'effet paraît satisfaisant, appuyez sur Entrée pour valider la transformation. Ensuite, appuyez sur ⌘ + E/Ctrl + E pour fusionner les calques. (Si l'arrière-plan est complexe, vous devrez le retoucher avec l'outil Tampon de duplication.)

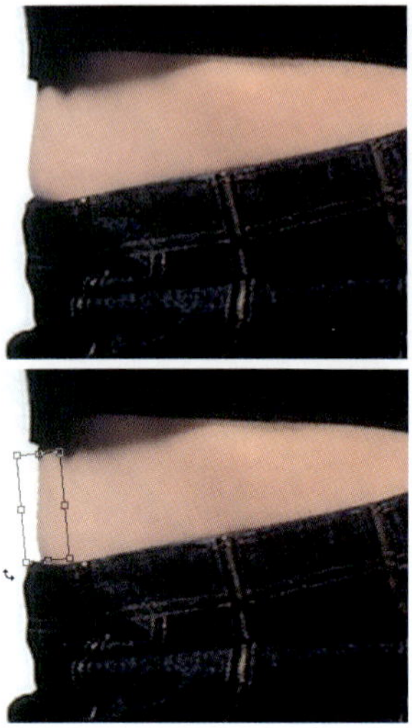

Figure 9.4 : Pivotez la sélection pour retrouver la ligne.

Un double menton doit plutôt être minimisé qu'effacé, car plaquer de la peau provenant du cou, sous le visage, ne paraît pas très naturel. Vous réduirez le double menton à l'aide de la technique par rotation évoquée précédemment, puis vous assombrirez l'excès de chair avec l'outil Densité +. Cette partie semblera être une zone d'ombre sous le visage (voir Figure 9.5). Utilisez éventuellement l'outil Densité - pour masquer les plis du double menton. Redéfinissez le profil du menton en gardant à l'esprit que le résultat doit non seulement paraître naturel, mais aussi convenir au client.

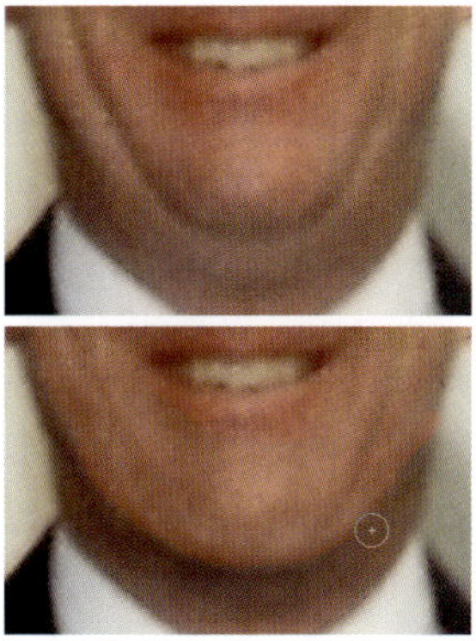

Figure 9.5 : Les outils Densité - et Densité + sont capables de réduire un double menton.

Vous pouvez aussi recourir à la fonction Filtre/Fluidité pour repousser, tirer, tordre, contracter, dilater et déformer une image de bien d'autres façons. Rien ne vaut cet outil lorsqu'il s'agit de modifier un visage. La Figure 9.6 montre son efficacité pour rectifier un tour de taille un peu négligé. Une petite retouche avec les outils Densité - et Densité + éliminera les plis de la chemise.

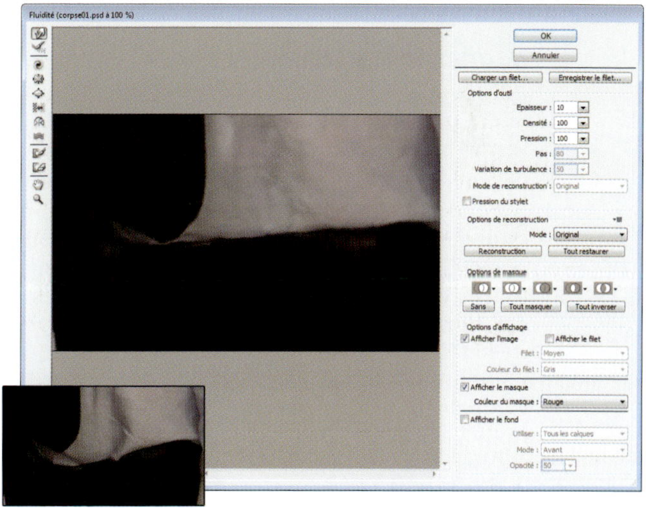

Figure 9.6 : Le filtre Fluidité est parfait pour rhabiller les gens négligés.

Le traitement antireflet des verres de lunettes

Photographier un sujet qui porte des lunettes pose toujours des problèmes de prise de vue. Les réflexions se manifestent souvent sous la forme de reflets spéculaires, c'est-à-dire, sur la photo, de zones blanches complètement dépourvues de détails. Pour mesurer les réflexions sur l'image, ouvrez le panneau Infos et déplacez le pointeur dessus. Si les valeurs RVB ne varient pas, vous devriez pouvoir restaurer cette zone avec l'outil Densité +.

Si le panneau Informations indique des valeurs 255/255/255 ou très proches, cette zone n'a pas de détails. Utilisez le Tampon de duplication pour la recouvrir avec des détails provenant d'une autre partie de l'image, voire d'une autre image (le Tampon de duplication est en effet capable de prélever des pixels dans une image tout en les recopiant dans une autre). Au pire, vous devrez recopier des pixels à partir d'une autre photo de la même personne. Si possible, pour un portrait posé, prenez une seconde photo du sujet sans les lunettes.

Blanchir les dents

Les dents ne sont généralement pas d'une blancheur naturelle absolue. Elles sont souvent légèrement ivoire ou jaunes, mais cette teinte ne doit pas être trop appuyée. Utilisez l'outil Densité - pour éclaircir les dents. Dans la barre d'options, sélectionnez la gamme Tons moyens (surtout pas Tons clairs), avec une Exposition de 30 % pour les incisives et les canines. Activez ensuite Tons foncés et éclaircissez les molaires. N'en faites pas trop car, hormis les vedettes d'Hollywood et les présentateurs de la télé, les dents du commun des mortels ne sont pas toutes blanches. La Figure 9.7 montre une dentition normale, une dentition améliorée et une dentition hollywoodienne. Quoi qu'il en soit, respectez la demande du client.

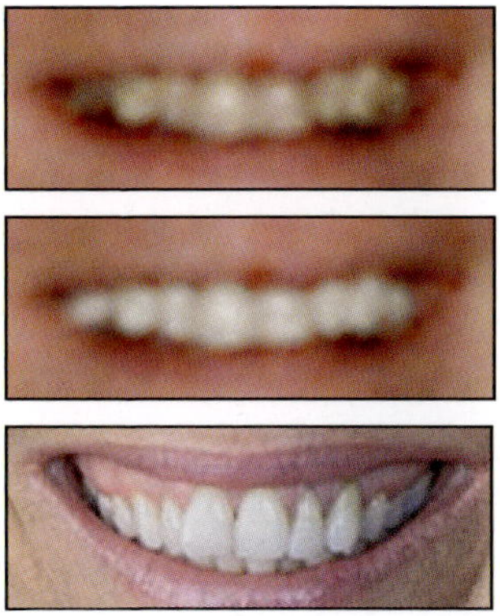

Figure 9.7 : Café, cigarette et couronne dentaire, correction avec l'outil Densité + et sourire commercial.

Réduire le bruit

Si la sensibilité de votre appareil photo est réglable, le bruit peut être minimisé en choisissant une valeur ISO faible, ce qui équivaut, en photo argentique, à utiliser un film peu sensible. Ce n'est certes pas recommandé pour la photo d'action, mais pour du paysage, vous pourrez caler l'appareil sur un trépied.

L'atténuation du bruit numérique

Dans votre lutte contre le bruit (hélas ! pas celui de la rue), Photoshop CS4 propose un outil auquel vous accédez via le menu Filtre/Bruit. Comme le montre la Figure 9.8, il parvient à réduire efficacement les pixels aléatoires rouges, verts et bleus tout en préservant des détails dans l'image.

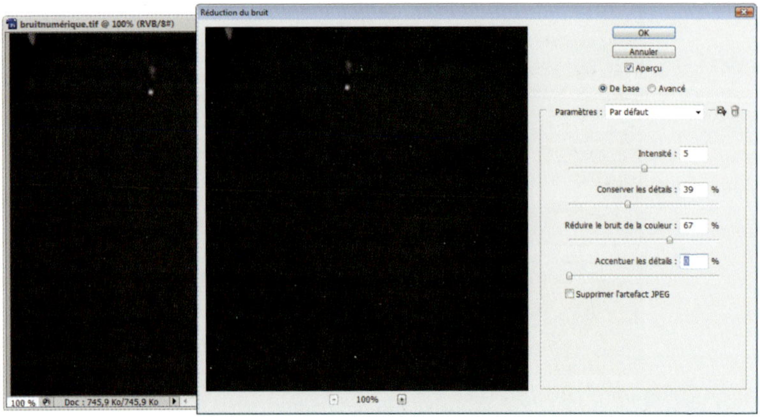

Figure 9.8 : Le filtre Réduction du bruit préserve la netteté de l'image tout en éliminant le bruit parasite.

Remarquez la présence, dans le filtre Réduction du bruit, d'une option Supprimer l'artefact JPEG. Quand vous enregistrez un fichier au format JPEG, vous faites un compromis entre la qualité de l'image et son taux de compression. Plus le fichier est compact, plus la compression risque d'abîmer l'image. Les dommages se manifestent sous la forme de pixels modifiés à l'intérieur de blocs carrés de huit pixels de côté.

La commande Remplacement de couleur est elle aussi très commode pour réduire le bruit, notamment dans les zones où la couleur est plutôt uniforme. La touche Option/Alt enfoncée, cliquez dans la zone afin de définir la couleur de premier plan, puis peignez par-dessus le bruit numérique. Au fur et à mesure que vous vous déplacez dans l'image, cliquez de nouveau, touche Option/Alt enfoncée, pour définir la nouvelle couleur de premier plan.

Eliminer le bruit de luminance

Outre le bruit bleu, vert ou rouge, vous risquez d'être confronté à un bruit de luminance. Il se traduit par des pixels clairs ou foncés dispersés dans l'image qui donnent à cette dernière un aspect granuleux. Le filtre Flou de surface est capable de le réduire, mais vous le contrôlerez mieux en choisissant Filtre/Flou optimisé. Contrairement au Flou de surface, le Flou optimisé permet d'entrer une valeur de Rayon et de Seuil fractionnaire (voir Figure 9.9). Parfois, un réglage à 1,5 pixel au lieu de 2 fait la différence qui sauvera les petits détails de l'image.

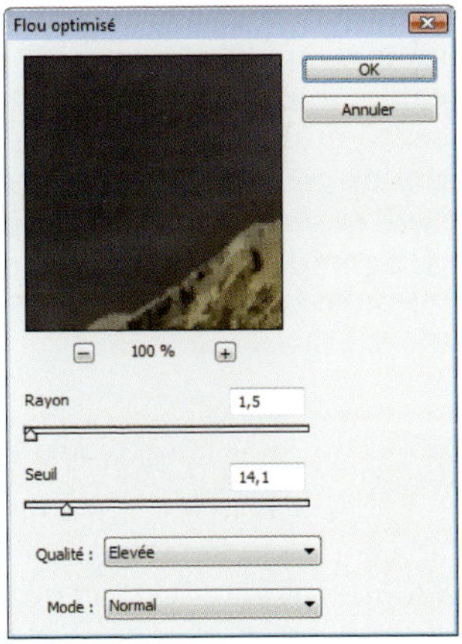

Figure 9.9 : Le filtre Flou optimisé est un bon choix pour réduire le bruit de luminance.

S'arranger de mère nature

Parfois, une photo serait parfaite si un élément indésirable (pylône électrique, poteau téléphonique, immeuble, personnage...) ne troublait pas la composition. Parfois aussi l'angle de prise de vue produit un effet de perspective inesthétique. Photoshop est fort heureusement équipé de tout ce qu'il faut pour couper et coller dans une image, et même pour rectifier sa perspective.

Ôter le superflu

Le moyen le plus radical d'éliminer ce qui est en trop est de recadrer l'image, c'est-à-dire couper ce qui ne lui apporte rien. Cette technique est envisageable si l'élément à supprimer se trouve au bord de l'image et si le recadrage ne compromet pas la composition. Mais, s'il faut recouvrir l'élément indésirable plutôt que le couper, vous devrez recourir au copier-coller et à la duplication.

Vous utiliserez notamment l'outil Tampon de duplication en zoomant afin de travailler avec précision. Choisissez Fenêtre/Réorganiser/Nouvelle fenêtre pour [nom de fichier], puis affichez la copie de l'image à 100 % afin de visualiser vos interventions en temps réel. J'aime bien aussi conserver une copie du fichier comme référence. Pour ce faire, choisissez la commande Image/Dupliquer, ou cliquez sur le bouton de gauche, en bas du panneau Historique. La Figure 9.10 montre l'image originale (en haut à gauche), l'image agrandie (en bas) et une copie retouchée (en haut à droite). Le panneau Navigation montre la partie cadrée par le zoom.

Figure 9.10 : Utilisez le Tampon de duplication pour éliminer un élément indésirable.

Voici quelques conseils pour travailler efficacement avec l'outil Tampon de duplication :

- **Travaillez dans un calque séparé.** Avant de recopier, cliquez sur le bouton Créer un calque, en bas du panneau Calques, puis, dans la liste Echantillonner de la barre d'options, choisissez Tous les calques. En recopiant dans un nouveau calque, vous vous protégez d'une erreur irréversible ; il est en effet toujours possible d'effacer une partie du calque supérieur, et vous pouvez le masquer et l'afficher pour contrôler votre travail. Si l'image comporte d'ores et déjà de nombreux calques et que vous désirez ne recopier qu'à partir d'un seul, masquez tous les autres en cliquant sur leur icône en forme d'œil, dans la colonne de gauche de la palette.
- **Si la couleur ou le motif est uniforme, dupliquez à proximité.** Par exemple, pour éliminer un pylône électrique sur un beau ciel bleu, prélevez les pixels juste au-dessus ou juste en dessous des lignes afin que les couleurs s'intègrent au mieux. Pour un travail délicat, ou si le sujet est de grande taille, dupliquez par moitié : une fois d'un côté, une fois de l'autre.
- **Pour éviter des motifs répétitifs, dupliquez loin.** Dans la Figure 9.10, j'ai dupliqué par-dessus la poignée du vélo en prélevant des pixels de divers endroits éloignés, et non les rochers et fleurs voisins, afin que la réplication ne soit pas reconnaissable. Il faut cependant veiller à prélever dans des endroits qui sont approximativement à la même distance, sur le terrain, que l'endroit retouché. Autrement, si vous recopiez des lointains sur un premier plan, la disparité des échelles faussera la retouche.

- **Pour recopier des zones ou des objets, cochez la case Aligné.** Dans la Figure 9.10, j'ai recopié des blocs de fleurs sauvages, d'herbe et de rochers. La case Aligné cochée, la relation entre le point source et le point où j'ai recopié est restée inchangée lorsque j'ai relâché le bouton de la souris. Pour choisir un nouveau point de prélèvement, j'ai maintenu la touche Option/Alt enfoncée tout en cliquant.
- **Pour répéter un motif ou une texture, la case Aligné doit être décochée.** Si un objet, une texture ou un motif doit être répété dans plusieurs zones, la case Aligné ne doit pas être cochée. Chaque fois que vous relâchez le bouton de la souris, le point source retourne à l'emplacement exact où vous avez cliqué, touche Option/Alt enfoncée. Une même partie de l'image peut ainsi être copiée dans différentes parties.
- **Variez l'opacité et le mode de fusion de l'outil.** En règle générale, pour masquer un élément dans l'image, vous utiliserez le mode Normal avec une opacité de 100 %. Il est cependant possible de dupliquer avec d'autres modes de fusion, et une opacité moindre afin que la zone de destination se devine encore sous la partie copiée.
- **Réglez la forme du tampon à la volée.** Appuyer sur les touches "<" ou "$" (Mac), ou sur les touches "virgule" et "deux-points" (Windows), réduit ou augmente le diamètre de la forme.
- **Vérifiez la dureté et le pas de la forme.** Pour que la duplication soit discrète, réduisez le paramètre Dureté de la forme à environ 25 %, ce qui permet aux bords de mieux fusionner. Il arrivera parfois que la recopie nécessite un bord plus net, mais la dureté sera rarement supérieure à 90 %. Dans le panneau Formes complet, je règle généralement le Pas – à la zone Forme de la pointe – à 1 % afin qu'en peignant le bord soit aussi lisse que possible.

L'outil Correcteur de tons directs fonctionne à peu près comme le Correcteur, en reportant et remplaçant la texture. Mais, au lieu de désigner un point source en cliquant, touche Option/Alt enfoncée, le Correcteur de tons directs échantillonne dans les proches environs, ce qui est parfait pour retoucher de petites irrégularités locales plutôt que de transférer une texture. Dans la Figure 9.10, il sera idéal pour les petites fleurs et les rochers, mais pas pour éliminer le guidon de vélo ou le ruminant.

Un travail d'envergure nécessite parfois les grands moyens, comme la duplication de calques et de masques de fusion. Examinez la Figure 9.11. En haut à gauche, se trouve la photo "avant" ; en bas à droite, la photo "après" : le personnage en anorak rouge a disparu.

Figure 9.11 : Un nouveau calque avec un masque de fusion et hop ! un personnage de moins !

Voici les étapes pour en faire autant :

1. **Décidez de ce qui doit disparaître et comment s'y prendre.**

   Ici, la présence du personnage n'est plus souhaitable dans le groupe (il y a un homme de trop pour toutes ces filles). Le meilleur moyen de l'éliminer consiste à déplacer les deux jeunes filles de droite vers la gauche.

2. **Sélectionnez la partie qui servira à couvrir le personnage.**

   J'ai défini un grand rectangle de sélection englobant tout ce qui se trouve à droite du personnage.

3. **Copiez dans un nouveau calque.**

   J'ai utilisé le raccourci clavier ⌘ + J/Ctrl + J pour copier la sélection dans un nouveau calque.

4. **Positionnez le nouveau calque.**

   Il a été décalé avec l'outil Déplacement de manière à recouvrir la partie de l'image à ne plus voir.

5. **Ajoutez un masque de fusion.**

   Cliquez sur le bouton Ajouter un masque de fusion, en bas du panneau Calques, puis peignez en noir dans le masque afin de cacher des parties du calque supérieur. Comme vous le constatez en bas à gauche dans la Figure 9.11, le calque supérieur couvre les parties du calque inférieur qui doivent être visibles (la tête de l'homme), produisant une ombre qui n'est pas naturelle. Dans l'image en bas au milieu, le masque de fusion révèle un maximum du calque situé en dessous, ne permettant au calque supérieur d'être visible que là où c'est nécessaire pour que les deux jeunes filles et leurs ombres apparaissent, tout en masquant les personnages du calque inférieur.

6. **Recherchez les anomalies et corrigez-les.**

   Dans l'image en bas au milieu, le pied d'une jeune fille devrait être dans l'ombre de l'homme. Pour ce faire, j'ai ajouté un nouveau calque puis sélectionné la zone à ombrer. Je l'ai ensuite remplie avec la couleur des orteils qui, eux, sont à l'ombre. J'ai ensuite sélectionné le mode de fusion Produit et réglé la glissière Opacité pour ajuster la densité de l'ombre (voir l'image en bas à droite, dans la Figure 9.11).

7. **Recadrez.**

   A la même image en bas à droite, la partie à éliminer par un recadrage est à droite. Entourez la partie à conserver avec l'outil Rectangle de sélection puis choisissez Image/Recadrer. La retouche est terminée.

Une technique similaire sera utilisée pour déplacer un objet ailleurs. Comme à la Figure 9.12, copiez la totalité de l'image, repositionnez-la, utilisez un masque de fusion pour cacher des parties du calque supérieur, puis dupliquez pour ôter tout ce qui est superflu dans les parties visibles du calque inférieur.

Troisième partie

Faire de l'art avec Photoshop

Dans cette partie...

Photoshop est bien plus qu'un logiciel de retouche. En plus de perfectionner des images, vous pouvez faire de la création artistique. Photoshop comporte en effet un moteur pictural très puissant.

Le Chapitre 10 vous initie au montage des images et au travail avec les calques que l'on appelle *compositing*. Vous découvrirez aussi la puissante fonction Extraire, fabuleuse pour couper dans une image et coller dans une autre. Le Chapitre 11 présente les Calques de forme ainsi que les Tracés vectoriels, qui sont des outils de dessin servant à ajouter des éléments spécifiques.

Au Chapitre 12, je vous expliquerai comment travailler avec le panneau Styles et comment créer vos propres styles personnalisés, et aussi comment ne pas les perdre par inadvertance. Le Chapitre 13 est consacré aux innombrables outils, panneaux et commandes typographiques. Enfin, le Chapitre 14 décrit les filtres que vous utiliserez quotidiennement, puis ceux de la Galerie de filtres ainsi que le filtre Fluidité.

10

Le montage d'images

Dans ce chapitre :

- Monter des éléments grâce aux calques.
- Intégrer grâce aux modes de fusion et à l'opacité.
- Masquer pour réaliser des sélections complexes.
- Respecter la perspective avec la commande Point de fuite.

La tête d'un pharaon sur un corps de lion allongé, des griffes de lion aux pattes d'un dragon. Ainsi que le prouve la représentation du Sphinx dans la mythologie antique, le montage ne date pas de Photoshop. Mais Photoshop le facilite assurément. Prenez une photographie, montez-la avec une autre, et vendez le résultat à prix d'or à la presse populaire. L'une des utilisations les plus douteuses de Photoshop fut sans doute la diffusion d'une photo truquée du candidat John Kerry le montrant à un meeting de l'actrice Jane Fonda contre la guerre du Viêt-Nam.

Dans ce chapitre, vous apprendrez quelques techniques de montage, comment utiliser les couches pour sélectionner une partie d'une image, asservir la fonction Point de fuite, puis nous finirons le chapitre par deux fonctions de montage d'images automatisées.

Le montage : 1 + 1 = 1

Sélectionnez une partie d'une image, copiez, passez à une autre image, et collez. Et voilà ! Vous venez de faire un montage élémentaire ! Facile, non ? Lorsque vous montez une douzaine d'éléments pour produire un document complexe, l'astuce est de faire en sorte que le montage ne se voie pas. Pour cela, les bords des éléments doivent s'intégrer harmonieusement dans l'image, et les couleurs correspondre.

Comprendre les calques

Examinez la Figure 10.1. Le panneau Calques montre chacune des couches et leur contenu. Chaque élément participe à la création d'une seule et même image.

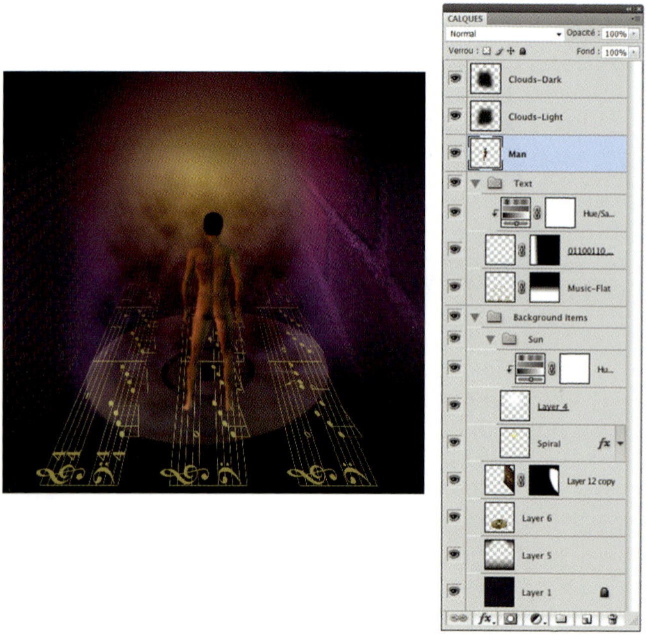

Figure 10.1 : Les éléments présents dans les différents calques contribuent à former une seule image.

Le contenu de chaque calque peut être manipulé indépendamment – déplacement, redimensionnement, effacement, peinture, réglages de la couleur et de la tonalité... –, selon vos besoins et vos ambitions artistiques. Des calques peuvent être liés afin qu'ils maintiennent leur position les uns par rapport aux autres lorsque vous les déplacez. Cliquez, touche Majuscule enfoncée, pour sélectionner les calques. Puis cliquez sur le bouton Lier les calques, en bas du panneau Calques : un symbole de liaison apparaît à droite des calques actifs, lorsqu'ils sont sélectionnés dans le panneau. Vous lierez par exemple un calque de texte au calque contenant le rectangle dans lequel il doit rester centré. Vous pourrez ainsi déplacer simultanément le texte et son cadre.

TRUC

La colonne de gauche, dans le panneau Calques, contient des cases avec des icônes de visualisation qui permettent de masquer un calque, rendant son contenu invisible. Les pixels sont toujours là, mais ils ne sont plus affichés. Cliquez sur l'œil pour masquer un calque, puis cliquez dans la case à présent vide pour le faire réapparaître. Cette manipulation fonctionne aussi avec les calques de réglage, ce qui permet de vérifier leur effet dans l'image (les calques de réglage sont décrits au Chapitre 8).

La Figure 10.1 illustre bien l'un des concepts clés des calques. Plus un calque occupe une position élevée dans l'ordre d'empilement dans le panneau, plus il sera vers le premier plan. Dans l'image, les calques Nuages foncés et Nuages clairs sont au-dessus de tous les autres éléments. Le calque Homme est au-dessus de tous les éléments, mais sous les calques des nuages. En raison de l'ordre de l'empilement, le personnage semble marcher sur les notes de musique, et les notes sont au-dessus du disque compact.

Vous pouvez aussi créer des groupes de calques, ce qui permet d'intervenir sur tous à la fois. La nouveauté est la possibilité de créer des groupes imbriqués : le groupe nommé Eléments d'arrière-plan contient un autre groupe nommé Soleil, ainsi que plusieurs calques qui n'appartiennent pas au sous-groupe Soleil.

Pourquoi utiliser des objets dynamiques

Les objets dynamiques donnent une extrême souplesse de travail à Photoshop. Avec ces objets, vous conservez toutes vos possibilités d'édition sans courir le risque d'endommager vos images. Par exemple, chaque fois que vous transformez un objet dynamique, Photoshop restaure d'abord les pixels originaux, et applique ensuite la nouvelle transformation. Cette technique empêche toute dégradation irréversible des pixels d'une image.

Photoshop CS4 profite bien évidemment d'une fonction introduite par CS3, c'est-à-dire des filtres que l'on peut modifier après leur application. Vous pouvez à souhait changer leurs paramètres, mais aussi les supprimer. Cette fonction n'est utilisable qu'avec des objets dynamiques. Là encore, avant d'appliquer une modification apportée à un filtre dynamique, Photoshop commence par restaurer les pixels d'origine de l'image. (Les filtres sont étudiés au Chapitre 15.) Dans le panneau Calques, les filtres dynamiques ressemblent beaucoup aux styles de calque. Vous pouvez tout aussi facilement les masquer temporairement, et double-cliquer sur leur nom pour ouvrir la boîte de dialogue de leurs paramètres, comme l'indique la Figure 10.2.

Figure 10.2 : Les filtres appliqués à des objets dynamiques sont des filtres dynamiques.

Lorsque vous créez une sélection sur l'objet dynamique avant d'appliquer un filtre dynamique, vous créez un masque qui limite l'incidence du filtre à la portion sélectionnée. Retenez qu'un objet dynamique peut aussi bien avoir des filtres dynamiques que des styles de calque.

Lorsque vous choisissez Fichier/Importer, un objet dynamique est automatiquement créé. Pour créer un objet dynamique avec un calque standard (y compris le calque Arrière-plan), choisissez Calque/Objets dynamiques/ Convertir en objet dynamique.

Les modes de fusion de base

Le menu déroulant en haut à gauche du panneau Calques contient plus d'une vingtaine de modes de fusion. Un mode de fusion définit la manière dont les pixels du calque interagissent avec les pixels visibles des calques d'en dessous.

N'OUBLIEZ PAS

Du fait qu'aucun calque ne peut se trouver sous un calque nommé *Arrière-plan*, le mode de fusion de ce dernier ne peut pas être modifié. Convertissez le calque *Arrière-plan* en calque conventionnel en modifiant son nom dans le panneau. Pour cela, double-cliquez sur son nom afin de le renommer.

Dans la Figure 10.3, une fleur repose sur un dégradé. Sept bandes ont été définies, et chacune se voit appliquer un mode de fusion particulier. L'image d'origine est visible dans le bandeau Normal. Celui-ci ainsi que Produit, Superposition et Incrustation sont les modes de fusion que vous utiliserez le plus souvent.

Figure 10.3 : Les modes de fusion régissent les interactions entre ces dégradés et la photo.

Quand vous travaillez avec les modes de fusion, souvenez-vous que les paramètres Opacité et Fond définissent aussi la visibilité et l'apparence du calque. L'Opacité agit sur la transparence des pixels du calque. De son côté, Fond joue sur la transparence de ces pixels mais sans masquer les styles de calque.

Le menu des modes de fusion du panneau Calques est divisé en six parties. Ces catégories correspondent vaguement à la manière dont les pixels du calque supérieur affectent ceux du calque en dessous. Voici un bref aperçu de quelques modes de fusion :

- **Normal :** C'est le mode de fusion par défaut. Les pixels du calque supérieur masquent complètement ceux du calque en dessous (sous réserve, bien sûr, des réglages Opacité et Fond). Choisissez le mode Normal pour afficher le contenu du calque sans aucune interaction avec les calques en dessous.
- **Produit :** Ce mode assombrit les parties foncées et ignore le blanc. Utilisez-le pour que le calque supérieur assombrisse – mais n'obscurcisse pas – le calque inférieur, et aussi pour produire des effets d'ombres et des lueurs sombres.

- **Superposition :** Opposé à Produit, le mode de fusion Superposition utilise les pixels les plus clairs pour éclaircir les pixels en dessous. Utilisez-le pour les tons clairs et les lueurs légèrement colorées.
- **Incrustation** : C'est un hybride des modes Produit et Superposition. Utilisez-le lorsque le calque supérieur comporte à la fois des pixels foncés et clairs qui doivent interagir avec les pixels sous-jacents.
- **Lumière tamisée :** C'est un mode de fusion très subtil. A l'instar du mode Incrustation, où les pixels du calque supérieur sont noirs, ici les pixels du calque d'en dessous sont assombris. C'est comme si vous éclairiez le calque sous-jacent avec une lumière diffuse. Parfait pour dramatiser quelque peu le calque d'en dessous.
- **Lumière crue :** Ce mode est une version plus vive de Lumière tamisée. Utilisez-le pour dramatiser fortement le calque sous-jacent. Le mode Lumière crue fonctionne bien avec des couleurs qui ne sont pas trop claires.
- **Différence** : Du noir apparaît là où le calque supérieur et le calque sous-jacent sont exactement pareils. Là où ils diffèrent, l'image est lumineuse ou colorée. Utilisez temporairement le mode Différence pour rabouter des photos qui se chevauchent : dès que les zones en superposition deviennent noires, rétablissez le mode de fusion Normal.
- **Couleur :** Lorsque le calque supérieur est en mode Couleur, la luminosité et la saturation du calque inférieur sont conservées, et la couleur du calque supérieur est affichée. Pour créer une image en couleurs d'après une image en niveaux de gris, convertissez l'image en RVB (Image/Mode/Couleur RVB), ajoutez un nouveau calque, mettez le calque supérieur en mode de fusion Couleur et peignez dessus, comme le montre la Figure 10.4.

Figure 10.4 : Peignez sur un calque en mode Couleur pour conserver les détails du calque sous-jacent.

- **Luminosité :** La couleur et la saturation du calque sous-jacent sont conservées, et la luminosité du calque supérieur est appliquée. Comme elle produit généralement de la texture, utilisez ce mode pour obtenir du détail dans le calque sous-jacent.

Opacité, transparence et masques de fusion

Les modes de fusion définissent la manière dont les pixels du calque supérieur interagissent avec les pixels du calque inférieur. Ces pixels du dessus doivent cependant être visibles pour que l'interaction puisse se faire. Quand vous travaillez avec les pixels d'un calque, quatre facteurs doivent être pris en compte, concernant la transparence :

- La couleur que le pixel doit préalablement posséder.
- La valeur du paramètre Opacité.
- La valeur du paramètre Fond.
- L'éventuelle présence d'un masque de fusion.

Quand vous créez un calque et peignez dessus, vous colorez des pixels et en laissez d'autres transparents (chaque calque d'une image est complètement rempli de pixels, qu'ils soient visibles ou non). Si rien n'est fait pour colorer des pixels, ils restent transparents, laissant voir les calques qui sont dessous. Dans la Figure 10.5, les mots *Calque supérieur* se trouvent sur un calque séparé, au-dessus du calque contenant les mots *Calque inférieur*. Là où, dans le calque supérieur, des pixels sont transparents, le calque sous-jacent est visible.

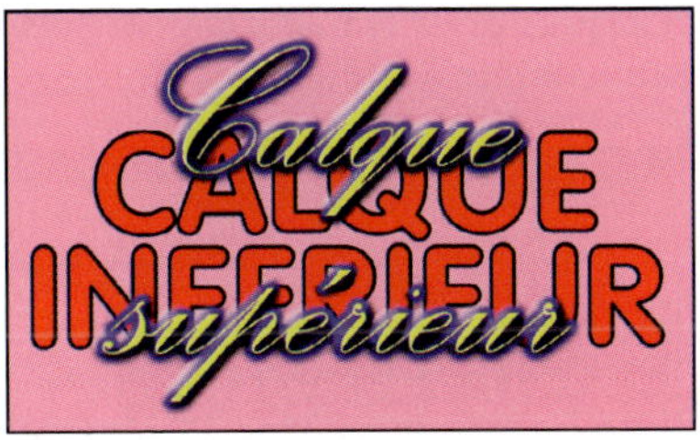

Figure 10.5 : Là où le calque inférieur est visible, le calque supérieur est transparent.

N'OUBLIEZ PAS

Dans le panneau Calques, un calque nommé *Arrière-plan* ne peut pas avoir de pixels transparents.

Réduire le paramètre Opacité ou Fond – ou dans la boîte de dialogue Style de calque – rend translucides tous les pixels visibles du calque : les pixels d'en dessous deviennent visibles par transparence. Le curseur Opacité contrôle tous les pixels du calque et tous les styles de calque. Le curseur Fond n'agit que sur les pixels, pas sur le style de calque. Au Chapitre 12, vous découvrirez une technique pour créer du texte en verre qui illustre cette différence.

Le Chapitre 8 traite des maques de fusion et des masques vectoriels. Rappelez-vous que tout pixel à l'intérieur d'un masque est visible, et que tout pixel à l'extérieur d'un masque est transparent, qu'il soit coloré ou non. Mais, comme vous le devinez, tout pixel transparent situé à l'intérieur d'un masque reste transparent.

Créer des groupes d'écrêtage

Il existe un autre moyen de limiter la visibilité des pixels du calque supérieur : ce sont les groupes d'écrêtage. Ecrêter le calque supérieur d'après le calque inférieur place en effet un masque sur le calque d'en haut. L'opacité des pixels du calque inférieur est appliquée aux pixels du calque supérieur. Là où le calque inférieur est transparent, le calque du dessus – quel que soit le contenu d'origine – devient transparent. Dans le panneau Calques, cliquez, touche Option/Alt enfoncée, sur la ligne entre les deux calques pour transformer le pointeur de la souris en anneau, comme à la Figure 10.6.

Figure 10.6 : Touche Option/Alt enfoncée, cliquez sur la ligne entre deux calques pour écrêter celui d'en haut selon celui d'en bas.

Après avoir cliqué, touche Option/Alt enfoncée, sur la ligne entre le Calque 0 et le calque nommé GARDEN, le calque supérieur n'est visible que dans le texte du calque d'en dessous. Dans le panneau, le calque supérieur est décalé vers la droite ; à gauche, une flèche coudée vers le bas signale l'écrêtage avec le calque d'en dessous. Remarquez que la vignette du calque supérieur montre la totalité de l'image, et non la seule partie visible dans l'image. Pour supprimer ce masque d'écrêtage, il suffit d'appuyer de nouveau sur Option/Alt et de cliquer entre la barre qui sépare les deux calques. Sur la Figure 10.6, vous constatez qu'un style de calque est appliqué sur le calque du dessous plutôt que sur celui du dessus.

Photoshop affiche les vignettes de calque de deux manières. Normalement, la totalité du calque, y compris les zones transparentes, est visible dans la vignette. Bien que cela donne une bonne indication de la taille du contenu du calque dans l'image, si ce contenu est minuscule, quasiment rien n'est visible dans la vignette. Il est désormais possible de choisir, dans le menu du panneau, ou par un clic-droit (Mighty Mouse) ou un Ctrl + clic (monobouton) dans une partie vide en bas du panneau, de n'afficher que les parties non transparentes de la vignette. Un élément de petite taille emplira la vignette, mais, bien sûr, il ne sera plus en proportion avec les autres. A vous de choisir…

Bien intégrer les éléments d'un montage

Pour qu'un montage soit réussi, il faut que ses éléments s'intègrent harmonieusement. C'est ce que permet de faire la commande Contour progressif : au lieu de présenter des bords nets donnant l'impression d'avoir été découpés avec des ciseaux, les bords sont estompés. Reportez-vous au Chapitre 8 pour tout savoir sur les contours progressifs. Il existe différentes manières de les créer, dont celles-ci :

- Dans le champ Contour progressif de la barre d'options, lorsque vous utilisez un outil de sélection.
- En utilisant le bouton Contour amélioré de la barre d'options ou la commande Améliorer le contour du menu Sélection.
- En choisissant Sélection/Contour progressif après avoir défini une sélection.

- En appliquant un léger flou à la couche alpha d'une sélection mémorisée, dans le panneau Calques ou dans un masque de fusion.

Faire concorder les couleurs est indispensable pour que l'apparence soit naturelle. Reportez-vous au Chapitre 6 pour en savoir plus sur la fonction Correspondance de la couleur et les autres réglages de la couleur.

Vous devez surtout être bien conscient de la perspective et de l'échelle. Si un élément dans le montage paraît trop grand ou trop petit, s'il est mal orienté ou s'il semble léviter, faites appel aux commandes Edition/ Transformation. La commande Rotation n'appelle aucune explication particulière. La commande Homothétie, elle, sert à modifier l'échelle. La Figure 10.7 montre l'utilisation d'autres commandes comme Inclinaison, Perspective et la nouvelle commande Déformation. Tirez sur les points d'ancrage pour déformer les pixels sélectionnés.

Figure 10.7 : Tirez les points d'ancrage pour transformer.

La commande Edition/Transformation/Déformation place un maillage sur le contenu d'un calque ou d'une sélection. Vous cliquez et tirez sur les lignes directrices et aux intersections du maillage pour distordre le graphisme. Comme le montre la Figure 10.8, la commande Déformation permet d'agir comme le faisait jusqu'à présent la fonction Fluidité. La commande Déformation s'applique aussi aux tracés et aux calques de forme.

Figure 10.8 : La commande Déformation sert à distordre un calque ou une sélection.

Effectuer des sélections complexes

Le compositing d'éléments provenant de diverses sources dans le but de créer une image unique nécessite parfois la définition de sélections complexes. La meilleure méthode pour les créer est d'utiliser une couche alpha. Cette couche s'obtient via Sélection/Mémoriser la sélection. Voici plusieurs techniques de création d'une couche alpha :

- **Mémoriser une sélection :** Si vous avez déjà créé une sélection, la technique la plus simple consiste à exécuter la commande Sélection/Mémoriser la sélection, qui enregistre la sélection sous la forme d'une couche alpha qui sera elle-même enregistrée avec votre image. Vous pourrez alors la récupérer et la modifier à volonté, même des mois après l'avoir créée.
- **Dupliquer un masque créé en Mode masque :** Appuyez sur la touche Q pour basculer en Mode masque (voir le Chapitre 8). Définissez le masque. Avant de quitter ce mode, glissez-déposez la vignette du masque créé par le Mode masque sur le bouton Créer une couche du panneau Couches.
- **Peindre un masque :** Cliquez sur le bouton Créer une couche du panneau Couches, et peignez en noir et blanc. Tout ce qui est blanc est inclus dans la sélection, et tout ce qui est noir en est exclu. Les zones grises sont partiellement sélectionnées.
- **Dupliquer une couche existante comme point de départ d'un nouveau masque :** Vous pouvez examiner les couches de couleur pour voir laquelle présente le meilleur contraste entre le sujet principal et l'arrière-plan. Glissez-déposez cette couche sur le bouton Créer une couche pour la dupliquer et intervenir sur cette copie.

La duplication d'une des trois couches RVB est souvent le meilleur moyen de créer une sélection complexe. Voici la procédure générique de cette technique :

1. **Analysez chacune des couches pour identifier celle qui présente le meilleur contraste entre le sujet principal et l'arrière-plan.**

   Ouvrez le panneau Couches, et cliquez sur chacune des couches successivement.

2. **Dupliquez la couche sélectionnée.**

   Pour cela, glissez-déposez la vignette de la couche présentant le meilleur contraste sur le bouton Créer une couche du panneau Couches.

3. **Sur cette copie, augmentez le contraste entre le sujet principal et le fond.**

   Pour que la sélection soit parfaite, le fond devrait être entièrement noir et le sujet principal entièrement blanc. Si jamais vous obtenez l'inverse, pas de problème ! Il suffit d'appuyer sur Ctrl + I/⌘ + I pour basculer la couche en négatif. Ce qui était noir devient blanc et vice versa. Le meilleur moyen d'accentuer ce contraste est de passer par la commande Niveaux. Faites glisser les curseurs jusqu'à ce que vous obteniez un contraste plus important. Une fois les niveaux effectués, prenez l'outil Pinceau et affinez le masque en peignant en blanc et en noir directement sur l'image (en effet, il s'agit de la couche alpha).

La Figure 10.9 illustre ces étapes. À gauche, je sélectionne la couche Rouge, car elle présente le meilleur contraste. Si vous travaillez en CMJN, optez pour la couche Noir. Je duplique la couche sélectionnée, et je lui applique deux fois la commande Niveaux. Ensuite, avec l'outil Pinceau et les couleurs de premier et d'arrière-plan noire et blanche, je peaufine le masque. Je dois obtenir une image noir et blanc (deux couleurs). Revenez alors à la copie RVB de l'image. Cliquez sur Sélection/Récupérer la sélection. Dans la boîte de dialogue qui apparaît, ouvrez le menu local Couche, et choisissez Alpha 1 (ou tout autre nom de votre couche Alpha). Affichez la couche composite RVB. L'élément principal est sélectionné !

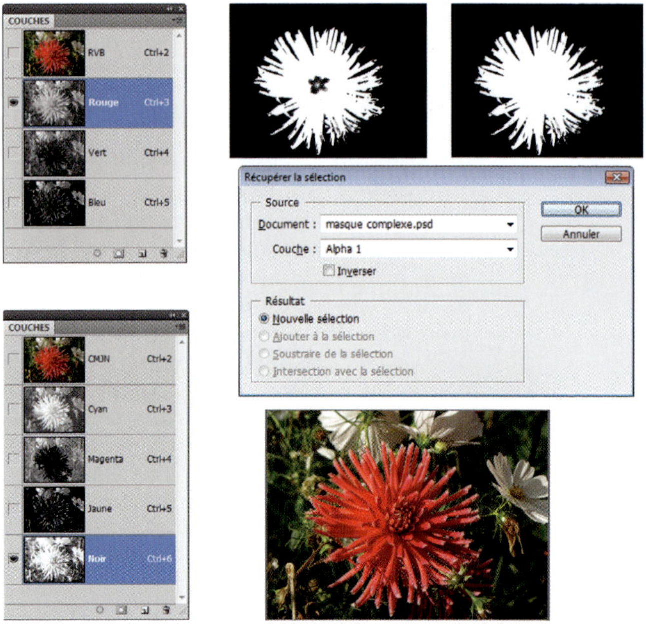

Figure 10.9 : Dupliquer et contraster une couche de couleur est souvent la meilleure technique de création d'une couche alpha (donc d'une sélection complexe).

La commande Point de fuite

Quand vous monterez des images pour créer une scène, vous serez tenté de plaquer une texture ou un motif sur ce qui est censé être un objet en trois dimensions. Ce sera par exemple le cas pour ajouter un élément de cuisine à la photo d'une cuisine intégrée, ou pour apposer un logo sur une boîte. Si vous désirez placer un château médiéval en haut d'une colline, vous aurez besoin d'une texture de pierre réaliste pour les murs. La fonction Point de fuite permet de plaquer un motif sur une surface vue sous un certain angle comme des murs, un plancher, des immeubles ou des boîtes.

Procédez comme suit pour appliquer la commande Point de fuite :

1. **Copiez le motif.**

   Ouvrez le fichier contenant le motif, la texture, le logo ou n'importe quel graphisme destiné à être plaqué contre une surface. Sélectionnez puis choisissez Edition/Copier. Vous pouvez à présent fermer le fichier de motif.

2. **Faites une sélection dans l'image de travail.**

   Identifiez l'endroit où il faudra appliquer le motif. Si c'est un mur, sélectionnez-le sans inclure la porte et les fenêtres.

3. **Choisissez Filtre/Point de fuite.**

   La fenêtre Point de fuite s'ouvre. Elle affiche votre image.

4. **Créez des plans de l'image dans la fenêtre Point de fuite.**

   a. Sélectionnez l'outil Création de plan (le deuxième à partir du haut, à gauche de la fenêtre).

   b. Cliquez dans l'image aux endroits où vous désirez placer trois coins du plan, puis placez le pointeur à l'endroit du quatrième coin.

      Le plan s'étend selon les déplacements du pointeur.

   c. Cliquez sur le quatrième angle pour créer le plan.

      Si le plan est jaune ou rouge plutôt que bleu, il n'est pas correctement assujetti. Tirez les coins avec l'outil Modification du plan (tout en haut à gauche). Arrangez-vous pour que le maillage du plan recouvre au mieux le mur.

d. Créez les plans perpendiculaires en maintenant la touche ⌘/Ctrl enfoncée et en tirant les points d'ancrage latéraux jusqu'à l'endroit où les deux points doivent se rencontrer. Si le second plan doit se trouver à un angle différent de 90 degrés par rapport au premier plan, appuyez sur Option/Alt et faites glisser un des points d'ancrage pour faire pivoter la grille.

Si le second plan est un peu décalé, tirez un point d'angle pour ajuster sa position. La Figure 10.10 montre deux plans perpendiculaires.

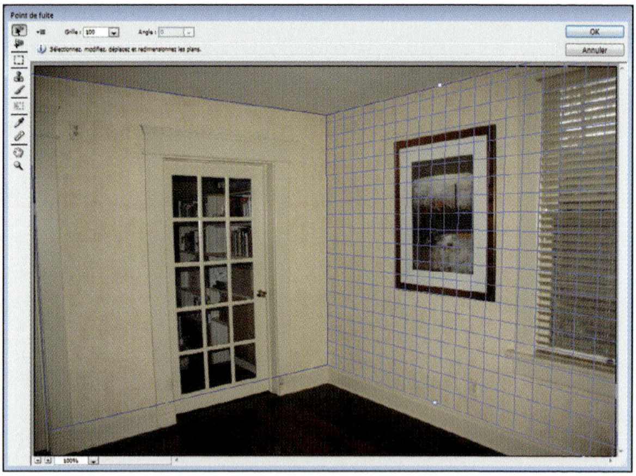

Figure 10.10 : Utilisez l'outil Création de plan pour délimiter les surfaces.

5. **Collez le motif.**

   a. Appuyez sur ⌘ + V/Ctrl + V pour coller le motif dans le Point de fuite.

      Le motif est collé à partir du coin supérieur gauche de la fenêtre Point de fuite.

   b. Sélectionnez l'outil Rectangle de sélection (le troisième à partir d'en haut) et tirez-le dans le plan.

Le motif adopte aussitôt l'orientation du plan. Au besoin, appuyez sur la touche T, puis pivotez et dimensionnez le motif.

6. **Répliquez le motif.**

   A moins que le motif s'assujettisse exactement, vous devrez le répliquer pour qu'il remplisse le plan. L'outil Rectangle de sélection actif, maintenez la touche Option/Alt enfoncée puis cliquez et tirez dans le motif pour le répliquer. Procédez ainsi autant de fois que nécessaire pour remplir le plan. Comme vous le voyez Figure 10.11, un motif relativement petit est capable de remplir une vaste zone.

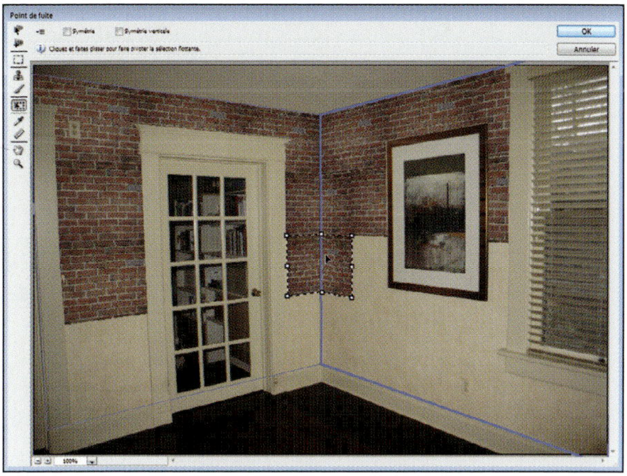

Figure 10.11 : Touche Option/Alt enfoncée, agissez sur les poignées de l'outil Transformation pour donner la forme adéquate à la sélection collée.

TRUC

Si l'éclairement de l'image d'origine varie, choisissez Luminance dans le menu Correction, en haut de la fenêtre (seulement si l'outil Rectangle de sélection est actif).

7. **Cliquez sur OK pour quitter la fenêtre Point de fuite et appliquer le motif ou la texture à l'image.**

   Après avoir quitté la fenêtre Point de fuite, vous devrez probablement effectuer quelques retouches avec l'outil Tampon de duplication. Peut-être faudra-t-il aussi, selon l'image originale, ajouter un calque et y peindre quelques tons clairs et quelques tons foncés afin de reproduire l'illumination originale de la scène.

N'OUBLIEZ PAS

Sur la Figure 10.11, le motif de briques collé et dupliqué ne couvre pas la porte, la fenêtre ou le tableau, car ces éléments n'étaient pas sélectionnés lors de l'invocation de la commande Point de fuite. Sans sélection, épargner la porte, la fenêtre et le tableau aurait été très difficile à réaliser.

Voici quelques conseils pour la commande Point de fuite :

- **Créez des plans précis, puis tirez.** Cliquez aux quatre coins pour délimiter le plan – une fenêtre, par exemple –, puis tirez les points d'ancrage vers l'extérieur ou vers l'intérieur afin de délimiter la totalité du plan.
- **Appuyez sur X pour zoomer.** Maintenir cette touche enfoncée montre la zone où vous travaillez. Relâchez la touche pour rétablir la vue normale.
- **Appuyez sur T pour transformer.** Après avoir collé le motif, vous pourrez ainsi le dimensionner et le pivoter.
- **Maintenez la touche Majuscule enfoncée pour tirer dans l'alignement.** En tirant, touches Option + Maj/Alt + Maj enfoncées, pour répliquer le motif, la nouvelle partie reste alignée avec l'ancienne.
- **Dupliquez les éléments dans l'image.** Sélectionnez avec l'outil Rectangle de sélection, puis tirez, touches ⌘ + Option/Ctrl + Alt enfoncées, dans la zone où vous désirez placer la copie.

- **Collez sur des objets, dans Point de fuite.** Créez votre plan. Sélectionnez la zone à remplacer avec l'outil Rectangle de sélection, puis, touche ⌘/Ctrl enfoncée, tirez dans la zone à coller dans la sélection.
- **Dupliquez dans Point de fuite.** Définissez le plan, sélectionnez l'outil Tampon de sélection, puis, touche Option/Alt enfoncée, cliquez sur le point source. Relâchez la touche puis amenez le pointeur à l'endroit où vous désirez commencer à recopier. Dès que l'aperçu est correctement aligné, tirez et cliquez pour recopier.
- **Peignez en perspective.** Quand un plan a été créé, le diamètre de l'outil Pinceau varie dans Point de fuite selon la perspective.
- **Travaillez dans un calque vide.** Créez des calques vides avant d'activer la fonction Point de fuite. Le résultat est ajouté au nouveau calque, ce qui permet de recourir aux modes de fusion et à l'opacité pour bien intégrer le motif dans l'image originale.

11

Des bords précis avec les tracés vectoriels

Dans ce chapitre :

- Comprendre le graphisme vectoriel.
- Créer des objets à l'aide de calques de forme.
- Dessiner un nouveau tracé.

Classiquement, un dessin vectoriel est constitué d'éléments spécifiques (des objets) d'une couleur uniforme, bien qu'il soit possible d'appliquer des dégradés. Votre logo peut par exemple être fait d'un triangle rouge, d'un carré bleu et d'un cercle vert (pour être original, c'est original !). Ces trois objets à couleur uniforme sont un graphisme vectoriel. La vectorisation n'est cependant pas appropriée pour la photographie ou pour des images comportant de délicates transitions d'une couleur à une autre.

Photoshop est doté d'outils de création de formes prédéfinies. Une forme peut être créée à main levée, puis modifiée grâce à des commandes et à des options. Elle peut même être exportée vers Adobe Illustrator. Après avoir lu ce chapitre, vous comprendrez bien les tenants et les aboutissants de la vectorisation. Je vous expliquerai en prime où trouver des dizaines, voire des centaines de formes personnalisées dans votre ordinateur, gratuites et prêtes à l'emploi.

Pixel et vectoriel

La grande majorité des graphismes que vous manipulez dans Photoshop sont de type point-à-point. Ils sont formés de carrés colorés, les pixels, disposés en lignes et en colonnes. Les photos numériques, les images numérisées et, d'une manière générale, tout ce que vous placez dans un calque sont faits de pixels. Quand vous retouchez l'image, vous modifiez la couleur de ses pixels, parfois subtilement, parfois complètement. On parle généralement d'image *bitmap* (qui n'a rien à voir avec le mode du même nom que vous trouverez dans le menu Image de Photoshop).

Le graphisme vectoriel est une autre paire de manches. Au lieu d'être fait de pixels, il est constitué de tracés définis par une formule mathématique auxquels vous ajoutez de la couleur. Dans un logiciel de dessin vectoriel spécialisé, comme Adobe Illustrator, le tracé représente la forme de l'objet. Vous ajoutez ensuite la couleur tout au long du tracé (contour), ou dedans (fond), ou les deux à la fois afin que la forme devienne un objet. Photoshop simule un graphisme vectoriel à l'aide de tracés vectoriels placés sur un calque de forme, pour masquer des parties d'un calque. Vous pouvez ainsi remplir la «forme», mais pas ajouter un contour au tracé. Un calque de forme est en effet rempli avec une couleur, un dégradé ou un motif, tandis qu'un masque vectoriel définit la partie du calque qui est visible. Rappelez-vous que des styles de calque peuvent être utilisés conjointement avec les calques de forme pour simuler des contours et autres effets.

La Figure 11.1 montre un bel exemple de dessin vectoriel. Notez que chaque élément de l'image est d'une seule couleur. Chaque partie est aisément identifiable en tant qu'objet unique, d'une couleur précise. Sachez toutefois que les objets vectoriels peuvent être remplis avec un dégradé plutôt qu'avec une couleur uniforme.

Figure 11.1 : Chaque élément d'un dessin vectoriel a une couleur spécifique.

Chaque élément du graphisme est délimité par un tracé, lui-même constitué d'un certain nombre de segments. La Figure 11.2 montre le tracé qui définit la chevelure de la femme.

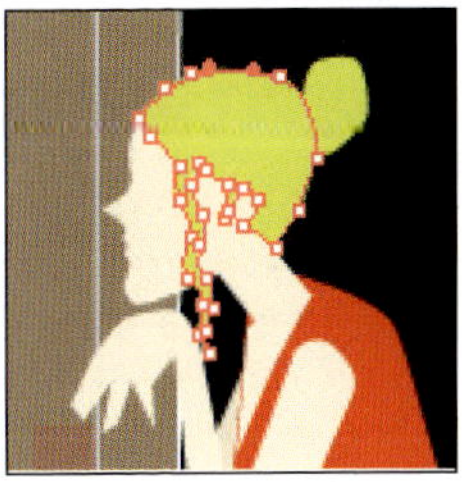

Figure 11.2 : Un tracé définit le contour d'un objet, comme les cheveux ici.

Un tracé vectoriel peut être redimensionné sans contraintes, sans rien perdre de ses qualités. Un logo vectorisé peut être utilisé indifféremment pour une carte de visite comme pour une affiche sans rien perdre de son apparence, car son tracé est recalculé mathématiquement avant que le contour ou le fond soit ajouté. En revanche, une image pixellisée sera terriblement dégradée par le redimensionnement. La Figure 11.3 illustre la différence entre un graphisme à pixels et un graphisme vectoriel.

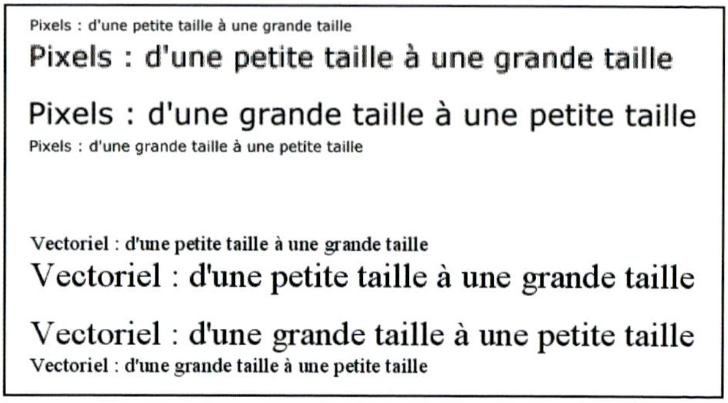

Figure 11.3 : Du texte montre bien la différence entre les pixels et le vectoriel lors d'un redimensionnement.

Dans Photoshop, le texte que vous tapez est vectoriel ; il est fait de tracés. Les objets vectoriels – cercles, carrés… – sont redimensionnables à volonté : leur tracé est recalculé à la nouvelle taille et conserve sa netteté et sa définition.

Calques de forme : la vectorisation facile

Maintenant que vous savez ce qu'est la vectorisation, le moment est venu de passer à la pratique. Gardez à l'esprit que, dans Photoshop, une forme vectorielle est en réalité un calque de forme contenant un tracé qui définit la partie du calque qui doit être visible et celle qui doit être masquée. Le contenu du calque – couleur uniforme, dégradé ou motif – est visible à l'intérieur du tracé, mais masqué à l'extérieur. Le meilleur moyen d'obtenir un calque de forme consiste à recourir à un des outils de forme ; ils créent automatiquement un calque contenant la couleur de remplissage, ainsi qu'un tracé vectoriel qui affiche ou masque le calque selon la forme sélectionnée. Pour créer un objet vectoriel, il suffit de cliquer et de tirer. Qui dit mieux ?

Les outils de formes élémentaires

Les rectangles, rectangles arrondis, cercles et ovales, polygones, traits et flèches, auxquels s'ajoute une kyrielle de formes personnalisées, sont accessibles d'un simple cliquer-tirer : sélectionnez l'outil approprié dans la Boîte à outils, puis cliquez et tirez pour créer l'objet. La Figure 11.4 montre les divers outils de forme. Voici quelques fonctionnalités qui facilitent le travail :

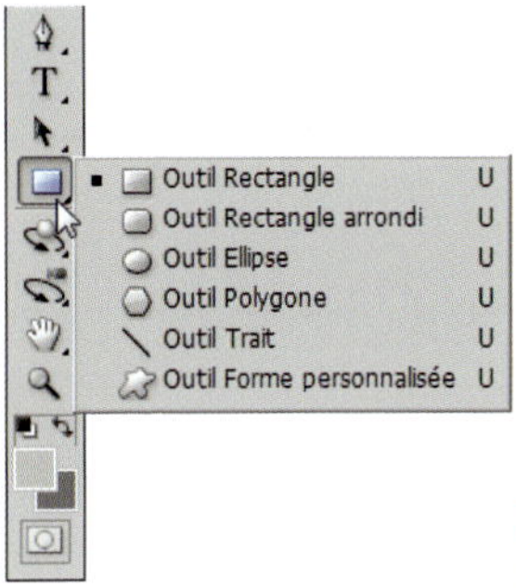

Figure 11.4 : Tous les outils de forme se trouvent dans la Boîte à outils.

- **Utilisez la touche Majuscule.** La maintenir enfoncée contraint les proportions pendant que vous tirez : l'outil Rectangle trace un carré, l'outil Ellipse un cercle, l'outil Polygone change d'échelle, l'outil Trait trace à l'horizontale, à la verticale ou à 45°. Avec les formes personnalisées, maintenir la touche Majuscule enfoncée garantit la préservation du rapport largeur/hauteur d'origine.

- **Utilisez la touche Option (Mac) ou Alt (Windows).** L'objet est créé, centré sur le point sur lequel vous avez cliqué. Sans cette touche, l'objet est créé dans la direction où vous tirez.
- **Utilisez la touche Option + Maj (Mac) ou Alt + Maj (Windows).** Cette combinaison de touches produit un objet contraint centré là où vous avez cliqué.
- **Utilisez la touche Espace.** En enfonçant cette touche pendant que vous tirez une forme, vous pouvez la repositionner tout en la créant. Relâchez le bouton de la souris après le repositionnement et continuez à former ou déformer l'objet.
- **Surveillez les options de la barre d'options.** Quand vous passez d'un outil de forme à un autre, le contenu de la barre d'options change. Par exemple, l'outil Rectangle arrondi permet de paramétrer le rayon de l'arrondi des coins. Avec l'outil Polygone, un champ permet de paramétrer le nombre de côtés. Avec l'outil Trait apparaît un champ Epaisseur. De plus, un menu permet d'en faire une flèche dont vous définissez les caractéristiques.
- **Changez le contenu du calque.** Après avoir créé un calque de forme, la couleur du calque peut être remplacée par une autre ou par un dégradé, voire un motif. Pour ce faire, choisissez Calque/Modifier le contenu du calque.
- **Editez le tracé vectoriel.** L'outil Sélection directe permet de modifier la forme d'un tracé, et par conséquent celle de l'objet présent dans le calque de forme.
- **Créer un calque de forme, un tracé ou des pixels de remplissage.** Avec les trois boutons situés à gauche de la barre d'options, vous pouvez décider de créer des calques de forme, des tracés ou ajouter des pixels à la forme sélectionnée sur le calque actuellement en cours d'utilisation.

Il est facile de reconnaître un calque de forme dans le panneau Calques, notamment si son nom commence par le mot `Forme` attribué par défaut. Ce nom est bien sûr modifiable en double-cliquant dessus. Comme l'illustre la Figure 11.5, un calque de forme est constitué d'un calque coloré (la vignette à gauche) et d'un masque de calque vectoriel (la vignette à droite). Le masque vectoriel – un rectangle arrondi en l'occurrence – est aussi visible dans le panneau Tracés lorsque le calque de forme est sélectionné dans le panneau Calques. Si vous cliquez sur le calque *Arrière-plan*, le masque vectoriel de la forme n'est plus visible dans le panneau Tracés.

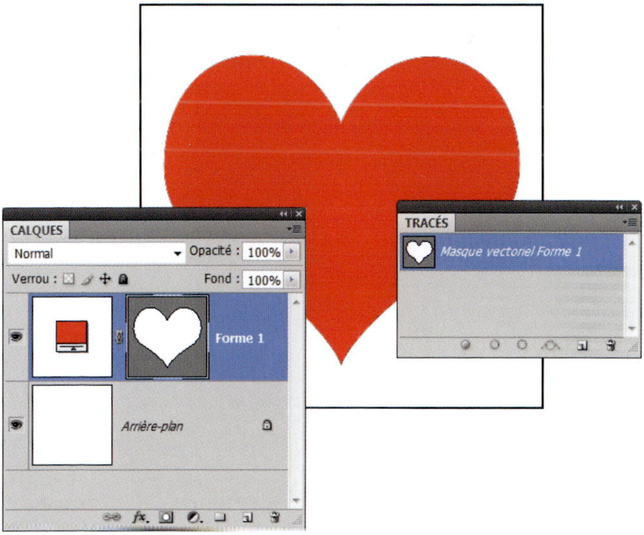

Figure 11.5 : Cliquer et tirer avec un outil de forme crée un calque empli de couleur dans lequel un tracé définit la forme.

L'outil Forme personnalisée

Bien que les outils de formes élémentaires soient parfaits pour tracer des carrés, des cercles, des traits et des flèches, c'est sans doute l'outil Forme personnalisée qui sera le plus utile. Après l'avoir sélectionné, cliquez sur le triangle à droite de son icône, dans la barre d'options, pour accéder au sélecteur de formes que montre la Figure 11.6 ; il contient un grand nombre de formes personnalisées prêtes à l'emploi. Cliquer sur le bouton en haut à droite du sélecteur déroule un menu qui propose, tout en bas, de nombreux autres ensembles de formes personnalisées.

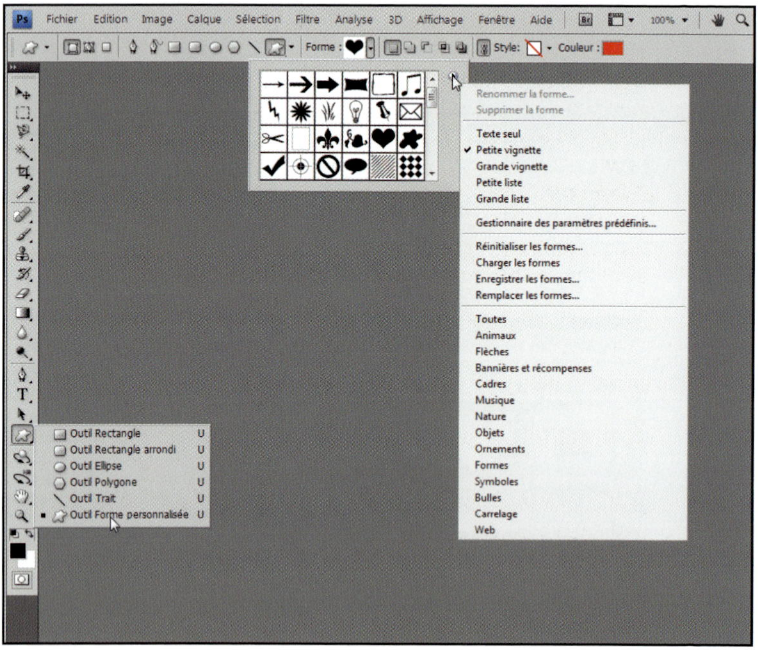

Figure 11.6 : Chargez beaucoup d'autres formes supplémentaires à partir de la liste en bas du menu déroulant.

Quand vous sélectionnez des formes personnalisées dans le menu – ou à l'aide de la commande Charger les formes pour en ajouter d'autres encore, non listées dans le menu –, il vous est demandé si vous désirez ajouter les formes supplémentaires à l'actuel contenu du panneau

(Ajouter) ou remplacer le contenu actuel (OK), ou ne rien faire (Annuler). Après avoir chargé toutes les formes personnalisées de Photoshop, vous vous retrouvez avec une collection assez impressionnante.

Définir vos propres formes personnalisées

Les formes prédéfinies de Photoshop couvrent une grande variété de besoins, mais pas forcément tous. Il est possible d'en acheter, mais aussi de créer vos propres tracés personnalisés. Mais avant d'en arriver là, sachez que votre ordinateur contient une foule de formes qui n'attendent que votre bon vouloir. Sélectionnez l'outil Texte et jetez un coup d'œil au menu Police. Vérifiez la présence de polices ayant pour noms *Wingdings*, *Webdings*, *Symbol* et *Dingbats*. Toutes sont des polices de pictogrammes. Au lieu d'afficher des chiffres et des lettres, elles affichent des images. D'autres apparaissent souvent en maintenant la touche Option/Alt enfoncée.

Voici comment définir une forme personnalisée à partir d'un symbole :

1. **Choisissez Fichier/Nouveau pour ouvrir un nouveau document.**

   Sa taille est indifférente, et il peut être en niveaux de gris ou en couleurs.

2. **Sélectionnez l'outil Texte et choisissez une police.**

   Choisissez une police de symboles dans la barre d'options ou dans le panneau Caractère. La taille n'a aucune importance, puisque vous créerez une forme vectorielle facile à redimensionner.

3. **Ne tapez qu'un seul symbole, puis terminez la session d'édition.**

   Cliquez sur la coche à droite dans la barre d'outils ou choisissez un autre outil, ou appuyez sur ⌘ + Retour (Mac) ou Ctrl + Entrée (Windows) pour mettre fin à l'édition.

4. **Convertissez le caractère en calque de forme.**

   Le calque de texte actif dans le panneau Calques, choisissez Calque/Texte/Convertir en forme. (Ou bien faites un Ctrl+Clic/Clic-droit sur le calque du panneau Calques, et exécutez cette même commande dans le menu contextuel.)

5. **Définissez la forme personnalisée.**

   Cliquez sur Edition/Créer une forme personnalisée. Nommez votre forme dans la boîte de dialogue qui apparaît (voir Figure 11.7) et enregistrez-la. Elle est ajoutée au panneau Formes personnalisées, prête à l'emploi.

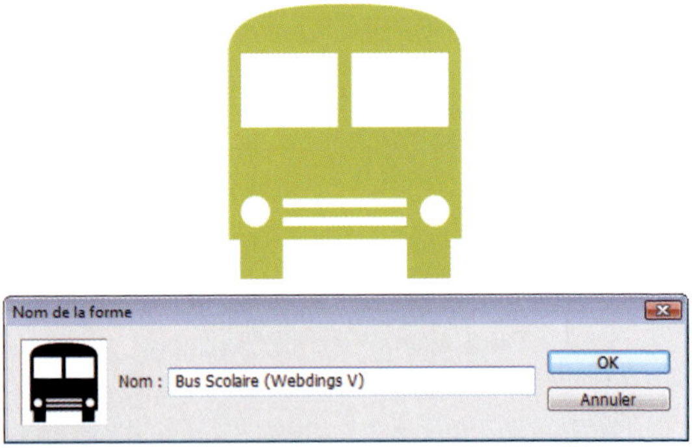

Figure 11.7 : Nommez la nouvelle forme puis cliquez sur OK.

Une forme personnalisée n'est pas véritablement enregistrée tant que vous n'avez pas utilisé la commande Enregistrer les formes, dans le panneau (pour enregistrer toutes les formes dans un même jeu), ou Edition/ Gestionnaire des paramètres prédéfinis (pour enregistrer un jeu de formes sélectionnées). Dans la boîte de dialogue Gestionnaire des paramètres prédéfinis, cliquez, touche ⌘/Ctrl enfoncée, sur chacune de vos formes personnalisées, puis cliquez sur le bouton Enregistrer le groupe (voir Figure 11.8). Tant que l'enregistrement n'a pas été fait, la forme n'existe que dans le fichier des préférences de Photoshop. Si ce fichier a été abîmé, toutes les formes risquent d'être perdues. C'est également vrai pour les pinceaux personnalisés, les styles de calque, les nuanciers, etc. Tout ce qui a été personnalisé doit être enregistré à l'aide du Gestionnaire des paramètres prédéfinis.

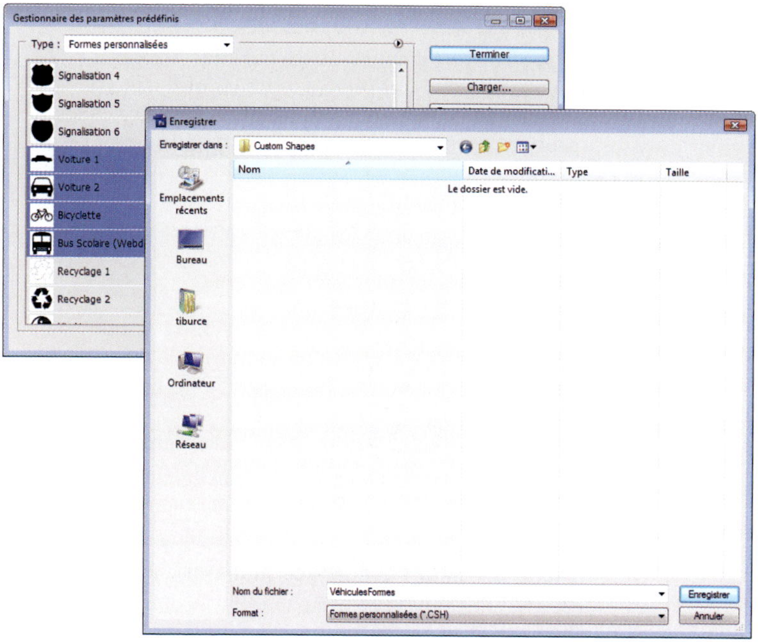

Figure 11.8 : Utilisez le Gestionnaire des paramètres prédéfinis pour enregistrer vos formes personnalisées.

TRUC

Quand vous enregistrez des formes personnalisées – ou n'importe quel autre élément personnalisé – avec le Gestionnaire des paramètres prédéfinis, placez le fichier dans un dossier situé en dehors de Photoshop. Vous pourrez ainsi les récupérer si jamais vous deviez réinstaller Photoshop.

Modifier l'apparence d'une forme personnalisée

Après avoir utilisé l'un des nombreux outils de forme de Photoshop pour dessiner un tracé, ce dernier peut être amélioré, ajusté, et son apparence changée de diverses manières par :

- **L'application d'un style de calque.** Appliqués en choisissant Calque/Style de calque, les styles de calque comme le biseautage, les lueurs et les ombres agrémentent utilement un calque de forme, comme l'illustre la Figure 11.9. Les styles de calque sont décrits au Chapitre 12.

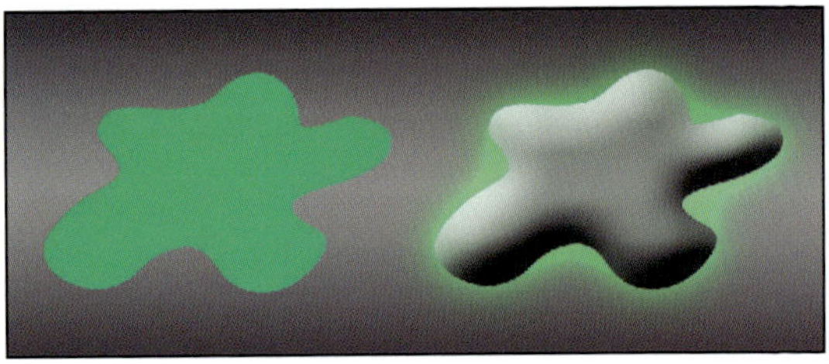

Figure 11.9 : Un simple style de calque donne du relief à cette forme.

- **La modification du contenu du calque.** Le menu Calque/Modifier le contenu du calque permet de remplir le calque avec une autre couleur, un dégradé ou un motif.
- **La modification de la forme du tracé.** Cliquez sur un tracé avec l'outil Sélection directe puis tirez pour le déformer.
- **Un autre mode de fusion et le réglage de l'opacité.** Par défaut, le mode de fusion du calque de forme est Normal et son opacité est de 100 %. Le calque de forme empêche de voir tous les calques qui se trouvent dessous. En choisissant un autre mode de fusion et une autre opacité, vous permettez au calque de forme d'interagir avec

les calques sous-jacents. Faites des essais avec différents modes. Les modes de fusion sont décrits au Chapitre 10.

Simuler un calque de forme multicolore

Un calque de forme ne contient classiquement qu'une couleur uniforme, bien qu'il soit possible d'utiliser un dégradé ou un motif. Mais vous aurez parfois besoin d'une forme multicolore. Comparez, dans la Figure 11.10, les deux calques de forme de gauche avec ceux de droite.

Figure 11.10 : Des formes élémentaires et les mêmes après quelques interventions.

En plus des styles de calque qui ont été appliqués, des masques de fusion cachent des parties des deux formes de droite. A l'instar des tracés vectoriels qui masquent des parties d'un calque de forme, un masque de fusion définit les parties d'un calque qui sont visibles ou non. Plusieurs masques de fusion et masques vectoriels peuvent être appliqués à un seul calque, comme vous le constatez sur trois des quatre calques dans la Figure 11.11.

Figure 11.11 : Masques de fusion et masques vectoriels définissent les parties visibles d'un calque.

Voici quelques explications concernant les calques de la Figure 11.11 :

- **Forme 1 copie :** Placé au-dessus de tous les autres, il devrait normalement tous les masquer. Comme l'indique la vignette gauche, il est empli de vert. La vignette de droite est le masque vectoriel créé par l'outil Forme personnalisée ; le tracé est visible dans le calque. La vignette du milieu est un masque de fusion. En peignant dedans avec du noir, vous pouvez cacher des parties du calque. Ici, la partie droite du calque de forme est masquée.
- **Forme 2 copie :** Là encore, deux masques sont utilisés. Le masque vectoriel représente la paire de ciseaux en entier. La vignette du milieu révèle l'endroit où le calque est caché par un masque de fusion, ne laissant voir que les lames sur le calque gris.
- **Forme 2 :** Ce calque n'exige que la forme de tracé vectoriel. Le calque gris juste au-dessus masque ce qui serait autrement des lames noires.

- **Forme 1** : Le calque au-dessus masque partiellement la forme rouge. Remarquez comment l'ordre judicieux des calques, dans le panneau, fait en sorte qu'une lame de ciseaux apparaisse au-dessus de la feuille de lierre rouge, et l'autre sous la tige verte.

Créer des tracés avec l'outil Plume

Malgré la quantité de formes personnalisées disponibles, vous serez certainement amené à créer des tracés spécifiques à une image. C'est pourquoi Photoshop propose l'outil Plume ainsi que les outils qui lui sont associés. Avant de commencer à dessiner des tracés, voyons de quoi il s'agit exactement.

Comprendre les tracés

Quand vous cliquez et tirez avec l'outil Plume, vous placez des points d'ancrage qui relient des segments formant le tracé. Les segments d'un tracé peuvent être rectilignes ou incurvés. Vous contrôlez les courbes, non pas par un régime amaigrissant et de l'exercice, mais en actionnant des lignes directrices et leurs points directeurs. A chaque extrémité d'un segment rectiligne se trouvent des points d'ancrage ; un tracé incurvé est porté par deux points d'inflexion, ou un point de chaque type. Comme le montre la Figure 11.12, Photoshop aide à différencier un segment de tracé d'une ligne directrice grâce à des carrés pleins ou vides pour signaler les points d'ancrage, ou à des losanges pour signaler les points directeurs.

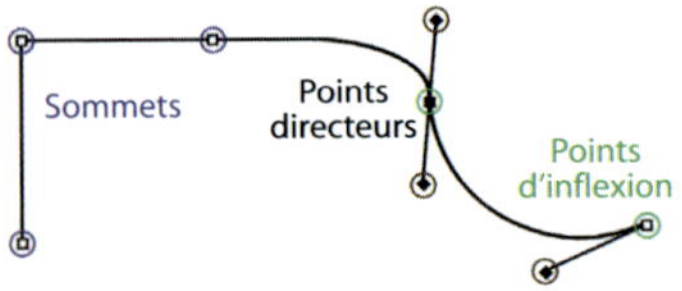

Figure 11.12 : Un tracé peut comporter des points d'ancrage carrés et des points directeurs en losange.

Seuls les points d'inflexion sont dotés de lignes directrices et de points directeurs. L'angle et la longueur d'une ligne directrice définissent la courbure de la forme. Quand vous créez un segment de tracé incurvé entre un sommet et un point d'inflexion, seules les lignes directrices du point d'inflexion règlent la courbe. Quand vous créez un segment de tracé entre deux points d'inflexion, les lignes directrices des deux points affectent la courbe.

N'OUBLIEZ PAS

Il faut savoir que dans Photoshop un tracé peut être ouvert ou fermé :

- Un **tracé ouvert** comporte deux points d'extrémités. C'est une sorte de ligne.
- Un **tracé fermé** n'a ni début ni fin, comme le cercle ou un polygone.

Un outil de forme produit des tracés fermés. Lorsque vous dessinez un tracé par des clics successifs avec l'outil Plume, vous créez un tracé ouvert, à moins bien sûr que le dernier clic ramène au point d'ancrage initial, auquel cas le tracé est fermé.

Cliquer et tirer tout au long d'un tracé

La théorie, c'est bien. Mais c'est en prenant la plume, l'outil Plume en l'occurrence, que vous vous familiariserez avec. Ouvrez un nouveau document (peu importe sa taille, la couleur d'arrière-plan ou la résolution), puis sélectionnez l'outil Plume. Dans la barre d'options, cliquez sur le bouton du milieu, parmi les trois qui sont à gauche, comme le montre la Figure 11.13, afin de créer un tracé de travail plutôt qu'un calque de forme, puis cliquez de-ci, de-là. Des segments se forment au gré des clics.

Figure 11.13 : Sélectionnez le bouton de gauche pour créer un calque de forme, ou celui du milieu pour créer un tracé de travail.

N'OUBLIEZ PAS

Pour créer un tracé, activez le bouton du milieu, parmi les trois qui sont à gauche de la barre d'options. Activez le bouton de gauche s'il vous faut un calque de forme. Le bouton de droite, qui sert à ajouter des pixels dans le calque actif, ne s'emploie que pour les outils de forme.

Votre tracé n'étant pas un chef-d'œuvre, appuyez deux fois sur la touche Supprimer/Retour arrière. La première fois pour supprimer le point d'ancrage le plus récent, la seconde pour supprimer le restant du tracé.

A présent, cliquez et tirez pour créer un segment de tracé incurvé. Observez comment la direction et la distance régissent la courbure. Rien que pour le plaisir, cliquez-tirez et, bouton de la souris enfoncé, décrivez un cercle. Appuyez deux fois sur la touche Supprimer/Retour arrière pour supprimer le tracé.

Maintenant, essayez ceci, afin d'apprendre à mieux contrôler des segments de tracé incurvés :

1. **Choisissez Fichier/Nouveau.**
2. **Dans la liste Paramètre prédéfini, choisissez Web, et dans Taille optez pour 1 024 x 768.**

   C'est une bonne taille pour travailler. Affichez l'image à 100 %.

3. **Affichez la grille.**

   Appuyez sur ⌘/Ctrl + " pour afficher un quadrillage dans l'image. Il permettra de mieux contrôler l'outil Plume. La grille peut aussi être activée avec la commande Affichage/Afficher/Grille. La grille se paramètre via Préférences/Repères, grille, tranches et comptage.

4. **Sélectionnez l'outil Plume, dans la Boîte à outils.**

5. **Cliquez et tirez d'un point à un autre en vous inspirant de la Figure 11.14.**

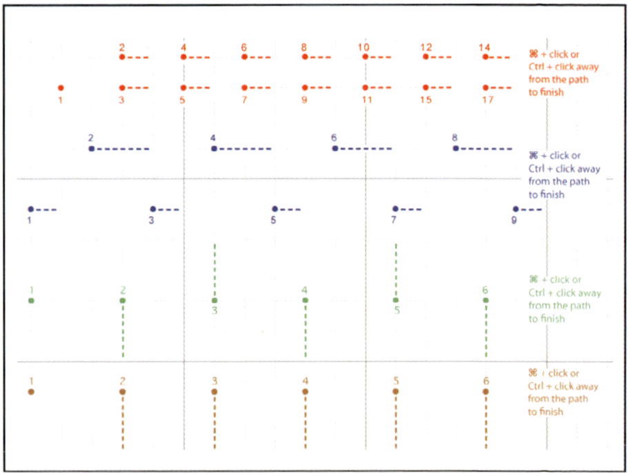

Figure 11.14 : Il n'est pas nécessaire d'être précis. Suivez plus ou moins les quatre itinéraires.

Vous venez de créer quatre des courbes et festons les plus utiles. Ce genre de tracé peut servir à une foule d'usages, notamment en leur appliquant un contour ou un remplissage, ou en créant des sélections – toutes choses dont il sera question d'ici peu – et obtenir ainsi des bordures et autres éléments décoratifs.

Vous devez connaître deux autres fonctionnalités de l'outil Plume avant de poursuivre. L'outil Plume actif, jetez un coup d'œil à sa barre d'options (Figure 11.15).

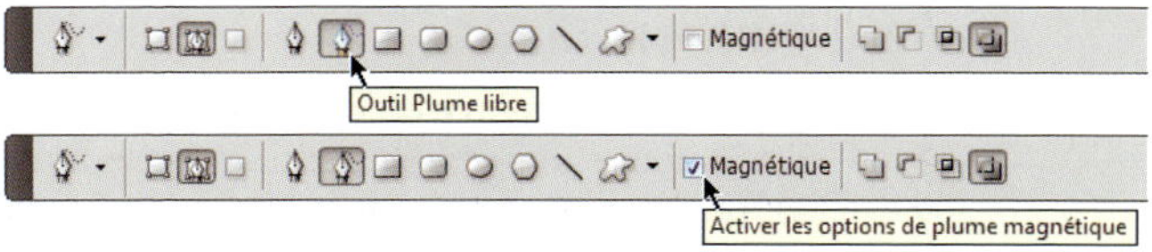

Figure 11.15 : L'outil Plume a plus d'un tour dans son sac.

Quand Plume libre est sélectionné dans la barre d'options, vous créez le tracé en cliquant et tirant dans l'image. Ce comportement est comparable au travail avec l'outil Pinceau ou Crayon : le tracé se forme partout où vous passez.

L'outil Plume libre est doté d'une option Magnétique. Quand vous devez créer un tracé ou une sélection autour d'un élément de couleur uniforme ou qui ressort bien de l'arrière-plan, l'option Magnétique force le tracé à suivre exactement la bordure, comme le montre la Figure 11.16.

Figure 11.16 : L'option Magnétique de l'outil Plume libre est parfait pour suivre les bords d'un objet.

Le panneau Tracés

Le panneau Tracés est capable de stocker tous les tracés dont vous pourriez avoir besoin. Comme le montre la Figure 11.17, ils peuvent être classés en cinq catégories. Six boutons en bas du panneau facilitent le travail.

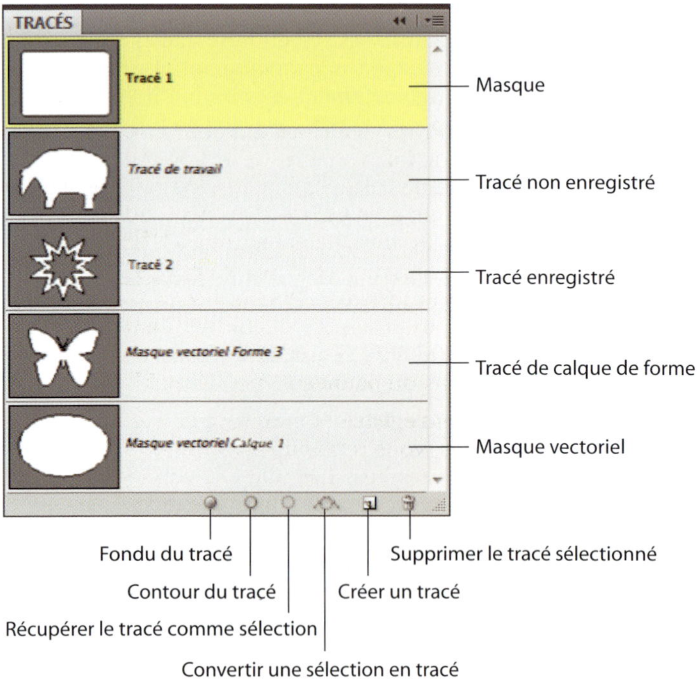

Figure 11.17 : C'est à partir du panneau Tracés que vous organisez et contrôlez les éléments vectoriels de votre graphisme.

Vous n'utiliserez peut-être pas toutes les sortes de tracés, mais il n'en est pas moins utile de les connaître :

- **Tracé de travail :** Quand vous créez un tracé, Photoshop génère un tracé de travail provisoire. A moins d'enregistrer le tracé, il est supprimé dès que vous commencez à en créer un autre, ou au moment de fermer le fichier. Pour enregistrer un tracé de travail, double-cliquez sur son nom, dans le panneau Tracés, puis renommez-le.
- **Masque :** Ce type de tracé, appelé aussi "tracé de détourage", est principalement utilisé dans des logiciels de PAO comme Adobe PageMaker et QuarkXPress. A l'instar d'un tracé vectoriel sur un calque de forme, un tracé de type Masque définit la partie du calque qui sera visible. Vous n'en aurez pas besoin si vous travaillez avec Adobe InDesign, car il suffit alors de créer l'image sur un arrière-plan transparent et d'importer ce fichier dans le document InDesign. Pour créer un tracé Masque, créez d'abord un tracé, nommez-le dans le panneau Tracés (afin de l'enregistrer) puis, dans le menu d'options du panneau, choisissez Masque.
- **Tracé enregistré :** Comme dans le panneau Calques, vous renommez un tracé en double-cliquant sur son nom, dans le panneau Tracés. Il est impératif de renommer un tracé de travail si vous tenez à le réutiliser. Une fois nommé, un tracé est protégé de toute suppression accidentelle.
- **Tracé de calque de forme :** Quand un calque de forme est actif dans le panneau Calques, son tracé de masque vectoriel est visible dans le panneau Tracés. Pour personnaliser un tracé de calque de forme, il faut d'abord activer son calque. Ensuite, vous pouvez faire glisser le tracé de calque de forme, dans le panneau Tracés, jusque sur l'icône Créer un tracé afin de le dupliquer.
- **Masque vectoriel :** Quand un calque conventionnel a reçu un masque vectoriel et que ce dernier est visible dans le panneau Calques, le tracé du masque vectoriel est visible dans le panneau Tracés.

ATTENTION

Quand vous créez un tracé de type Masque, laissez le champ Flèche vide, à moins que l'imprimeur vous ait communiqué une valeur à y entrer. Elle passe outre le réglage natif du périphérique de sortie pour la reproduction des courbes. Utiliser une valeur erronée serait une calamiteuse et coûteuse erreur.

Pour activer un tracé dans le panneau Tracés, cliquez dessus. Vous le verrez ensuite dans la fenêtre de l'image, où vous pourrez le modifier. Hormis les tracés de calque de forme et de masque vectoriel, les tracés présents dans le panneau Tracés sont indépendants de tout calque. Il est parfaitement possible de créer un tracé dans le calque *Arrière-plan*, puis de l'utiliser par la suite comme base pour un graphisme situé, par exemple, dans le Calque 3.

Les boutons de le panneau Tracés

Les six boutons en bas du panneau Calques (reportez-vous à la Figure 11.17) ne sont pas là que pour faire joli. Ils servent notamment à gérer les conversions de tracé en sélection et inversement. Examinons-les de plus près :

- **Fond du tracé avec couleur de premier plan** : Cliquez sur un tracé dans le panneau Tracés, puis cliquez sur ce bouton pour remplir l'intérieur du tracé avec la couleur de premier plan. Si vous remplissez un tracé ouvert, Photoshop fait comme si une droite reliait les points d'extrémité. Le remplissage est ajouté au calque actif, dans le panneau Calques. S'il s'agit d'un calque de forme ou de texte, le bouton de remplissage Fond du tracé n'est pas disponible. La Figure 11.18 montre un tracé rempli.

Figure 11.18 : Faut-il appliquer d'abord le contour (à gauche) ou le remplissage (à droite) ?

- **Contour du tracé avec la forme** : Cliquez sur un tracé, dans le panneau Tracés, puis cliquez sur ce bouton pour créer un liseré de la couleur de premier plan tout au long du tracé. Le plus souvent, vous l'utiliserez après avoir activé l'outil Pinceau ; le contour aura ainsi les caractéristiques définies par cet outil. En revanche, si un autre outil est actif – comme le Tampon de duplication, le Correcteur, un des outils Densité, la Gomme, etc. –, le tracé reçoit un contour défini par l'outil en question. A l'instar du remplissage, le contour est ajouté au calque actif. Un tracé de calque de forme ne peut pas recevoir de contour. Il est cependant possible de le dupliquer et d'ajouter un contour à cette copie dans un autre calque. La Figure 11.18 montre la différence entre un contour et un remplissage.

- **Récupérer le tracé comme sélection :** Quand un tracé est sélectionné dans le panneau Tracés, il suffit de cliquer sur ce bouton pour qu'il soit aussitôt transformé en sélection très précise. Une sélection peut être créée à partir de n'importe quel tracé. Si elle doit présenter un contour progressif, choisissez Définir une sélection, dans le menu d'options du panneau, plutôt que de cliquer sur le bouton Récupérer le tracé comme sélection.
- **Convertir une sélection en tracé :** Un tracé de travail peut être obtenu à partir de n'importe quelle sélection d'un simple clic sur ce bouton. Si le tracé n'est pas aussi précis que vous le voudriez, ou s'il est trop compliqué parce qu'il tente de s'assujettir au moindre pixel, ouvrez le menu du panneau Tracés, choisissez Convertir en tracé et réglez la Tolérance selon vos besoins.
- **Créer un tracé :** Ce bouton sert principalement à dupliquer un tracé existant. Déposez un tracé sur ce bouton, et une copie est aussitôt disponible dans le panneau Tracés. Quand vous cliquez sur le bouton, vous ne créez ni ne remplacez aucun tracé de travail ; vous démarrez en fait un nouveau tracé enregistré.
- **Supprimer le tracé sélectionné :** Tirez un tracé, dans le panneau, et déposez-le sur ce bouton. Il est éliminé à la fois du panneau et du graphisme.

L'ordre dans lequel vous appliquez un contour et un remplissage produit des effets très différents. Le contour est centré sur le tracé, une moitié à l'intérieur, l'autre à l'extérieur. Le remplissage, lui, s'étend sur la totalité du tracé. Si vous appliquez d'abord le contour et que vous remplissez ensuite, le remplissage recouvre la moitié intérieure du contour. Comme l'illustre la Figure 11.18, ce n'est pas toujours une mauvaise chose (notez que, pour permettre la comparaison, les deux tracés sont visibles ; en réalité, ce n'est possible que pour un seul à la fois).

Parfois, le moyen le plus rapide et le plus efficace de créer un tracé complexe consiste à procéder à une sélection, puis à la convertir en tracé. Vous cliquerez par exemple avec la Baguette magique, puis sur le bouton Convertir une sélection en tracé, dans le panneau Tracés. N'oubliez pas de renommer le tracé afin qu'il soit enregistré !

12

De la classe avec les styles de calque

Dans ce chapitre :

- Comprendre les styles de calque.
- Appliquer des styles de calque avec le panneau Styles.
- Créer vos propres styles.

Dans un dessin ou dans une photographie, les tons clairs et foncés contribuent à produire l'impression de profondeur, en suggérant à celui qui les regarde que la lumière éclaire la scène ou les objets sous un certain angle. Vous pouvez aussi recourir à une ombre portée ou à une lueur pour suggérer la distance qui sépare un objet de l'arrière-plan. Les styles de calque de Photoshop permettent d'ajouter presque instantanément des ombres portées, des lueurs et d'autres effets spectaculaires. Dans ce chapitre, vous apprendrez comment les parties transparentes des calques permettent aux styles d'apparaître sur les calques inférieurs. Vous découvrirez le panneau Styles et apprendrez comment stocker des styles – y compris ceux que vous aurez confectionnés – afin de les réutiliser.

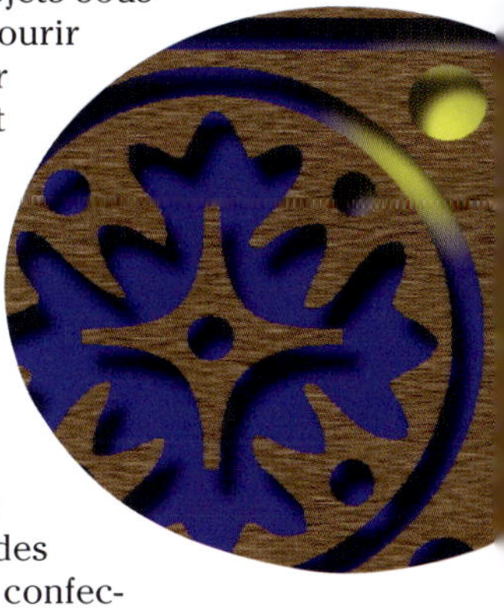

Que sont les styles de calque ?

Un *style de calque* est un effet appliqué aux pixels d'un calque ou aux alentours de ces pixels. Les effets qui entourent des pixels sont les *contours*, les *ombres* et les *lueurs*. Les effets qui s'appliquent aux pixels sont des *incrustations* de couleur, de motif ou de dégradé. D'autres effets sont prévus, comme le *biseautage* et *l'estampage*, qui produisent une impression de relief. Des effets peuvent bien sûr être cumulés, comme le révèle la Figure 12.1. Des effets peuvent être ajoutés à des calques de diverses manières, y compris à partir du menu accessible en cliquant sur un bouton en bas du panneau Calques, comme le montre la Figure 12.2.

Figure 12.1 : Les contours, ombres, incrustations et biseautages ne sont que quelques-uns des effets disponibles.

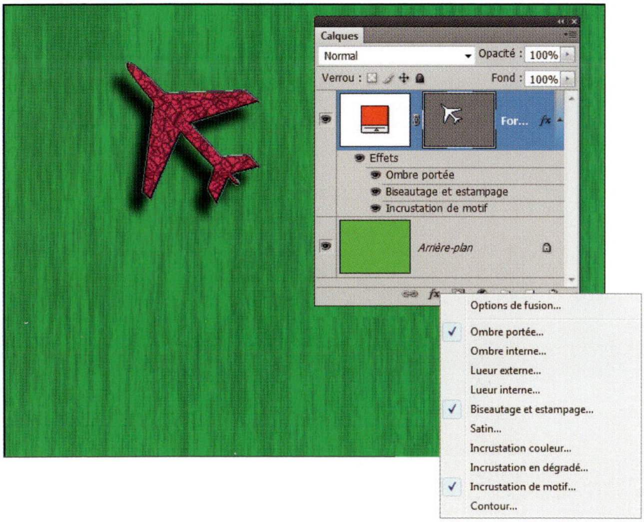

Figure 12.2 : Un style de calque peut être créé depuis le panneau Calques.

Afin que tout le monde soit sur la même longueur d'onde, quand il sera question d'une ombre portée, d'une lueur externe, d'une incrustation de couleur ou de tout autre élément du menu de la Figure 12.2, nous appellerons cela un *effet de calque* ou tout simplement un *effet*.

Quand un effet est appliqué à un calque ou enregistré dans le panneau Styles – ce que nous verrons d'ici peu –, il devient un style de calque. Un style de calque peut comporter un ou plusieurs effets. Chacun des effets de calque est élaboré dans Photoshop, mais vous pouvez aussi ajouter ou supprimer des styles de calque, voire créer le vôtre. A propos, les Options de fusion, en haut du menu dans la Figure 12.2, ne sont pas vraiment des effets de calque ; elles régissent la manière par laquelle la couleur des pixels du calque sélectionné interfère avec les pixels des calques sous-jacents.

Certains effets de calque, comme les ombres portées et les lueurs externes, apparaissent hors du contenu du calque. Pour qu'ils soient visibles dans votre graphisme, le calque doit comporter un minimum de pixels transparents. S'il est rempli de bord à bord, l'effet n'a plus de place pour se manifester, car en toute logique l'ombre portée ou la lueur devrait s'étendre hors de la zone de travail. Examinez les styles de calque de la Figure 12.3.

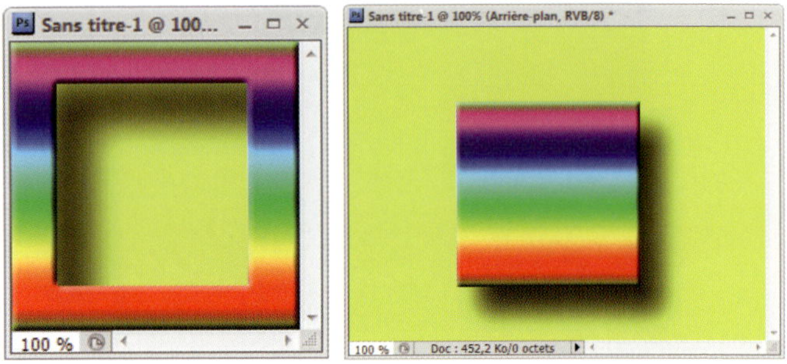

Figure 12.3 : Certains effets exigent des zones transparentes, faute de quoi ils n'apparaissent pas.

Dans l'exemple de gauche, en toute logique, l'ombre devrait aussi apparaître en bas à droite de l'objet. Mais comme elle serait alors hors de la zone de travail, ce n'est pas possible.

Le panneau Styles

Par défaut, le panneau Styles est imbriqué avec les panneaux Couleur et Nuancier. Si vous ne le voyez pas, choisissez Fenêtre/Styles afin de l'afficher. C'est dans ce panneau, dont la Figure 12.4 montre le menu, que vous trouverez et stockerez les styles de calque. C'est aussi à partir de là que vous appliquerez facilement un style au calque actif.

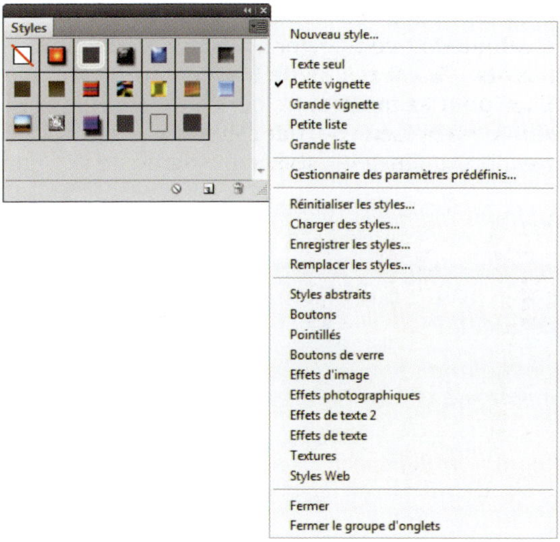

Figure 12.4 : Le panneau Styles contient les styles prédéfinis ainsi que les styles enregistrés.

Pour appliquer un style à partir du panneau Styles, activez le calque de destination en cliquant dessus, dans le panneau Calques, puis cliquez sur le style à appliquer. Ce n'est pas plus compliqué que ça ! Pour ôter un style du calque actif, cliquez sur le bouton de gauche, dans le panneau Styles. Le bouton du milieu sert à enregistrer un style personnalisé, comme nous le verrons d'ici peu. Pour supprimer un style du panneau, faites-le glisser et déposez-le sur le bouton Corbeille. En effet, sélectionner un style n'active pas cette corbeille.

Examinez le menu du panneau Styles. La première commande ajoute aux styles existants celui qui est actuellement appliqué au calque actif. Cela revient en fait à cliquer sur le bouton Créer un nouveau style (reportez-vous à la Figure 12.4).

Le groupe de commandes qui suit permet de choisir entre cinq affichages du contenu du panneau. Les options Texte seul, Petite liste et Grande liste sont commodes si vous avez créé un grand nombre de styles aux noms évocateurs, mais, tant que vous n'êtes pas familiarisé avec le panneau, les noms par défaut ne sont guère informatifs. L'option Grande vignette donne une meilleure idée des effets, mais vous en verrez moins à la fois qu'avec l'option par défaut, Petite vignette.

La commande Gestionnaire des paramètres prédéfinis est l'équivalent de celle du menu Edition. Utilisez-la pour enregistrer les styles personnalisés dans des groupes, sur le disque dur, afin de les protéger d'une perte accidentelle.

Les quatre commandes suivantes sont ce que j'appelle des "commandes pour faire le ménage", car elles régissent le contenu du panneau :

- **Réinitialiser les styles** : Elle rétablit le panneau comme il est par défaut. Le bouton Ajouter permet d'adjoindre l'ensemble sélectionné au contenu du panneau courant, à moins que vous remplaciez le contenu courant par l'ensemble sélectionné en cliquant sur OK.
- **Charger des styles :** Cette commande récupère les styles personnalisés sur le disque dur, ou à partir de tout autre endroit. Il existe dans le commerce des CD emplis de styles de calque. L'ensemble est automatiquement ajouté au contenu courant du panneau.
- **Enregistrer des styles :** Enregistre le contenu courant du panneau – c'est-à-dire la totalité des styles – dans un ensemble de styles stocké sur le disque dur.
- **Remplacer des styles :** Efface le contenu du panneau et le remplace par l'ensemble sélectionné.

En bas du panneau Styles, se trouve la liste de tous les ensembles de styles enregistrés dans le dossier Paramètres prédéfinis/Styles de Photoshop. Sélectionnez-en un. Vous aurez ensuite la possibilité de l'ajouter au contenu du panneau ou de remplacer ce dernier (votre liste risque de différer de celle de la Figure 12.4).

Les deux dernières commandes du panneau Styles contrôlent la visibilité du panneau. Elles permettent de fermer le panneau ou de l'imbriquer à d'autres sous la forme d'un onglet.

Créer des styles personnalisés

Vous créez un style personnalisé en appliquant un ou plusieurs effets au calque actif (à l'exception de celui nommé *Arrière-plan*, car il ne peut recevoir aucune transparence). Après avoir peaufiné un effet, il suffit de l'ajouter au panneau Styles. En l'enregistrant, vous pourrez même le partager avec vos collègues ou amis. La combinaison de multiples effets de calque permet de confectionner des styles de toute beauté qui transformeront une modeste forme en œuvre d'art.

Le menu Style de calque

En plus du menu déroulant en bas du panneau Calques (reportez-vous à la Figure 12.2), les effets peuvent être appliqués en choisissant Calque/Style de calque. Comme le montre la Figure 12.5, procéder ainsi donne accès à quelques options supplémentaires.

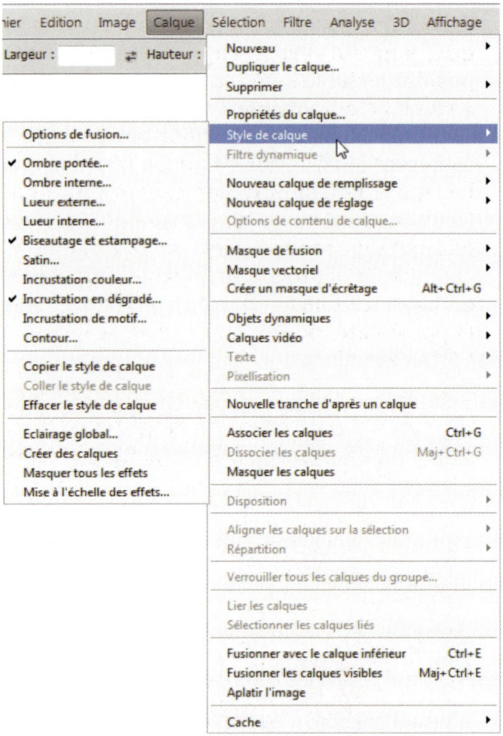

Figure 12.5 : Des effets peuvent être appliqués à partir du menu Calque/Style de calque.

Les dix éléments sous Options de fusion sont des effets de calque. Les coches à gauche indiquent ceux qui sont actuellement appliqués au calque courant. Les commandes Copier le style de calque et Coller le style de calque sont commodes, mais, si vous préférez travailler à la souris plutôt qu'au clavier, il vous sera plus facile d'ajouter le style au panneau Styles, puis de cliquer dessus pour l'utiliser dans d'autres calques. Effacer le style de calque est l'équivalent du clic sur le bouton de gauche, en bas du panneau Styles : tous les effets sont supprimés du calque cible. Les quatre commandes en bas du menu méritent une attention particulière :

- **Eclairage global :** Bon nombre d'effets sont appliqués sous un certain angle. C'est le cas de l'ombre portée, réglable selon la direction d'un éclairage virtuel. La commande Eclairage global fixe l'angle d'éclairage par défaut, utilisé par tous les effets. Ils seront ainsi cohérents dans tous les calques. La Figure 12.6 montre une exception à cette règle. Dans ce graphisme, les ombres portées sont en opposition, simulant ainsi une source de lumière centrale, très proche de l'image. Comme vous le constaterez dans la prochaine section, vous avez la possibilité, pour chaque effet, d'activer ou non l'éclairage global.

Figure 12.6 : Pour cet effet d'ombres portées divergentes, l'option Eclairage global doit être désactivée.

- **Créer des calques :** Il faut parfois modifier un effet de calque, pour contrôler par exemple la projection d'une ombre portée. La commande Créer des calques pixellise chaque effet : il est placé dans un nouveau calque qui ne contient que des pixels. Vous pouvez dès lors effacer des parties de ce calque, appliquer des filtres artistiques, etc.

Rappelez-vous qu'après avoir pixellisé un style de calque avec cette commande il n'est plus modifiable dans la boîte de dialogue Style de calque. Mais si vous avez placé le style original dans le panneau Styles, celui-ci est toujours disponible.

- **Masquer tous les effets** : Cette commande masque temporairement un style de calque. Une autre solution, plus commode, consiste à cliquer, dans le panneau Calques, sur l'icône en forme d'œil à gauche du style afin de rendre l'effet invisible.
- **Mise à l'échelle des effets :** Cette commande agrandit ou réduit uniformément un style de calque.

La boîte de dialogue Style de calque

Pour créer des styles de calque, vous devez d'abord vous familiariser avec chacun des dix effets. Ils sont tous accessibles au travers de la boîte de dialogue Style de calque que montre la Figure 12.7. Chaque effet possède ses propres réglages. Les valeurs par défaut sont un bon point de départ : il vous suffira parfois de ne changer qu'une couleur ou de régler une taille, la distance ou l'opacité. Et, bien sûr, l'effet peut aussi être abondamment personnalisé.

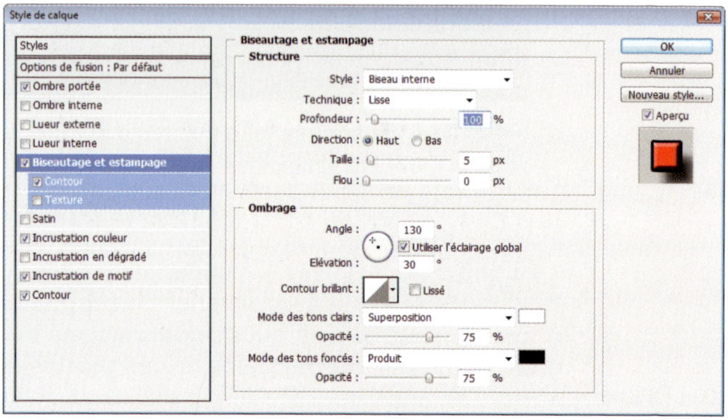

Figure 12.7 : Dans la boîte de dialogue Style de calque, chaque effet bénéficie d'un panneau de réglage.

Dans le volet de gauche de la boîte de dialogue, vous cochez les effets à appliquer. Il faudra aussi cliquer sur leur nom pour ouvrir le panneau des paramètres correspondant. Dans la Figure 12.7, les effets Ombre portée, Biseautage et estampage, Incrustation couleur, Incrustation de motif et Contour sont appliqués. Le panneau Biseautage et estampage est actuellement affiché, comme le révèle le surlignage de cette option dans le volet de gauche et aussi le titre du panneau. A droite du panneau, un aperçu montre le résultat des effets sur un carré de 150 pixels de côté.

N'OUBLIEZ PAS

Tandis que vous lirez la description des divers jeux d'options, gardez à l'esprit les quelques généralités qui suivent :

- **Sélection de la couleur :** Cliquer sur un champ de couleur – généralement situé à proximité du mode de fusion – ouvre le Sélecteur de couleurs.
- **Bruit :** Le curseur Bruit donne un aspect granuleux à une lueur ou à une ombre.
- **Contour :** Les lueurs, ombres et autres effets de ce genre peuvent être appliqués linéairement, en s'estompant progressivement du visible à l'invisible. Il est cependant possible d'opter pour une transition non linéaire. Elle convient généralement bien à un contour, mais produit surtout des effets intéressants avec les lueurs et les ombres.
- **Angle et Utiliser l'éclairage global :** L'angle d'éclairage de certains effets peut être réglé soit en le tapant dans le champ prévu à cet effet, soit en déplaçant un repère dans le contrôleur d'angle circulaire. Cochez la case Utiliser l'éclairage global pour que cet angle soit appliqué à tous les styles dans tous les calques.

Les bases d'un effet

Dans cette section, vous découvrirez les bases des dix effets de calque, notamment les options de la boîte de dialogue Style de calque qui permettent de les réaliser. N'oubliez pas de lire l'encadré "Les quatre modes de fusion clés".

Ombre portée

Une ombre portée est idéale pour détacher un élément graphique du restant de l'image, comme l'illustrent les deux versions d'un graphisme, dans la Figure 12.8. Le contenu du calque cible est copié, converti en noir puis placé sous le calque. Le mode de fusion et l'opacité déterminent la manière dont l'ombre interagit avec le calque d'en dessous. Vous réglez le décalage – ou Distance – et le flou à l'aide des glissières. Rappelez-vous qu'il s'agit d'un style de calque ; en vérité, aucun calque supplémentaire n'est ajouté à l'image. En règle générale, l'option Contour est le profil linéaire proposé par défaut. Les ombres portées font merveille avec des calques de texte.

Figure 12.8 : Une ombre portée sépare efficacement le contenu du calque supérieur du contenu du calque inférieur.

Ombre interne

L'ombre interne est un effet intéressant, comme le prouve la Figure 12.9. Comparez les deux paramétrages. A gauche, une ombre colorée diffuse est obtenue grâce au mode de fusion Superposition qui adoucit les bords. A droite, l'ombre interne plus dure est obtenue avec une couleur foncée et le mode de fusion Produit. L'effet est appliqué à la forme rouge qui se trouve sur le calque supérieur.

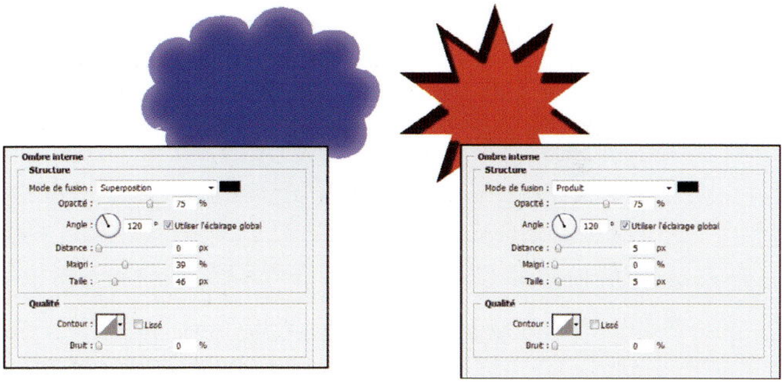

Figure 12.9 : Une ombre interne peut être diffuse ou dure, claire ou foncée.

Lueur externe

Appliquée avec une couleur sombre, la lueur externe ressemble à une ombre omnidirectionnelle. Mais avec une couleur claire et le mode de fusion Superposition, vous lui découvririez une foule d'usages réalistes ou bizarres, comme le montre la Figure 12.10 (car, dans la réalité, aucune étoile ne saurait être visible dans un croissant de lune).

Figure 12.10 : L'effet Lueur externe est très polyvalent.

La zone supérieure du panneau Lueur externe, Structure, sert à choisir le mode de fusion, à régler l'opacité et le bruit et à choisir une couleur (cliquez sur le champ coloré pour la changer) ou un dégradé (cliquez sur l'aperçu pour ouvrir l'Editeur de dégradé). C'est dans la zone Eléments que vous définissez la taille et la déperdition de la lueur. Le menu déroulant Technique propose les options Plus tamisé et Précise. Essayez-les toutes les deux. Ne mésestimez pas les options Qualité, en bas du panneau. Vous utiliserez surtout Variation avec les dégradés, que cette option rend plus ou moins aléatoires. Le curseur Etendue contrôle le décalage de la lueur. Et si vous en avez l'occasion, ne manquez pas de jouer avec les différents profils de Contour.

Les quatre modes de fusion clés

Photoshop contient plus d'une vingtaine de modes de fusion, dont la plupart figurent dans la boîte de dialogue Style de calque. Vous n'utiliserez régulièrement que peu d'entre eux, et vous essaierez occasionnellement les autres.

Le mode de fusion Produit assombrit les pixels. Choisissez-le lorsque vous travaillez avec des ombres ou des lueurs pour obscurcir les pixels sous-jacents, sans toutefois les occulter complètement. Le mode de fusion Superposition éclaire les pixels. Utilisez-le avec les lueurs claires et autres effets de ce genre. Le mode de fusion Incrustation est un hybride de Produit et Superposition. Il est approprié aux motifs contenant à la fois des couleurs foncées et claires.

N'oubliez pas pour autant le mode de fusion Normal. Choisissez-le avec une Opacité de 100 % si vous désirez que la lueur ou l'ombre occulte totalement ce qui se trouve dessous. Vous opterez aussi pour ce mode, à une opacité plus faible, si l'effet doit laisser deviner des pixels foncés ou clairs. N'hésitez pas à faire des essais : usez et abusez des modes de fusion rien que pour voir ce qu'ils donnent. (Pour plus d'informations sur les modes de fusion, consultez le Chapitre 10.)

Lueur interne

L'effet Lueur interne est régi par les mêmes commandes que la Lueur interne, mais produit un effet d'ombre interne. Comme le montre la Figure 12.11, la Lueur interne peut servir de base pour créer un effet de néon. Ajoutez une lueur externe, peut-être un effet Contour, et le tour est joué.

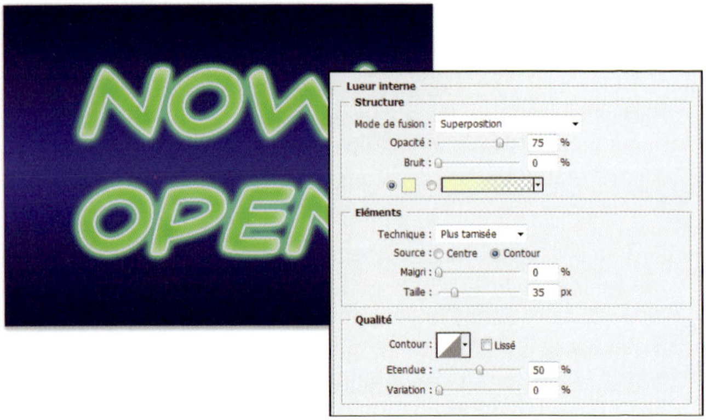

Figure 12.11 : L'effet Lueur interne offre un plus grand contrôle que l'ombre interne.

Le mélange des effets Lueur interne et Ombre interne peut produire des effets spectaculaires, notamment en utilisant des paramètres Taille identiques et en variant la couleur et le mode de fusion. Sans oublier les variations de Contour.

Biseautage et estampage

Sans doute l'un des effets les plus séduisants, Biseautage et estampage permet de créer facilement un effet de relief. Il est idéal pour agrémenter du texte, pour des boutons destinés à des sites Web, etc. La Figure 12.12 montre quelques échantillons.

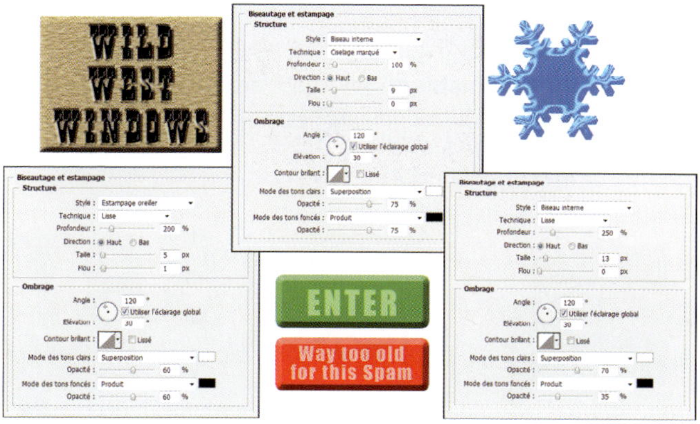

Figure 12.12 : Quelques-uns des nombreux usages de Biseautage et estampage.

Gardez toujours le style Biseautage et estampage à l'esprit tout au long de la lecture de ce livre. Quand vous rencontrerez un effet comme celui de la Figure 12.13, accordez-vous un petit moment pour comprendre comment il a été obtenu.

Figure 12.13 : Beaucoup d'illustrations de ce livre bénéficient du biseautage et de l'estampage.

Satin

L'effet Satin se fonde sur la forme de l'objet pour produire une incrustation ondulatoire. Comme le montre la Figure 12.14, il est plus efficace avec des caractères typographiques et des formes complexes qu'avec de grandes formes en aplat.

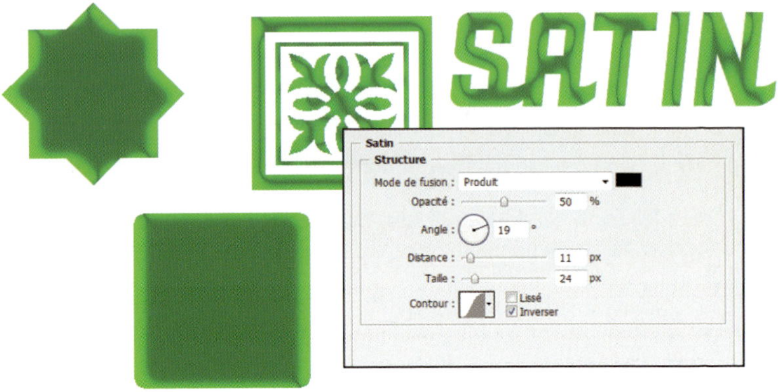

Figure 12.14 : L'effet Satin est efficace avec des formes très complexes.

Incrustation couleur

Bien que l'effet Incrustation de couleur soit surtout utile avec des formes simples, rien ne vous empêche d'y recourir pour des effets plus excitants comme ceux de la Figure 12.15. L'original se trouve en haut à gauche. Rappelez-vous qu'il est toujours possible de revenir en arrière, lorsque vous appliquez un effet de calque, ou encore de modifier ou supprimer les changements.

Figure 12.15 : L'effet Incrustation couleur peut être subtil ou très appuyé.

Incrustation en dégradé

Contrairement à la Courbe de transfert de dégradé décrite au Chapitre 6, qui applique un dégradé à l'image selon les tons de l'original, l'Incrustation en dégradé plaque simplement un dégradé sur l'image en utilisant le mode de fusion et l'opacité que vous lui avez indiqués. Vous contrôlez la forme du dégradé, l'angle sous lequel il est appliqué et son échelle (voir Figure 12.16).

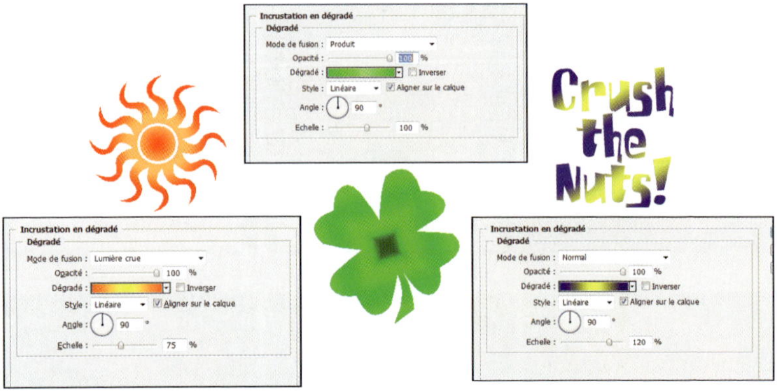

Figure 12.16 : L'incrustation en dégradé plaque un dégradé paramétrable.

TRUC

Lorsque vous travaillez avec des dégradés, cliquez sur le petit triangle à droite de l'aperçu pour déployer le panneau des dégradés prédéfinis.

Incrustation de motif

A l'instar de l'Incrustation couleur, l'Incrustation de motif se fonde sur le mode de fusion et l'opacité pour savoir comment un motif doit interagir avec le graphisme. Comme le montre la Figure 12.17, l'échelle du motif peut être réglée, le motif peut être calé dans le coin supérieur gauche de l'image – en cliquant sur le bouton Magnétisme de l'origine – et lié au calque afin que l'aspect du graphisme ne change pas pendant que vous repositionnez le calque. Cliquez sur le triangle à droite de l'aperçu du motif pour déployer un panneau qui en contient d'autres.

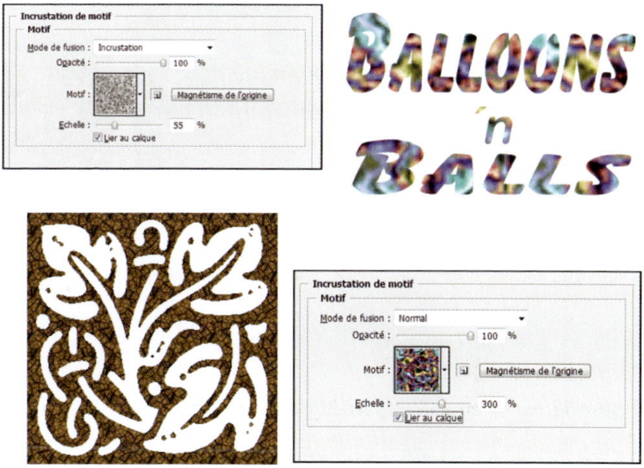

Figure 12.17 : L'effet Incrustation de motif ajoute une texture au graphisme présent dans le calque.

Contour

Cet effet sert notamment à ajouter un liseré autour d'un objet. Un filet d'un seul pixel est parfois suffisant pour détacher un objet et mieux le mettre en évidence.

TRUC

Contour n'a pas qu'un usage purement "utilitaire". C'est aussi un magnifique outil de création, notamment utilisé avec d'autres effets de calque. Par exemple, un contour de couleur contrastant avec le fond est un bon moyen de souligner les bords d'un sujet auquel vous avez appliqué une lueur externe ou une ombre portée. Un contour peut faire d'une banale police une typographie attrayante. Et n'oubliez pas que Contour est indispensable pour que le style Contour de l'estampage de l'effet Biseautage et estampage fonctionne. La Figure 12.18 montre quelques exemples de Contour.

Figure 12.18 : L'effet Contour est utilisable indépendamment ou avec d'autres effets de calque.

Opacité, Fond et Fusion avancée

En haut à droite du panneau Options de fusion de la boîte de dialogue Style de calque se trouvent deux paramètres : Opacité et Opacité du fond (voir Figure 12.19). Des deux dépend la visibilité du contenu du calque.

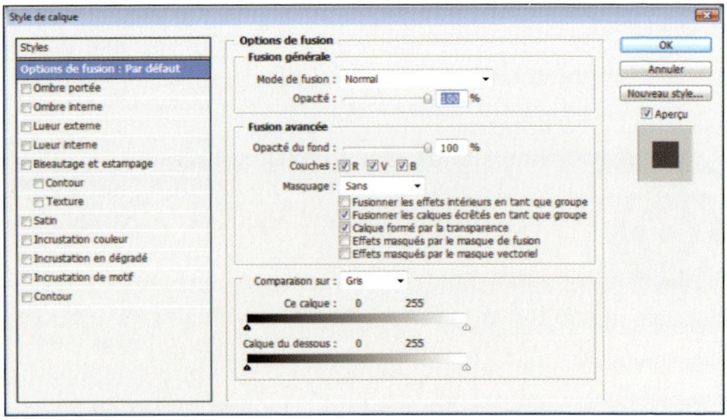

Figure 12.19 : Les curseurs Opacité et Opacité du fond contrôlent la visibilité d'un calque.

Quand vous réduisez le paramètre Opacité du calque, le contenu du calque ainsi que le style de calque deviennent de plus en plus transparents. Le curseur Fond, lui, réduit l'opacité des pixels, mais pas celle des styles de calque. Quand faut-il modifier le paramètre Fond ? La première circonstance qui me vient à l'esprit est celle de la très populaire technique de la typographie en verre, qui produit une police transparente du plus bel effet, idéale pour filigraner vos œuvres sur le Web. Voici la procédure :

1. **Placez du texte dans une image via l'outil Texte.**

   C'est une excellente technique pour placer une mention de copyright sur une image, car celle-ci reste visible mais inexploitable par un plagiaire. Commencez par écrire le texte.

2. **Appliquez un style de calque au calque de texte.**

   Appliquez un biseautage, un fin contour noir et, éventuellement, une ombre interne. (Sélectionnez individuellement chaque effet comme décrit précédemment dans ce chapitre.)

3. **Dans le panneau Calques, fixez le paramètre Fond à 0 %.**

   Vous pouvez cliquer dans le champ Fond ou sur la flèche à droite du champ et actionner le curseur, ou encore cliquer sur le mot Fond et tirer vers la gauche. Le calque de texte disparaît, mais l'effet reste.

   La Figure 12.20 montre ces trois étapes.

Figure 12.20 : Il suffit de jouer sur l'Opacité du fond pour voir l'image à travers le texte.

La zone Fusion avancée du panneau Options de fusion (voir Figure 12.21) contient d'autres paramètres.

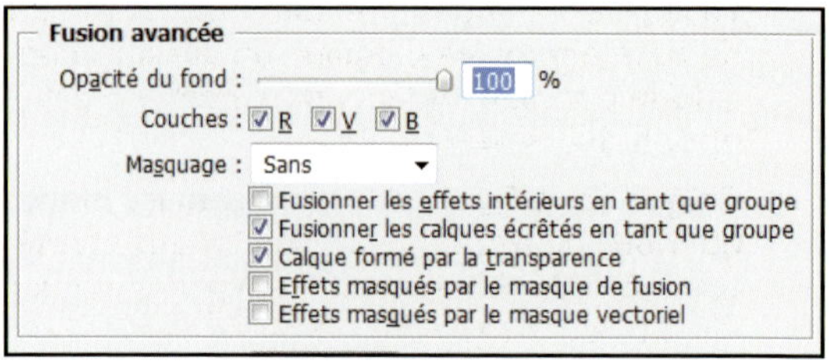

Figure 12.21 : Les paramètres de Fusion avancée se trouvent dans le panneau Options de fusion.

A part Opacité du fond, vous ne toucherez sans doute jamais aux autres options de fusion avancée. Ce n'est pas une raison pour ne pas les évoquer :

- **Couches :** Décochez une ou plusieurs couches chromatiques pour masquer cette couleur dans le calque. Par exemple, si vous décochez la case R, la couche Rouge est entièrement masquée.
- **Masquage :** Vous pouvez utiliser le contenu du calque cible pour créer des transparences dans les calques sous-jacents. Le calque d'au-dessus devient transparent, de même que les calques sous-jacents, partout où le calque supérieur contient des pixels visibles (effet de découpe). Pour réduire l'effet au calque le plus bas du groupe, choisissez l'option Superficiel. L'option Profond l'étend jusqu'au calque *Arrière-plan* (ou jusqu'au calque formé par la transparence, si l'image est dépourvue de calque d'arrière-plan).
- **Fusionner les effets intérieurs en tant que groupe :** Vous pouvez fusionner les effets Lueur interne, Satin et les incrustations avant que le calque lui-même fusionne avec les calques inférieurs. Quand cette option est utilisée, c'est comme si le mode de fusion de l'effet était annulé par celui du calque.

- **Fusionner les calques écrêtés en tant que groupe** : Si des calques ont été écrêtés (voir Chapitre 10), vous pouvez imposer le mode de fusion du calque de base à tous les calques, ou laisser chaque calque interagir indépendamment. En général, cette option doit rester cochée.
- **Calque formé par la transparence :** Autre option qui doit toujours être active, Calque formé par la transparence limite le style de calque aux pixels visibles du calque cible. Par exemple, si vous appliquez un effet Incrustation couleur à un petit rectangle arrondi, décocher cette case applique l'effet au calque entier, et pas uniquement au rectangle.
- **Effets masqués par le masque de fusion** : Si la visibilité du calque cible est contrôlée par un masque de fusion (voir Chapitre 8), vous pouvez faire en sorte que le style de calque soit lui aussi occulté par le masque. Un masque de fusion peut même ne masquer que le style de calque ; c'est commode pour éviter qu'une ombre portée s'étende là où elle ne doit pas. Créez un masque de fusion qui cache les parties où le style ne doit pas être visible, puis cochez l'option Effets masqués par le masque de fusion.
- **Effets masqués par le masque vectoriel :** Cette option utilise un masque vectoriel exactement de la même manière que l'option Effets masqués par le masque de fusion (rappelons qu'un *masque vectoriel* est un tracé qui définit les zones visibles d'un calque, comme nous l'avons explique au Chapitre 11).

TRUC

Si l'arrière-plan d'une image est du blanc ou du noir uniforme, vous pouvez faire disparaître cet arrière-plan en actionnant les curseurs Comparaison sur (voir Figure 12.22). Dans le panneau Calques, double-cliquez sur le calque nommé *Arrière-plan* puis renommez-le. En bas du panneau Calques, cliquez sur le bouton Créer un calque. Déplacez le nouveau calque sous le calque original. Double-cliquez sur le calque Original pour ouvrir la boîte de dialogue Style de calque sur les Options de fusion. Tout en bas, dans la zone Comparaison sur, tirez le curseur droit de la glissière supérieure vers la gauche, jusqu'à ce que l'arrière-plan ait disparu. Au cours de cette opération, le damier de transparence apparaît. Appuyez sur ⌘/Ctrl + E pour fusionner les calques et conserver l'arrière-plan désormais transparent.

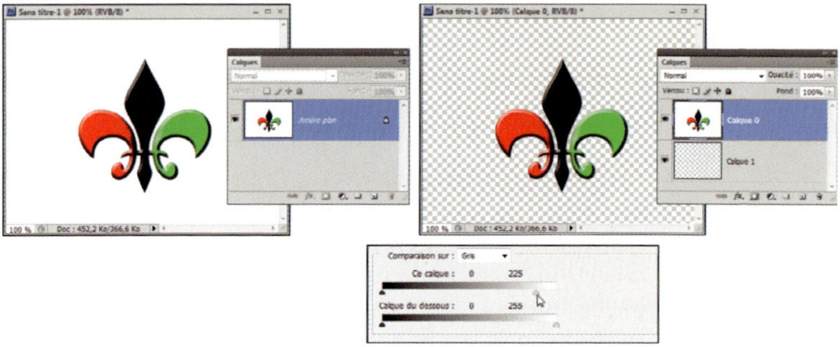

Figure 12.22 : Faites disparaître l'arrière-plan blanc avec les glissières Comparaison sur.

Enregistrer les styles de calque

La création de styles exige du temps. Les enregistrer évite d'avoir à les recréer. Les styles doivent être enregistrés non seulement dans le panneau Styles, mais aussi sur le disque dur.

Ajouter des styles au panneau Styles

Pour ajouter un style au panneau Styles, vous devez d'abord le créer. Sélectionnez un calque dans le panneau Calques, ouvrez la boîte de dialogue Style de calque, puis sélectionnez les effets et les options. Après avoir cliqué sur OK pour fermer la boîte de dialogue, cliquez sur le bouton Créer un nouveau style, en bas du panneau (voir

Figure 12.23). Nommez ensuite le style dans la boîte de dialogue qui apparaît, puis cliquez sur OK. Si vous le désirez, vous pouvez aussi mémoriser le mode de fusion du calque en même temps que le style.

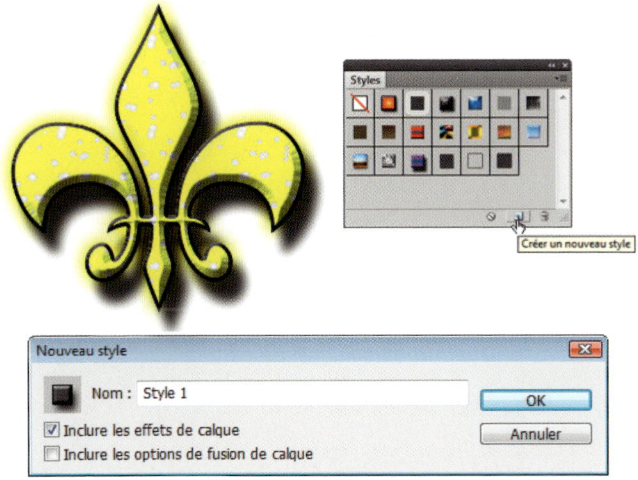

Figure 12.23 : Cliquez sur le bouton du milieu, en bas du panneau Styles, pour mémoriser un style personnalisé.

Préserver les styles de calque

Placer les styles personnalisés dans le panneau Styles permet de les avoir sous la main en permanence. Mais, si jamais le fichier des préférences de Photoshop devait être remplacé (voir Chapitre 3) ou si Photoshop devait être réinstallé, tous vos styles personnalisés seraient effacés. Pour être sûr de ne pas les perdre accidentellement, créez et enregistrez un ensemble de styles que vous pourrez ensuite recharger dans le panneau Styles, en cas de nécessité.

Le menu du panneau Styles contient une commande Enregistrer les styles (reportez-vous à la Figure 12.4) qui sauvegarde tous les styles courants dans un groupe.

Mais, pour un contrôle plus fin – c'est-à-dire pour sélectionner les styles à placer dans le groupe –, utilisez le Gestionnaire des paramètres prédéfinis que montre la Figure 12.24. Vous pouvez l'ouvrir soit depuis le panneau Styles, soit depuis le menu Edition. Veillez à ne pas modifier l'extension `.asl`, indispensable pour que Photoshop reconnaisse qu'il s'agit d'un fichier Style.

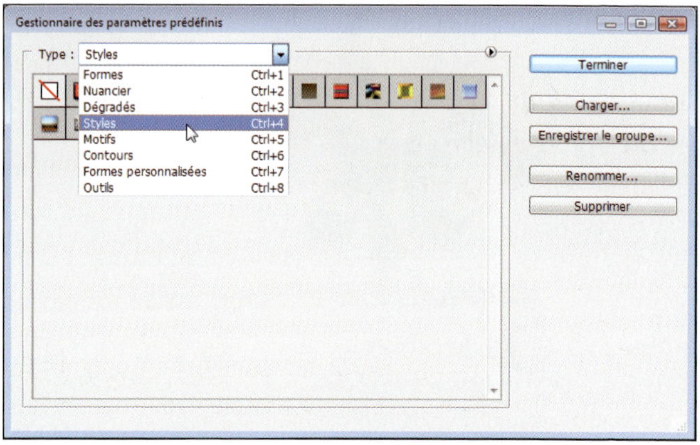

Figure 12.24 : Enregistrez vos styles avec le Gestionnaire des paramètres prédéfinis.

Comme vous le constatez dans la Figure 12.24, le Gestionnaire des paramètres prédéfinis est capable d'enregistrer toutes sortes d'éléments. Ne vous privez pas de l'utiliser. Cliquez, touche Majuscule enfoncée, pour sélectionner une plage de styles ou, touche ⌘/Ctrl enfoncée, pour sélectionner des styles épars. Cliquez ensuite sur le bouton Enregistrer le groupe. Là encore, nommez-le (avec l'indispensable extension `.asl`), choisissez un dossier puis cliquez sur OK.

13

Du texte dans l'image

Dans ce chapitre :

- Un mot vaut mille pixels.
- Créer des paragraphes dans une zone de texte.

Pour un logiciel essentiellement graphique, Photoshop est plus que bien doté en fonctions typographiques. Bien qu'il ne saurait remplacer un logiciel de PAO comme InDesign ou un traitement de texte comme Word, il n'en est pas moins capable de placer du texte et des paragraphes dans vos images.

Dans ce chapitre, vous découvrirez les outils et les panneaux servant à placer du texte dans une image. Vous apprendrez aussi à créer des paragraphes et des colonnes de texte – comme dans une brochure ou un livret – et comment faire courir du texte le long d'un tracé.

Un mot vaut mille pixels

Pour créer du texte et le mettre en forme, Photoshop offre quatre outils et leur barre d'options, ainsi qu'une paire de palettes : Caractère et Paragraphe. Par défaut, les panneaux sont masqués, car bon nombre de choix – comme le style et l'alignement – peuvent être effectués directement depuis la barre d'options, ce qui est parfait. Mais pour des réglages plus élaborés, vous devrez recourir aux palettes. Affichez-les en choisissant Fenêtre/Caractère ou Fenêtre/Paragraphe ou, l'outil Texte actif, en cliquant sur le bouton de développement des tiroirs Caractère et Paragraphe verticalement et à gauche des palettes de Photoshop. Vous pouvez également y accéder en cliquant sur le bouton Activer/Désactiver les panneaux Caractère et Paragraphe situé sur la barre d'options. La Figure 13.1 montre l'ensemble des options disponibles avec l'outil Texte.

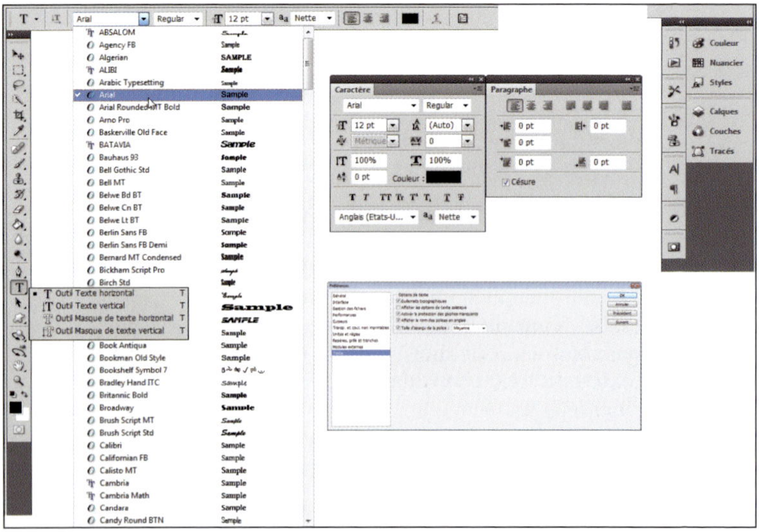

Figure 13.1 : Les outils typographiques ne manquent pas dans Photoshop.

Comme le montre la Figure 13.1, la liste Police montre un aperçu des polices de caractères. Via la boîte de dialogue Préférences, vous avez le choix entre cinq tailles d'aperçu de la police.

Du texte peut être informatif ou décoratif, ou les deux à la fois. L'outil Texte peut servir à placer un seul caractère ou un paragraphe entier. Le texte peut être brut ou savamment élaboré avec des styles de calque comme l'ombre portée, des lueurs, un biseautage et n'importe quel autre effet à votre convenance. Bien utilisé, un texte peut être un puissant élément de communication ou symbolique, comme le révèle la Figure 13.2. Les lignes de code binaire à gauche et même les notes de musique en bas sont du texte.

Figure 13.2 : Du texte peut être symbolique ou décoratif.

Mais, avant de commencer à placer du texte dans un graphisme, vous devez acquérir une bonne connaissance des divers outils, panneaux, menus et options disponibles.

Outils Texte : calques et masques

Photoshop contient quatre outils Texte ou, pour être plus précis, deux paires d'outils Texte : les outils Texte horizontal et Texte vertical, qui créent des calques de texte, et les outils Masque de texte horizontal et Masque de texte vertical, qui produisent un contour de sélection ayant la forme des caractères (comparable aux outils de sélection évoqués au Chapitre 8).

En plus de la correction d'éventuelles fautes d'orthographe, les calques de texte offrent d'appréciables avantages :

- **Ils peuvent recevoir des styles de calque afin d'agrémenter le texte.** Une simple ombre portée ou un biseautage fait ressortir le texte du fond.
- **Le mode de fusion et l'opacité peuvent être réglés** afin d'intégrer parfaitement le texte à l'arrière-plan.
- **Ils permettent de créer du texte net et précis.** Sorti sur une imprimante laser ou sur tout autre périphérique PostScript, le texte est magnifiquement rendu.

Tant que l'image n'est pas aplatie, ou tant que le calque n'est pas fusionné ou pixellisé (converti en pixels), le texte peut être modifié, ainsi que tous ses attributs (police, styles de calque, opacité, mode de fusion…), comme le montre la Figure 13.3.

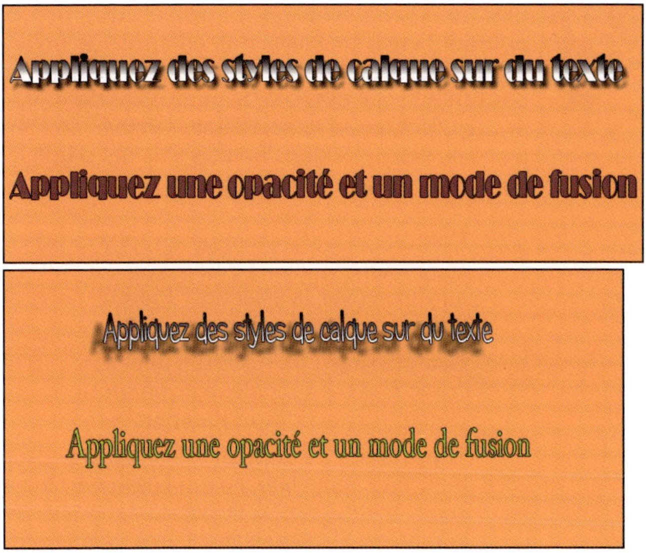

Figure 13.3 : La police, le mode de fusion et l'opacité d'un style de calque peuvent être modifiés à tout moment.

Un calque de texte – avec tous ses avantages – est automatiquement créé lorsque vous utilisez l'outil Texte horizontal ou Texte vertical. Dans le panneau Calques, il est signalé par un "T" dans la vignette.

Vous utiliserez l'outil Texte horizontal ou Texte vertical pour placer du texte dans une image, qu'il s'agisse d'un simple smiley ☺ ou de plusieurs colonnes de texte d'une brochure. A quel moment utiliserez-vous les outils Masque de texte horizontal et Masque de texte vertical ? Peut-être jamais. Mais s'il vous fallait une sélection ayant la forme du texte, vous l'obtiendriez instantanément en cliquant dans la vignette du calque de texte, touche ⌘/Ctrl enfoncée : vous avez ainsi la sélection, tout en conservant le calque de texte qui reste modifiable, juste pour le cas où…

Cela ne répond évidemment pas à la question de savoir pourquoi créer une sélection en forme de texte, et par conséquent la raison d'être des outils Masque de texte, ou pourquoi le ciel est bleu. Si pour cette dernière question je vous renvoie à l'impérissable ouvrage *Le Ciel bleu pour les Nuls*, voici quelques bonnes raisons d'utiliser l'outil Masque de texte :

- **Contour :** La sélection peut recevoir un contour, c'est-à-dire un liseré coloré placé à l'intérieur, autour ou sur la sélection. Pour ce faire, choisissez Edition/Contour.
- **Remplissage** : La sélection peut être remplie d'une couleur, d'un dégradé avec un motif en choisissant la commande Edition/Remplir.
- **Supprimer :** Le contenu d'un contour de sélection peut être supprimé, ce qui laisse voir le calque sous-jacent. Dans la Figure 13.4, l'intérieur des caractères de l'enseigne a été évidé grâce à la sélection obtenue avec l'outil Masque de texte horizontal.

Figure 13.4 : Utilisez l'outil Masque de texte pour évider des caractères typographiques.

Que vous travailliez avec des calques de texte ou des masques de texte, vous avez la possibilité d'écrire le texte à l'horizontale ou à la verticale. La Figure 13.5 montre la différence entre la rotation d'un texte à 90° et la fonction de texte vertical. Elle montre aussi qu'en utilisant l'outil Masque de texte, les caractères apparaissent d'abord découpés dans un film rouge (en haut à droite). Après validation, seuls subsistent les contours de sélection. Le Chapitre 8 explique en détail comment travailler avec des sélections.

Figure 13.5 : Le texte vertical empile les caractères, alors que la rotation pivote les lignes.

N'OUBLIEZ PAS

Vous pouvez sélectionner les options de texte avant de placer du texte dans l'image ou modifier les options ultérieurement. Quand vous activez un calque de texte dans le panneau Calques – mais qu'aucun texte n'est sélectionné dans l'image elle-même –, les modifications s'appliquent à tout le texte présent dans le calque. Vous pouvez aussi ne sélectionner qu'une partie du texte, en cliquant et tirant par-dessus, pour ne modifier que quelques caractères.

Après avoir tapé ou modifié du texte, vous mettez fin à la session de placement de texte en procédant selon l'une de ces manières :

- En cliquant sur la coche de validation, ou sur le bouton Annuler, dans la barre d'options.
- En sélectionnant un autre outil dans la Boîte à outils.
- En appuyant sur les touches ⌘ + Retour ou Ctrl + Entrée.
- En cliquant, touche ⌘/Ctrl enfoncée, pour en finir avec ce calque de texte et en créer un nouveau.

Les options de texte

A moins de démarrer sur un document vide, vous échappez à l'angoisse de la feuille blanche bien connue des écrivains. Mais sans doute vous interrogez-vous sur toutes ces options de texte qui agrémentent votre logiciel ? A quoi servent-elles et comment les utiliser ? Lesquelles seront utiles au quotidien et lesquelles puis-je ignorer ? C'est à ces – disait la baleine, il faut que je me cache à l'eau – questions éminemment existentielles que nous répondrons dès à présent.

Examinez la Figure 13.6 qui montre la barre d'options des outils Texte dans toute sa splendeur. Elle contient les options les plus fréquemment utilisées.

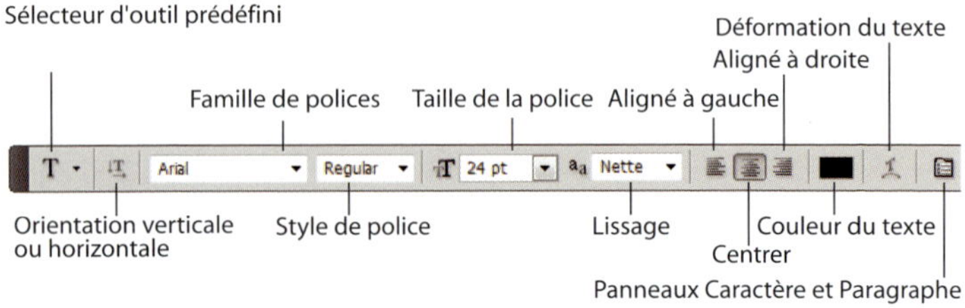

Figure 13.6 : La barre d'options contient les options typographiques les plus usitées.

Les attributs de texte qui suivent sont modifiables à partir de la barre d'options :

- **Sélecteur d'outils prédéfinis :** Il permet de choisir parmi des groupes d'options que vous avez préalablement enregistrés. Par exemple, si vous utilisez toujours la même présentation pour des titres et une police toujours identique pour le corps du texte, enregistrez-les comme expliqué au Chapitre 3, puis récupérez tous les paramètres d'un seul clic.
- **Orientation :** Pivote la totalité d'un calque de texte à 90°. Ce bouton est en grisé lorsque le calque actif n'est pas un calque de texte.
- **Menu Police :** Cliquez sur le bouton à droite du champ Définir la famille de police pour découvrir toutes les polices installées, listées dans l'ordre alphabétique. Vous pouvez aussi cliquer dans le champ lui-même et utiliser les touches fléchées pour parcourir les polices. Lorsque vous sélectionnez d'abord des caractères avec un outil Texte, comme le montre la Figure 13.7, parcourir avec les touches fléchées change automatiquement leur apparence. Si aucun caractère n'est sélectionné, tout le contenu du calque de texte est modifié.

Figure 13.7 : Sélectionnez le texte à modifier ou ne sélectionnez rien pour tout modifier.

- **Style de la police :** Lorsqu'une police est déclinée en plusieurs styles – ou "enrichissements", en jargon typographique –, vous pouvez en sélectionner un dans le menu Définir le style (voir Figure 13.8).

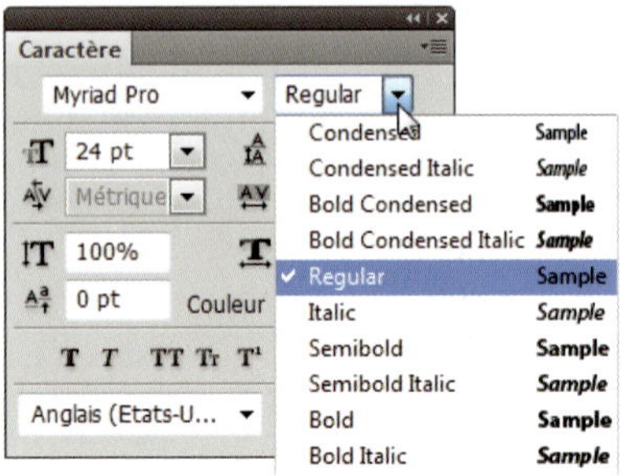

Figure 13.8 : Certaines polices ont de nombreux styles.

Beaucoup de polices n'ont pas de style intégré (*NdT* : Ou sont proposées dans diverses polices séparées normales, grasses, italiques, etc.).

- **Taille de la police** : La taille d'une police – ou "corps" – peut être saisie en tapant sa taille (en points typographiques) dans le champ Définir le corps, ou en cliquant sur le bouton à droite du champ afin de déployer une liste de corps prédéfinis. La taille peut aussi être réglée en cliquant sur l'icône à gauche du champ, et en tirant horizontalement pour la faire varier. La taille d'une police est généralement exprimée en points pica : 1 point pica est égal à 0,3527 millimètre (*NdT* : A ne pas confondre avec le point Didot français qui vaut 0,3759 mm). Mais vous pouvez aussi utiliser des pixels ou des millimètres. Ce choix s'effectue dans le panneau Préférences/Unités et règles.

- **Lissage :** Le lissage estompe les bords des caractères afin d'améliorer leur apparence à l'écran. Il supprime notamment le crénelage. Pour une sortie sur une imprimante laser ou tout autre périphérique PostScript, le lissage n'est pas requis. En revanche, il est indispensable avec les imprimantes à jets d'encre ou pour la publication sur le Web.

Les choix proposés diffèrent peu, hormis bien sûr l'option Sans. L'option Léger est acceptable, sauf si le texte paraît trop flou, auquel cas vous choisirez plutôt Précis. Utilisez l'option Fort avec les caractères de grande taille, quand la largeur doit être préservée.

- **Alignement** : Les trois alignements proposés dans la barre d'options définissent la position des lignes les unes par rapport aux autres. Les icônes sont suffisamment explicites pour que nous n'ayons pas à les commenter. Un détail toutefois : ne confondez pas l'alignement avec la justification qui, elle, aligne le texte des deux côtés (cette option se trouve dans le panneau Paragraphe).
- **Couleur du texte :** Cliquez sur l'indicateur de couleur, dans la barre d'options, pour ouvrir le Sélecteur de couleurs et en choisir une. Elle peut être sélectionnée avant de placer du texte, ou ultérieurement. Si vous commencez par sélectionner un calque de texte dans le panneau Calques, vous modifiez les caractères présents sur ce calque lorsque vous choisissez une autre couleur. En revanche, si des caractères sont sélectionnés, eux seuls seront modifiés, comme le montre la Figure 13.9.

Figure 13.9 : Sélectionnez des caractères et modifiez sélectivement leur police, leur couleur, leur taille ou n'importe quel autre attribut.

- **Déformation de texte :** Cet effet, décrit plus loin dans ce chapitre, courbe le texte en fonction de plusieurs formes prédéfinies ; les déformations sont réglables à l'aide de curseurs. A la Figure 13.9, le texte a été courbé avec le style Renflement. Rappelez-vous toutefois que cette fonction n'est pas utilisable si un style Faux gras a été appliqué à partir du panneau Caractère (nous reviendrons sur les faux styles un peu plus loin).

Contrôler le texte avec deux panneaux

Utilisez les panneaux Caractère et Paragraphe pour contrôler plus étroitement encore l'apparence du texte. Ils contiennent en effet des fonctions typographiques qui s'ajoutent à celles de la barre d'options.

Les panneaux Caractère et Paragraphe sont affichés ou masqués en cliquant sur un bouton dans la barre d'options, ou en choisissant Fenêtre/Caractère ou Fenêtre/Paragraphe. Dans les deux cas, ces panneaux apparaissent ou disparaissent ensemble.

Le panneau Caractère sert à modifier un ou plusieurs caractères sélectionnés, ou le contenu de tout le calque de texte. La Figure 13.10 montre ses fonctions.

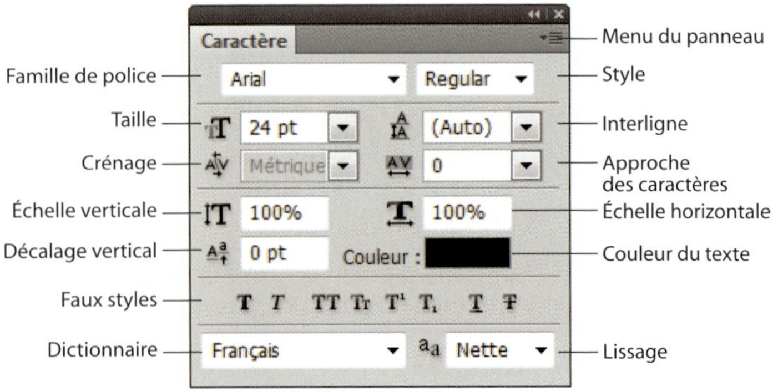

Figure 13.10 : Encore plus de fonctions que dans la barre d'options !

A moins que vous ayez des notions de typographie, quelques termes exigent des explications :

- **Interligne :** C'est l'espace entre deux lignes de texte. Laissez-le sur Auto, sauf s'il faut resserrer les lignes ou les écarter. Il est même possible de les faire empiéter, un effet graphique souvent recherché par les affichistes.
- **Crénage :** Il concerne le recouvrement d'une lettre par une autre, comme le "V" dont la partie haute peut se retrouver au-dessus du "A". Il est réglable, ce qui permet par exemple de rapprocher un "P" et un "o" à un point tel que la voyelle se trouve sous la panse du "P". Il en résulte une mise en page plus harmonieuse.
- **Echelle :** L'échelle verticale ou horizontale modifie la hauteur ou la largeur des caractères sélectionnés. Evitez de l'appliquer à de grandes longueurs de texte.
- **Approche :** L'espace entre deux caractères dans la police. L'approche est le réglage de l'espace qui sépare les caractères. Elle permet de rapprocher les lettres ou, au contraire, de les écarter les unes des autres. C'est pratique, notamment pour essayer de gagner une ligne lorsqu'un seul mot provoque un retour à la ligne intempestif.
- **Décalage de la ligne de base :** Permet de créer des exposants ou des indices, comme dans H_20 ou $E = mc^2$. Cette option doit de préférence être accompagnée d'une légère réduction du caractère décalé.
- **Faux styles :** Ils permettent d'appliquer des enrichissements qui ne sont pas intégrés à une police. Ce sont, de gauche à droite : Faux gras, Faux italique, Tout en majuscules, Petites majuscules, Exposant, Indice, Souligné, Barré. En règle générale, si l'un de ces faux styles est intégré à une police, il vaut mieux utiliser celui de la police que celui de Photoshop.

- **Dictionnaire** : Photoshop est livré avec des dictionnaires orthographiques dans plus d'une vingtaine de langues. Ils sont applicables à tout le texte ou seulement à la partie sélectionnée. Ainsi, le dictionnaire ne vous rappellera pas à l'ordre s'il rencontre le terme *Weltanschauung* dans le titre de la plaquette que vous mettez en page pour votre voisin philosophe. La correction orthographique peut aussi être activée en choisissant Edition/ Orthographe.

La déformation de texte n'est pas utilisable lorsque du Faux gras est appliqué à l'un des caractères sélectionnés. C'est le seul faux style qui renâcle à être bidouillé.

TRUC

Vous serez sans doute amené à utiliser régulièrement certaines options. Fort heureusement, vous n'aurez pas chaque fois à reconfigurer dans la barre d'options et le panneau Caractère de l'Arial gras en 24 points, lissé Net avec un interligne de 22 points et une approche de +10. Définissez ces options une fois pour toutes, puis cliquez sur le bouton Créer un outil prédéfini, dans le panneau qui accompagne le bouton à l'extrême gauche de la barre d'options, comme le montre la Figure 13.11. La prochaine fois que vous désirerez appliquer du texte avec ces paramètres, il vous suffira de choisir la prédéfinition mémorisée.

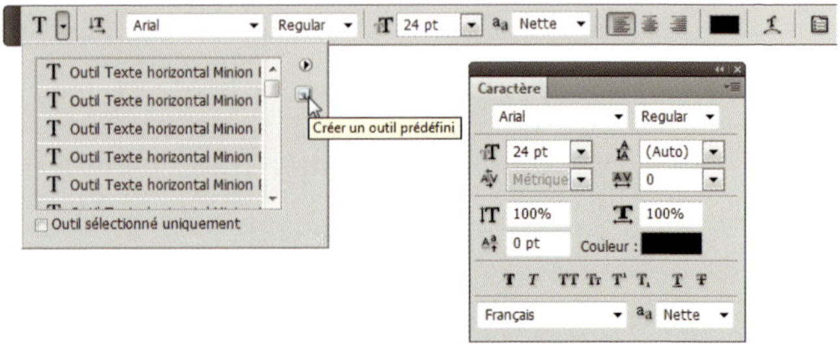

Figure 13.11 : Les prédéfinitions font gagner beaucoup de temps.

En toute logique, le panneau Paragraphe sert à créer des pavés de texte. Les options d'alignement en haut du panneau (voir Figure 13.12) sont applicables aussi à du texte de point et à du texte sur un tracé. Vous y accéderez plus rapidement depuis la barre d'options.

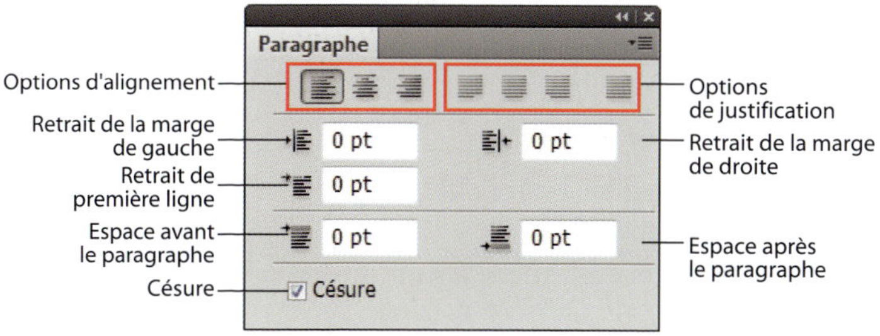

Figure 13.12 : Ce panneau sert surtout à créer des pavés de texte.

Voici une brève description des options offertes par le panneau Paragraphe :

- **Alignement :** Il détermine la position des lignes les unes par rapport aux autres quand vous saisissez du texte dans une zone de texte. Ainsi, le texte peut s'aligner sur la marge de gauche, de droite, ou bien centrer ses lignes les unes au-dessus des autres. L'option d'alignement choisie détermine également la position du texte par rapport à l'endroit de l'image sur lequel vous avez cliqué avec l'outil Texte.
- **Justification :** Contrairement à l'alignement, qui cale les lignes à gauche ou à droite, ou les centre, la justification répartit le texte de manière à obtenir un alignement à gauche et à droite. Comme vous le constatez en examinant les quatre icônes, la différence entre les quatre options réside dans le traitement de la dernière ligne, qui peut être calée à gauche ou à droite, centrée ou encore étirée pour former une justification complète.

- **Retraits de la marge :** Des paragraphes peuvent être mis en retrait par rapport à la marge gauche ou droite. Même si un seul mot est sélectionné, le paragraphe tout entier est mis en retrait. Une valeur négative fait déborder le paragraphe ou la ligne dans la marge.
- **Retrait de première ligne :** Seule la première ligne d'un paragraphe est mise en retrait, ou déborde dans la marge si une valeur négative est utilisée. Cette option peut être définie avant de commencer à placer du texte. Elle s'applique à chaque paragraphe.
- **Ajouter un espace avant ou après le paragraphe :** Si la zone de texte contient plusieurs paragraphes, vous pouvez indiquer ici la distance à respecter entre chacun d'eux. Ce qui est plus élégant et plus précis qu'appuyer sur la touche Retour/Entrée pour les séparer.
- **Césure :** Si le texte est justifié plutôt qu'aligné, il est recommandé de laisser la case Césure cochée. Car si un mot long est renvoyé à la ligne, de grands espaces vides risquent de se former dans la ligne où il était. Mais si les tirets des césures sont trop nombreux, ou si vous les trouvez peu esthétiques, décochez la case Césure. Parfois, une infime modification de la largeur de la zone de texte est suffisante pour redisposer plus élégamment le texte.

N'OUBLIEZ PAS

Après avoir tiré une zone de texte, vous pouvez y placer autant de paragraphes que vous le désirez. A la fin d'un paragraphe, appuyez sur Entrée. Une zone de texte est comparable à la colonne d'un journal ou d'un magazine.

Le menu des panneaux : encore plus d'options

A l'instar de tous les panneaux de Photoshop, cliquer sur le bouton en haut à droite déploie un menu contenant une tripotée d'options que vous n'utiliserez peut-être jamais (parce que si elles étaient si utiles, elles ne seraient pas planquées là…).

Comme le révèle la Figure 13.13, tous les menus ne sont pas disponibles pour toutes les polices. Certains doublonnent tout bonnement les boutons du panneau (c'est le cas des faux styles), et beaucoup ne s'appliquent qu'aux polices de type OpenType, qui comportent un plus grand nombre de glyphes – ou caractères – que les autres polices.

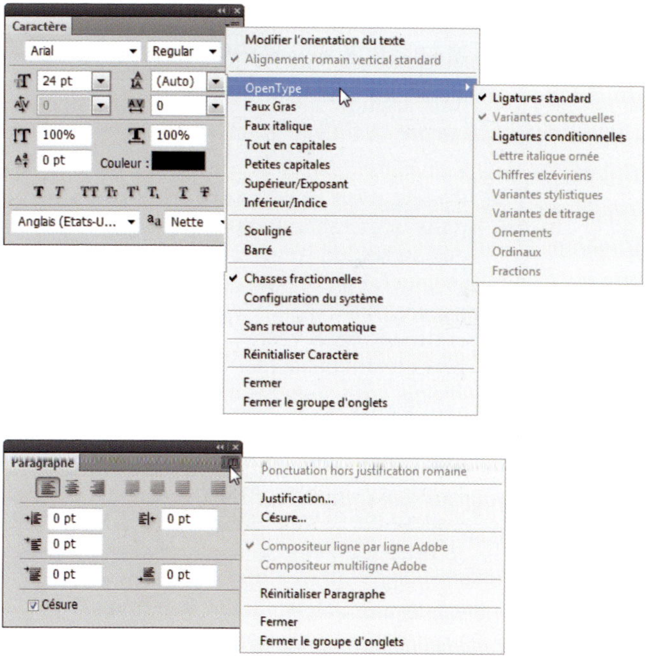

Figure 13.13 : Toutes les options ne sont pas utilisables avec toutes les polices.

Voici quelques options de panneau que vous vous devez de connaître :

- **Chasses fractionnelles :** Photoshop se sert de cette option pour régler l'espacement entre les lettres. La différence est-elle discernable ? Pas sur du texte de grande taille. En revanche, vous ne devez pas activer cette option pour du texte de petite taille, notamment s'il est destiné au Web. Qu'entend-on par petit ? Disons, 10 points ou moins.
- **Configuration du système :** A moins que le texte doive se présenter de la même manière dans TextEdit (Mac) et dans le Bloc-notes (Windows), laissez cette option inactive. Quand en auriez-vous besoin ? Lors de la conception d'éléments d'interface pour un logiciel ou pour un jeu vidéo.
- **Sans retour automatique :** Quand vous créez des paragraphes, sélectionnez un ou plusieurs mots, puis appliquez cette option pour empêcher la césure. A utiliser pour éviter une bourde calamiteuse comme "notre con-frère".
- **Ponctuation hors justification romaine :** Présente dans le panneau Paragraphe, cette option permet aux signes de ponctuation situés aux marges droite et gauche de dépasser dans la marge, d'où un aspect plus soigné de la justification. N'utilisez pas cette option si votre logiciel de PAO ne sait pas gérer les dépassements dans la marge.
- **Compositeur Adobe :** Ce choix est assez simple. Le compositeur ligne par ligne examine chacune des lignes pour définir la césure. Le compositeur multiligne analyse le bloc de texte entier, d'où une apparence généralement plus plaisante du résultat.
- **Réinitialiser** [caractère ou paragraphe selon le panneau] : Si un outil Texte agit bizarrement, appliquez la commande Réinitialiser Caractère ou Réinitialiser Paragraphe. Chacune restaure les paramètres par défaut, éliminant les valeurs oubliées par vous qui pourraient être à l'origine du problème.

TRUC

Souvenez-vous que vous pouvez effectuer un clic-droit ou un Ctrl + clic sur l'icône de l'outil Texte située sur le bord gauche de la barre d'options pour ouvrir un menu contextuel. Là, vous choisirez de réinitialiser l'outil quand le texte ne répond plus à vos ordres.

Placer une image dans du texte

Quittons ces options arides pour une manipulation autrement plus sympa : la création d'une typographie à partir d'une photo, entièrement éditable. Voici comment le dire avec des fleurs :

1. **Ouvrez une image dans Photoshop, que ce soit avec Fichier/Ouvrir, en utilisant Adobe Bridge ou en double-cliquant sur un fichier d'image.**
2. **Si, dans le panneau Calques, le calque se nomme *Arrière-plan*, double-cliquez dessus et renommez-le comme à la Figure 13.14. Si l'image comporte plusieurs calques, choisissez Calque/Fusionner les calques visibles.**

Figure 13.14 : Renommer le calque **Arrière-plan** le convertit en calque conventionnel.

3. **Entrez le texte avec l'outil Texte horizontal.**

4. **Dans le panneau Calques, cliquez sur le calque de texte, puis faites-le glisser jusque sous le calque de l'image.**

5. **Toujours dans le panneau Calques, touche Option/Alt enfoncée, cliquez sur la ligne de séparation entre les deux calques.**

   Les deux calques sont joints avec un écrêtage, comme le montre la Figure 13.15. Le calque inférieur sert à présent de masque pour le calque supérieur. Ce dernier n'est visible que là où le calque sous-jacent contient des pixels, et il adopte l'opacité de ces pixels sous-jacents.

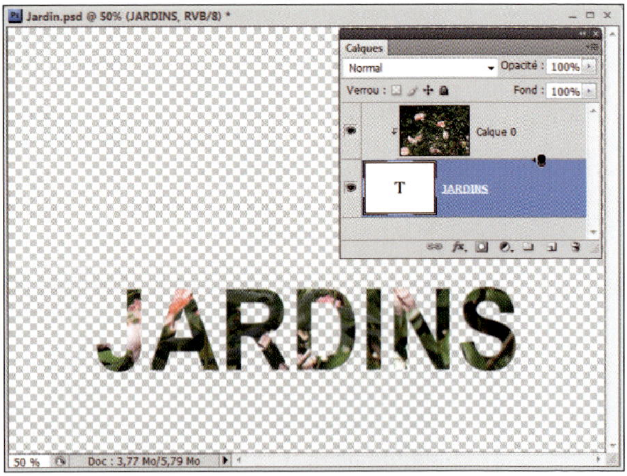

Figure 13.15 : "Ecrêtez" le calque supérieur avec le calque inférieur.

6. **Finissez l'image en appliquant un style de calque au calque inférieur, ainsi que tout autre graphisme requis par le projet.**

   Cliquez dans le calque sous-jacent, dans le panneau Calques, puis choisissez un effet dans le panneau Styles. Vous pouvez bien sûr mémoriser l'effet en choisissant la commande Calque/Style de calque. Dans la Figure 13.16, nous avons appliqué un contour, un biseautage et une légère lueur externe au calque JARDINS.

Figure 13.16 : Le style ajouté au calque sous-jacent apparaît sur le calque de texte.

Créer des paragraphes dans des zones de texte

Bien que la grande majorité du texte que vous placez dans Photoshop soit composée de caractères en mode point – c'est-à-dire du texte sur seulement une ligne ou deux –, vous serez sans aucun doute amené à placer de la prose dans une zone de texte. L'avantage principal de cette solution est le retour automatique chaque fois qu'une ligne atteint la bordure.

En quoi cela est-il si important, puisqu'il suffit d'appuyer sur Retour ou sur Entrée pour obtenir le même résultat ? Eh bien, imaginez la situation en cas d'erreur, ce qui peut arriver à tout le monde : vous avez oublié un mot, et son insertion déstructure complètement la belle marge droite que vous aviez réglée. Avec une zone de texte, le paragraphe se remet automatiquement en forme.

N'OUBLIEZ PAS

La différence entre une colonne créée avec du texte de point et celle créée en mode paragraphe est la même qu'entre une machine à écrire et un traitement de texte. Mais peut-être n'avez-vous pas connu la grande époque de la machine à écrire – la Remington de "L'homme à la tête de chou" – et le Typp-Ex maladroitement badigeonné sur les fautes de frappe ?

La création d'une zone de texte est très facile : cliquez et tirez avec l'outil Texte horizontal ou, dans certains rares cas, avec l'outil Texte vertical, puis tapez le texte dedans. Appuyez sur la touche Retour/Entrée pour revenir à la ligne et commencer un nouveau paragraphe à l'intérieur de la zone de texte.

TRUC

Vous pouvez aussi copier-coller un texte depuis un traitement de texte ou un éditeur de texte. Par exemple, dans Word, vous sélectionnez le texte puis vous choisissez Edition/Copier – ou son raccourci ⌘ + C/Ctrl + C – afin de placer le texte dans le Presse-papiers (en fait, dans la mémoire vive de l'ordinateur). Passez au document Photoshop, puis choisissez Edition/Coller ou ⌘ + V/Ctrl + V pour coller le contenu du Presse-papiers dans la zone de texte. C'est non seulement plus rapide que de tout retaper, mais vous évitez en plus d'introduire des fautes de frappe ou des omissions.

Mais que se passe-t-il si le texte est trop long pour tenir dans la zone prévue ? Contrairement à Illustrator et à InDesign, il n'est pas possible de lier deux zones de texte afin que l'excès de texte s'écoule automatiquement dans la zone liée. Photoshop signale cependant l'existence du texte en excès par un signe très discret dans le coin inférieur droit du cadre de sélection : à cet endroit, la poignée de redimensionnement contient deux médianes (une sorte de signe "+"), comme le révèle la Figure 13.17.

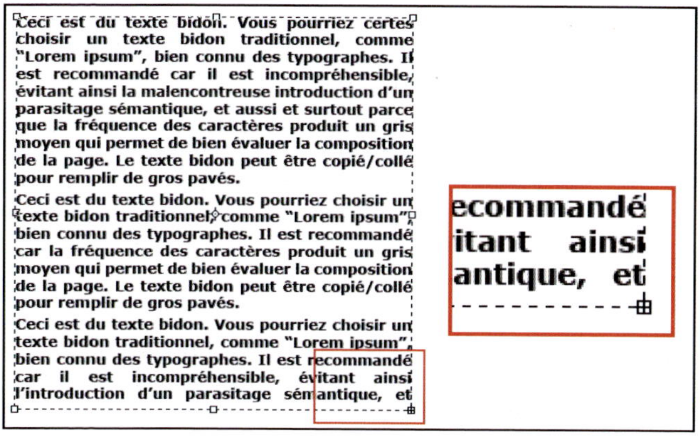

Figure 13.17 : Le signe "plus" dans la poignée de redimensionnement en bas à droite signale que le texte dépasse.

Si le texte ne tient pas dans la zone prévue, vous avez le choix entre plusieurs options :

- **Agrandir la zone de texte.** Cliquez sur l'une des poignées de redimensionnement, puis tirez-la afin d'augmenter la surface de la zone de texte. L'élargir un peu permet souvent de récupérer une ou deux lignes de texte.
- **Réduire le corps de la police.** Sélectionnez tout le texte avec le raccourci ⌘ + A/Ctrl + A, puis sélectionnez une taille plus petite dans la barre d'options. (*NdT* : Réduire légèrement l'approche de quelques caractères dans la ligne permet souvent d'empêcher le mot qui se trouve à la fin de revenir à la ligne, ce qui peut en faire gagner une. Etroitiser très, vraiment très légèrement l'échelle horizontale d'un mot peut produire le même résultat.)

- **Réduire l'interligne.** Sélectionnez le texte puis, dans le panneau Caractère, modifiez le champ Définir l'interligne. Par défaut, il est sur Auto ; l'interligne est alors égal à 120 % du corps de la police. Choisir une valeur supérieure de 1 ou 2 points à la valeur du corps réduit l'interligne, sans que les hampes ascendantes et descendantes des lettres "b", "d", "l" ou "g", "p", "q" se touchent.
- **Modifier le texte.** Reformuler une phrase en moins de mots donne souvent plus de force à un message. Mais si vous n'êtes pas l'auteur du texte, vous ne serez peut-être pas habilité à le modifier.

Alignement ou justification ?

Quand vous préparez un paragraphe, l'un des choix les plus importants, après celui de la police et de sa taille, est l'alignement ou la justification. Quand un texte est aligné à gauche, la marge gauche est parfaitement rectiligne et la marge droite déchiquetée en raison de la longueur différente des lignes (*NdT* : Les typographes disent : "fer à gauche, en drapeau", le *fer* étant le rebord contre lequel les lignes en plomb étaient calées). Quand une colonne de texte est alignée à droite, la marge droite est rectiligne et le bord gauche déchiqueté (fer à droite, en drapeau). Si les lignes sont centrées, les deux marges sont en drapeau. La Figure 13.18 montre ces trois compositions.

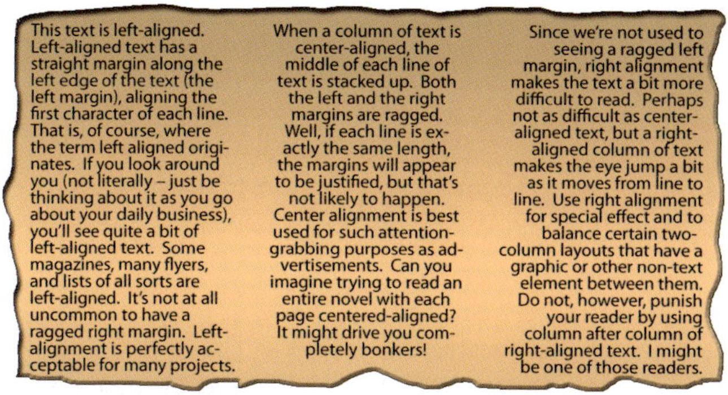

Figure 13.18 : Comparez les marges gauche et droite de chacune de ces colonnes.

Contrairement à l'alignement, la justification produit des marges rectilignes de chaque côté. Les quatre options de justification du panneau Paragraphe ne diffèrent qu'au niveau du traitement de la dernière ligne d'un paragraphe. Comme l'illustrent les boutons du panneau Paragraphe, la dernière ligne peut être calée à gauche, à droite ou centrée, ou encore étirée d'un bord à l'autre afin d'être justifiée comme les autres. Cette dernière option ne doit être utilisée que si la ligne est presque pleine, car l'étirement d'une ligne courte n'est guère esthétique en raison de l'énorme espace entre chaque caractère.

La césure

Quand un mot est trop long pour tenir sur la ligne, il peut soit être renvoyé à la prochaine ligne (retour chariot), soit être scindé en deux (césure).

Si vous tenez à régler la césure, choisissez l'option Césure dans le menu du panneau Paragraphe afin d'accéder à la boîte de dialogue de la Figure 13.19. Pour que les options soient appliquées, la case Césure, en haut à gauche, doit être cochée. Les trois premiers champs régissent les conditions de la césure, notamment son emplacement.

Les deux dernières lignes contrôlent l'esthétique des bouts de ligne, en limitant le nombre de césures qui peuvent se succéder (une marge bordée de tirets ne serait pas très belle) ainsi que la distance maximale entre le tiret et le bord de la marge.

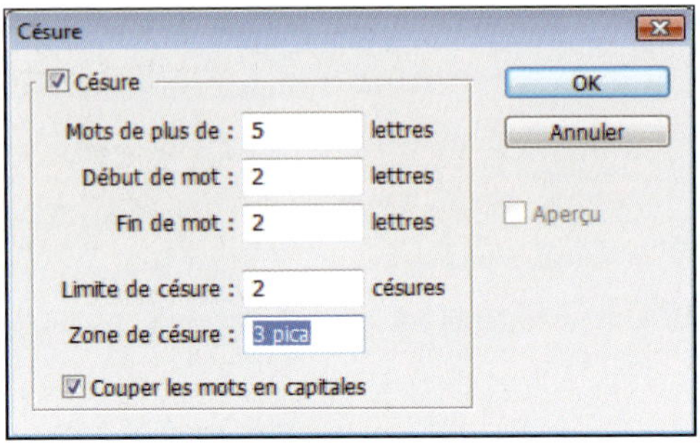

Figure 13.19 : Les valeurs par défaut de la césure produisent un effet satisfaisant.

14

Filtres : l'aspect plaisant de Photoshop

Dans ce chapitre :

- Découvrir les filtres dynamiques.
- Etre productif avec les filtres de restauration.
- Faire de l'art avec les filtres créatifs.
- Déformations et corrections précises avec Fluidité.

Le menu Filtre de Photoshop ne comporte pas moins d'une centaine de commandes que vous utiliserez pour restaurer, améliorer ou bidouiller vos photos. La plupart des filtres sont incontestablement utiles, voire indispensables, alors que d'autres ne seront que rarement, voire jamais utilisés. Dans ce chapitre, nous commencerons par une discussion sur les filtres dynamiques. Les essayer, c'est les adopter. Ensuite, je traite des "filtres de production", autrement dit les principaux filtres que vous utiliserez pour améliorer ou réparer des images.

Les filtres dynamiques : créer sans détruire

Les filtres appliqués d'une manière non destructive et rééditable représentent une avancée fondamentale dans le monde de l'infographie. Dès qu'un filtre dynamique est appliqué, il prend la forme d'un calque dans le panneau… Calques, à l'instar des calques de réglage ou des styles de calque. Il devient alors très facile de comparer une image avec ou sans application des filtres. Pour cela, désactivez l'icône de visibilité (œil) du filtre dynamique tel que vous pouvez en voir à la Figure 14.1.

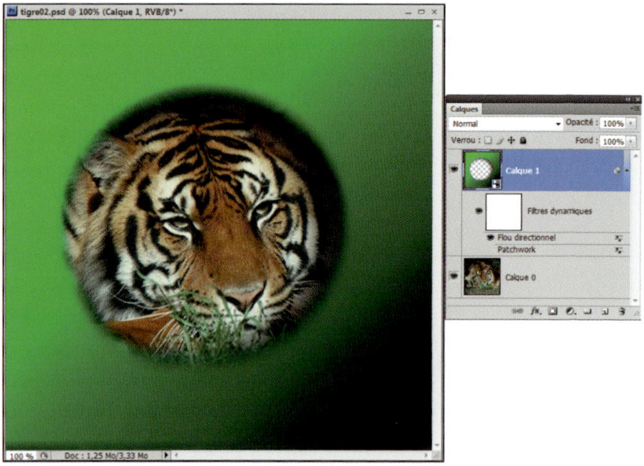

Figure 14.1 : Les filtres dynamiques ont une philosophie identique à celle des calques de réglage et des styles de calque.

Sur la Figure 14.1 vous voyez que deux filtres dynamiques ont été appliqués : Flou directionnel et Patchwork. Le filtre Patchwork est désactivé comme l'indique l'absence de l'icône d'un œil sur sa gauche. Vous constatez également que le filtre dynamique dispose d'un masque de fusion. Vous pouvez peindre dessus en noir pour que certaines zones de l'image ne subissent pas l'impact des filtres dynamiques. Le fait de double-cliquer sur les icônes du petit curseur des filtres dynamiques ouvre leur boîte de dialogue Options de fusion. Elle va permettre d'effectuer ce que l'on peut faire avec la commande Atténuer sur un filtre standard. La grande différence est qu'avec un filtre dynamique cette fusion sera toujours modifiable.

Pour modifier les paramètres du filtre lui-même, il suffit de double-cliquer sur son nom. Vous accédez alors à la boîte de dialogue des options du filtre ou carrément à la Galerie des filtres. Si vous désirez supprimer un filtre dynamique, glissez-déposez-le sur l'icône de la poubelle du panneau Calques.

Les filtres indispensables

Photoshop est équipé de nombreux filtres susceptibles d'améliorer vos images. La plupart des photos gagnent à être légèrement renforcées afin de mieux mettre les détails en valeur. Dans certains cas, vous voudrez que certaines parties de l'image soient floues afin de mieux faire ressortir le sujet. Deux filtres de Photoshop s'avéreront précieux pour corriger l'aberration optique d'un objectif ou pour réduire le bruit – des taches colorées aléatoires – qui affecte parfois une image numérique.

ATTENTION

Certains filtres ne sont pas utilisables en mode CMJN, et d'autres ne le sont pas si l'image est codée à 16 bits par couche. En revanche, tous les filtres sont disponibles pour les images RVB à 8 bits par couche. Aucun n'est utilisable avec des images aux formats GIF ou PNG-8, qui sont des modes de couleur indexée. Gardez aussi à l'esprit que des filtres peuvent être appliqués à des endroits précis d'une image, en les sélectionnant préalablement (reportez-vous au Chapitre 8 pour en savoir plus sur les sélections et les masques).

TRUC

Le dernier filtre utilisé peut être réappliqué avec exactement les mêmes paramètres grâce au raccourci ⌘ + F/Ctrl + F. Si vous désirez ouvrir la boîte de dialogue de ce dernier filtre afin de modifier un paramètre, appuyez sur Option + ⌘ + F/Alt + Ctrl + F.

Renforcer la netteté

Quand vous regardez une image, l'œil est naturellement attiré vers certaines parties. Les zones claires sont regardées avant les zones sombres, et les zones détaillées avant celles qui sont floues. Comparez les trois photos de la Figure 14.2, qui ont été prises à différentes focales et à différents diaphragmes. Les filtres de renforcement de Photoshop permettent d'améliorer les détails dans toute l'image ou seulement sur la partie qui doit attirer l'attention.

Figure 14.2 : Un arrière-plan flou fait ressortir le sujet.

Photoshop comporte cinq filtres de renforcement, dont trois peuvent être ignorés. Les filtres Plus net, Encore plus net et Contours plus nets sont en effet dépourvus de tout réglage. Ce sont certes d'excellents filtres, mais qui n'octroient aucun contrôle supplémentaire. Préférez-leur les filtres paramétrables comme Accentuation et Netteté optimisée.

Accentuation

Le filtre Accentuation renforce la netteté. Comme vous le constatez dans la Figure 14.3, il contient trois curseurs.

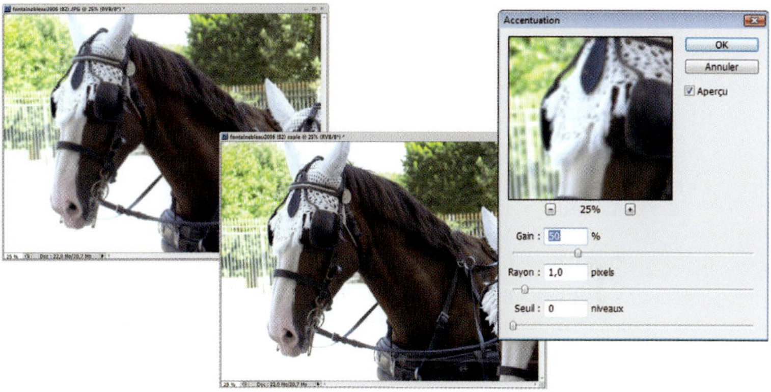

Figure 14.3 : Le filtre Accentuation renforce la netteté de l'image.

L'original se trouve en haut à gauche. L'illustration au milieu montre la même image après le renforcement. A droite, l'aperçu du filtre Accentuation.

TRUC

Essayez d'évaluer l'effet d'un filtre à 100 %, même s'il faut pour cela se limiter à ne voir qu'une partie de l'image. Un autre rapport de zoom ne restituerait pas les modifications avec exactitude, car dans l'image un pixel de l'écran ne serait plus l'équivalent d'un pixel de l'image. Mais vous pouvez bien sûr ouvrir une seconde fenêtre de la même image, en choisissant Fenêtre/Réorganiser/Nouvelle fenêtre pour [*nom du fichier*], que vous visionnerez comme bon vous semble.

Le filtre Accentuation détecte les zones très différentes et augmente le contraste de part et d'autre de la ligne qui les sépare. A la limite d'une zone claire et foncée, le filtre Accentuation place un fin liseré de pixels foncés et un autre liseré de pixels clairs pour produire un halo donnant l'impression que les bords sont plus nets. L'effet est contrôlé par les trois curseurs de la Figure 14.4 :

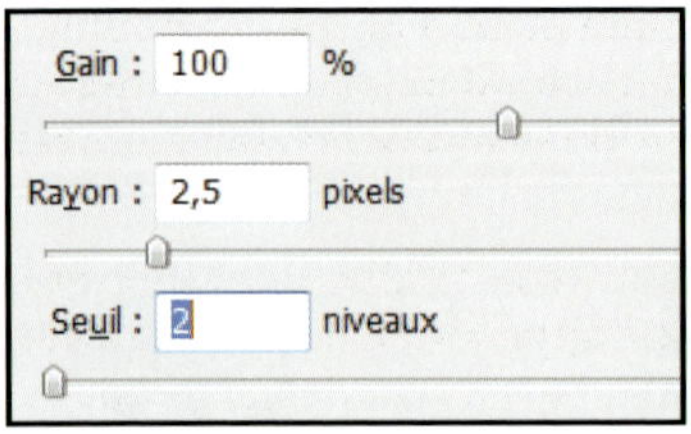

Figure 14.4 : Les paramètres du filtre Accentuation.

- **Gain :** Ce curseur règle l'intensité de l'effet en contrôlant la luminosité et l'assombrissement du halo. Un gain de 50 % convient généralement bien aux images de petite taille et d'assez bonne qualité. Utilisez 100 % pour les photos. Réservez les valeurs supérieures, jusqu'à 500 %, aux effets spéciaux ou aux images qui présentent un vrai flou de mise au point.
- **Rayon :** Ce curseur règle la largeur du halo. 1 pixel est suffisant pour une petite image, et 7 pixels conviennent à des images plus grandes dépourvues de minuscules détails.
- **Seuil :** Ce curseur évite de dégrader l'image en appliquant un effet trop fort aux détails fins. Si les petits détails d'une image sont trop renforcés, leur taille augmente et le halo devient brillant, leur donnant un aspect criard bien peu naturel. Plus le seuil compte de niveaux, plus une zone doit être vaste pour pouvoir être renforcée. Un Seuil de 2 niveaux convient aux petites images. Pour des images plus grandes, choisissez 5 ou 7 niveaux.

Netteté optimisée

Le filtre Netteté optimisée contrôle très étroitement le processus de renforcement. Même s'il ne fournira jamais un portrait hyperdétaillé d'un malfaiteur à partir d'une silhouette floue filmée par une caméra de surveillance – on ne voit ça qu'à la télé –, il est cependant capable d'améliorer sensiblement une image. Les spécialistes en microphotographie et en astrophotographie l'apprécieront à sa juste valeur. Sachez toutefois que cette amélioration a des limites ; certains flous sont irrécupérables.

La Figure 14.5 démontre la qualité du filtre Netteté optimisée sur une image appropriée. Ici, le flou est régulier sur la totalité du sujet, et le flou de l'arrière-plan est raisonnable. Remarquez qu'en sélectionnant le bouton d'option Avancé, des onglets apparaissent, dont deux avec de nouveaux panneaux : Ton foncé et Sélecteur. Ils permettent de limiter l'effet à la frange la plus claire ou la plus foncée des tons de l'image.

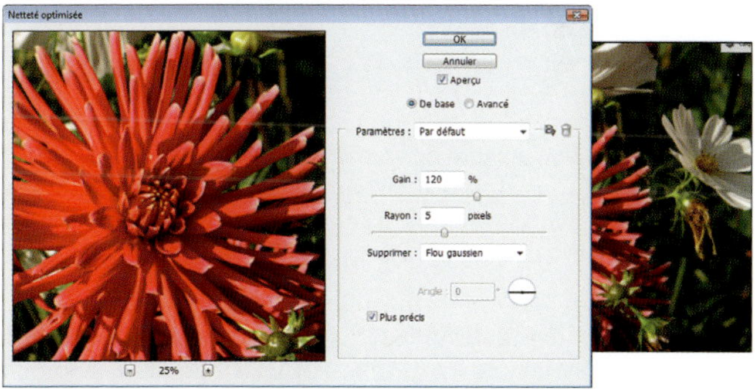

Figure 14.5 : Le filtre Netteté optimisée fait du bon travail sur certaines images.

Le filtre Netteté optimisée permet aussi de préciser l'un des trois types de flou à supprimer : le Flou gaussien (flou uniforme), le Flou de l'objectif (zone floue de part et d'autre du plan de mise au point) et le Flou directionnel (dû à un bougé de l'appareil photo ou du sujet au moment de la prise de vue). Si la différence entre le flou de l'objectif et le flou directionnel ne vous semble pas évidente, tenez-vous-en au flou gaussien.

N'OUBLIEZ PAS

Lorsque vous travaillez avec des filtres Photoshop, prenez toutes vos décisions en affichant l'image à 100 %. Seul ce niveau de zoom permet d'apprécier l'impact exact du filtre sur votre photo.

Rendre des images ou des sélections floues

Comme vous avez pu le constater à la Figure 14.2, les parties floues d'une image attirent moins l'attention que les parties nettes. Dans Photoshop, il est possible de sélectionner des parties de l'image et de les rendre floues grâce aux filtres de la catégorie Atténuation. Le flou peut aussi servir de cache-misère pour masquer les défauts d'une image, notamment la poussière, le bruit ou de minuscules éléments indésirables. Vous appliquerez peut-être aussi un flou avant d'utiliser les filtres artistiques de la Galerie de filtres.

La commande Edition/Atténuer

Immédiatement après avoir appliqué un filtre ou un réglage, ou après avoir utilisé bon nombre des outils de Photoshop, l'effet obtenu peut être atténué avec la commande Edition/Atténuer. Retenez bien qu'elle n'est disponible qu'aussitôt après avoir appliqué le filtre ou le réglage, ou utilisé l'outil. Même la commande Enregistrer ne doit pas avoir été utilisée entre-temps.

La boîte de dialogue Atténuer permet de réduire l'opacité de l'effet appliqué, et le rendre ainsi moins voyant. Un mode de fusion peut aussi être choisi, afin que l'effet interagisse de telle ou telle manière avec les pixels sous-jacents. Supposons, par exemple, que vous ayez peint un trait noir avec l'outil Pinceau en mode Normal à 100 % d'opacité. Juste après, vous choisissez Edition/Atténuer Pinceau. Vous pouvez dès lors réduire l'opacité et sélectionner un mode de fusion, ce qui modifie l'effet du Pinceau comme si vous aviez choisi ces réglages dans la barre d'options, avant de peindre.

Vous pouvez aussi appliquer le filtre Accentuation puis choisir Edition/Atténuer Accentuation, comme dans la figure ci-dessous. Sélectionner le mode Luminosité garantit que le filtre Accentuation ne modifiera pas la couleur des pixels le long des bords traités. Utiliser la commande Atténuer de cette manière équivaut à passer en mode de couleur Lab et à n'accentuer que la couche de luminance L, et ce sans avoir à changer de mode de couleur.

Photoshop est doté d'une dizaine de filtres de flou. Même si un ou deux seulement d'entre eux deviendront vos filtres de prédilection, il est utile de savoir à quoi tous peuvent servir. Le Tableau 14.1 vous renseignera.

Tableau 14.1 : Les filtres de flou de Photoshop.

Filtre	*Effet*	*Conseil*
Flou	Application d'un léger flou à toute l'image ou à toute la sélection.	Appliquez ce flou et appuyez ensuite sur ⌘ + F/Ctrl + F pour réappliquer le filtre autant de fois que nécessaire et renforcer ainsi son effet.

Tableau 14.1 : Les filtres de flou de Photoshop.

Filtre	*Effet*	*Conseil*
Flou de forme	Ce filtre applique un flou fondé sur une forme répétée dont la taille est réglable.	D'autres formes peuvent être chargées en cliquant sur le petit bouton en haut à droite du sélecteur de formes.
Flou de l'objectif	Ce filtre simule la profondeur de champ de part et d'autre du plan de mise au point.	Utilisez une couche alpha – une sélection mémorisée – pour définir où et à quelle intensité le filtre doit être appliqué. La Figure 14.6 montre ce filtre à l'œuvre.
Flou de surface	Ce filtre va plus loin que le Flou optimisé, car il préserve les bords. Ne l'appliquez qu'à de vastes zones de couleurs similaires dont les petits détails doivent rester nets.	Apparenté au filtre Accentuation, le curseur Rayon règle l'intensité de l'effet, tandis que le curseur Seuil exempte certaines parties de tout changement.
Flou directionnel	Ce filtre permet de choisir l'angle du bougé ainsi que l'amplitude de l'effet, exprimés en pixels. Il sert à suggérer le mouvement.	Utilisez-le sur toute l'image pour simuler un "filé" réalisé avec l'appareil photo, ou sur une sélection seulement, copiée dans un autre calque, pour suggérer le bougé du sujet.
Flou gaussien	Ce filtre produit un flou très homogène sans les défauts que finit par produire l'application répétée du filtre Plus flou.	Le curseur Rayon règle très finement l'effet obtenu.

Tableau 14.1 : Les filtres de flou de Photoshop.

Filtre	*Effet*	*Conseil*
Flou optimisé	Contrôle le flou en détectant les zones très différentes et en appliquant le flou dedans.	Utilisez le Flou optimisé en mode Normal pour éliminer les détails fins de l'image, et en mode Contour seul pour détecter les bords des zones. Appuyez ensuite sur ⌘ + I/Ctrl + I pour inverser l'image et en obtenir un négatif.
Flou par moyenne	Ce filtre applique le flou verticalement et horizontalement. L'effet est surtout discernable dans les hautes lumières de petites dimensions, dont le flou tend à être au carré.	L'intensité de l'effet est réglée avec le curseur Rayon.
Flou radial	Très puissant, mais pas dénué de défauts, ce filtre produit un flou de basculement (roulis) autour d'un point central, ou un coup de zoom centré sur ce point.	Faute d'aperçu, le résultat final ne peut être obtenu qu'empiriquement, par des essais.
Moyenne	Ce filtre analyse tous les pixels de la sélection, fait la moyenne de leurs couleurs, puis l'applique à tous les pixels, produisant un aplat de couleur uniforme.	Appliquez aussitôt Edition/Atténuer Moyenne afin de contrôler l'effet avec un mode de fusion ou de modifier l'opacité.
Plus flou	Accentue l'effet du filtre Flou.	

Figure 14.6 : L'effet du filtre Flou de l'objectif peut être contrôlé par une couche (masque) alpha.

Le filtre Correction de l'objectif

Situé dans la catégorie Déformation, le nouveau filtre Correction de l'objectif est destiné à corriger les aberrations sphériques de l'objectif, notamment la déformation en *coussinet* (l'image tend à devenir convexe) et la déformation en *barillet* (l'image tend à devenir concave). Ces déformations affectent surtout le zoom : déformation en coussinet en position téléobjectif, déformation en barillet en position grand- angulaire. Ces effets sont surtout discernables en photo d'architecture, lorsque le sujet présente des lignes droites. Le filtre Correction de couleur est aussi capable de redresser le plan vertical ou horizontal d'une image. La Figure 14.7 montre l'interface relativement complexe du filtre Correction de l'objectif.

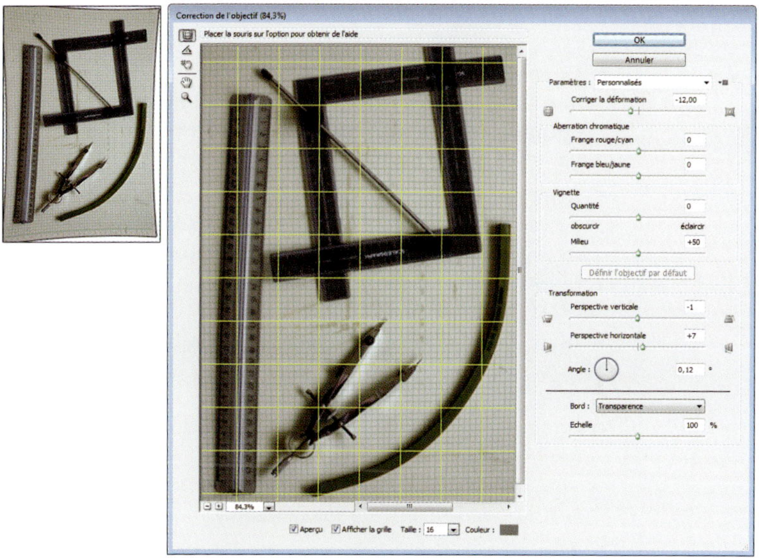

Figure 14.7 : Le filtre Correction de l'objectif corrige les déformations en coussinet et en barillet et rattrape la perspective.

Voici les outils que vous trouverez dans la fenêtre Correction de l'objectif. Cinq se trouvent en haut à gauche :

Correction de la déformation : Sélectionnez cet outil, puis cliquez et tirez dans l'image pour compenser – ou introduire ! – une déformation en coussinet ou en barillet.

Redressement : Cet outil est facile à utiliser. Cliquez et tirez le long d'une ligne qui, dans l'image, doit être redressée, et Photoshop se charge de la remettre d'aplomb.

Déplacement de la grille : Sert à repositionner la grille en fonction du contenu de l'image.

Main et Zoom : Ces outils vous sont sans doute familiers. La main sert à repositionner l'image, le Zoom à zoomer en avant. Maintenez la touche Option/Alt pour zoomer en arrière.

Vous trouverez aussi les outils suivants :

- **Correction de la déformation :** Ce curseur est la raison d'être de ce filtre. C'est lui qui sert à compenser la déformation en barillet (vers la gauche) ou en coussinet (vers la droite).
- **Aberration chromatique :** Des franges colorées apparaissent parfois le long de fines lignes inclinées (grillage, branchages...). Ce curseur corrige quelque peu ce phénomène de diffraction. Zoomez serré pour bien contrôler la correction.
- **Vignette :** Le curseur supérieur compense le vignettage de l'objectif (*NdT* : Déperdition de lumière dans les angles due à une mauvaise couverture de la surface sensible) en tirant le curseur vers la droite. Tirer le curseur vers la gauche produit du vignettage. Le curseur inférieur éclaircit ou assombrit la partie centrale de l'image.
- **Transformation :** Les curseurs Perspective verticale ou Perspective horizontale simulent un effet de perspective sur chacun de ces axes. L'effet est comparable à celui obtenu avec la commande Edition/Transformation/Perspective. Le paramètre Angle bascule l'image (roulis).
- **Zoom et grille** : Cliquez sur les boutons "+" et "-", en bas à gauche de l'interface, près de la mention du zoom, pour zoomer en avant ou en arrière, ou choisissez un facteur de zoom dans le menu. Déroulez le menu Taille, tout en bas, pour choisir un autre pas de grille. Cliquez sur l'indicateur de couleur (gris) pour sélectionner une autre couleur de grille. A la Figure 14.7, la grille est affichée en jaune vif.
- **Enregistrer et charger les paramètres** : Le bouton à droite du menu Paramètres, en haut du panneau de commandes, contient les commandes Charger les paramètres et Enregistrer les paramètres. Elles permettent de conserver des corrections afin de les appliquer ultérieurement à d'autres photos affectées des mêmes défauts.

Nettoyer avec le filtre Réduction du bruit

Le *bruit numérique*, ce parasitage de l'image causé par une déficience du capteur photosensible, qui se traduit par des taches aléatoires, peut compromettre une image qui serait autrement parfaite. Photoshop est équipé d'un filtre qui atténue, mais n'élimine pas forcément, le bruit numérique dans une image. Pour éviter la formation du bruit, utilisez la sensibilité ISO la plus faible possible. Situé dans le menu Filtre/Bruit, le filtre Réduction du bruit réussit à minimiser efficacement les pixels aléatoires bleus, rouges et verts, comme l'illustre la Figure 14.8.

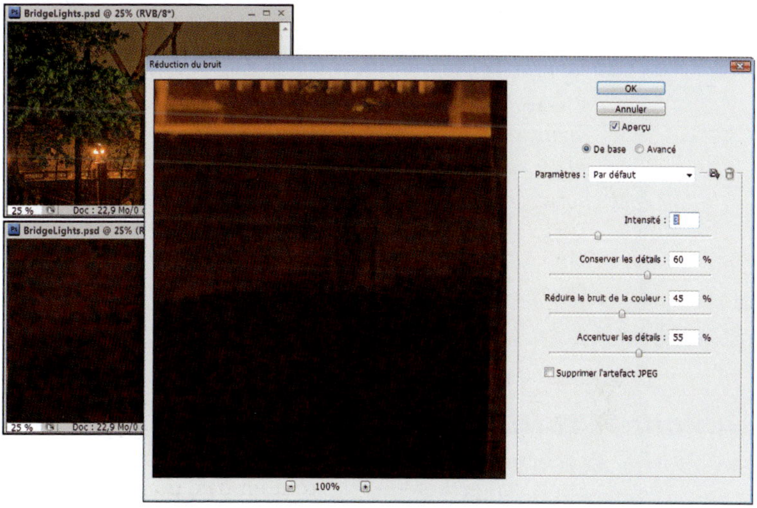

Figure 14.8 : Le filtre Réduction du bruit neutralise les mouchetures rouges, vertes et bleues dans une image numérique.

TRUC

Si vous travaillez avec des images au format RAW, effectuez toutes les corrections de bruit dans le module Camera Raw (voir Chapitre 7). Pour tous les autres formats, utilisez le filtre Réducteur du bruit.

Voici les étapes que je préconise pour le filtre Réducteur du bruit :

1. **Mettez les curseurs de détails à 0 %.**

   Calez à gauche les deux curseurs Conserver les détails et Accentuer les détails. Vous éliminerez ainsi toute interférence avec la réduction du bruit proprement dite.

2. **Actionnez le curseur Réduire le bruit de la couleur vers la gauche.**

   Vous atténuez les taches rouges, vertes et bleues. Tirez doucement le curseur jusqu'à ce que le bruit ait disparu.

3. **Réglez le curseur Accentuer les détails.**

   Augmentez par paliers de 1 % jusqu'à ce que le bruit réapparaisse, puis reculez de 1 %.

4. **Réglez le curseur Conserver les détails.**

   Glissez le curseur vers la droite jusqu'à ce que vous obteniez un équilibre satisfaisant entre les détails de l'image et un éventuel bruit de luminance (taches claires et sombres).

Devenir créatif avec la Galerie de filtres

La commande Filtre/Galerie de filtres permet d'appliquer et combiner bon nombre – mais pas la totalité – des filtres créatifs de Photoshop. Grâce à cette fenêtre intégrée, vous pouvez essayer plusieurs filtres en même temps plutôt que de vous demander quels paramètres donneront un bon résultat lorsqu'un autre filtre sera appliqué ultérieurement. Chaque filtre reste actif (ses paramètres restent modifiables) jusqu'à ce que vous ayez cliqué sur OK. Voyez la Figure 14.9.

Figure 14.9 : La grandiose interface Galerie de filtres.

N'OUBLIEZ PAS

Si la Galerie de filtres est inaccessible, cliquez sur Image/Mode, et choisissez 8 bits/couche. En effet, cette galerie ne fonctionne pas avec des images 16 bits. Les filtres de la galerie s'appliquent aussi sous forme de filtre dynamique sur des objets dynamiques (bien entendu !).

Le principe est le suivant : vous réglez un filtre, vous l'ajoutez dans la pile, vous sélectionnez un nouveau filtre dans le panneau du milieu, vous le réglez dans le panneau de droite, vous l'ajoutez à la pile, et ainsi de suite. Si vous réglez un filtre et cliquez sur un nouveau filtre dans le panneau du milieu sans avoir ajouté le précédent à la pile, le nouveau filtre se contente de remplacer l'ancien. Voici comment procéder avec la Galerie de filtres :

1. **Préparez l'image avant d'activer la Galerie de filtres.**

   Beaucoup de filtres fonctionnent au mieux lorsque l'image a d'abord été préparée. Des filtres majeurs ne figurent pas dans la Galerie de filtres : les uns pour atténuer les fins détails, les autres pour les mettre en valeur.

- *Atténuation des détails :* Comme les filtres artistiques de Photoshop agissent au niveau des moindres détails, une image exagérément détaillée risque de produire un effet touffu et grossier. Par exemple, avant d'appliquer le filtre Contour ancré, vous devriez éliminer les pixels erratiques présents dans l'image. Nettoyez-les avec le filtre Flou optimisé ou avec le filtre Flou de surface.
- *Accentuation des détails :* Beaucoup de filtres de Photoshop ne produisent pas un effet satisfaisant sur l'image qui manque de détails ou de texture. C'est là que le filtre Ajout de bruit s'avère utile, en ajoutant du grain foncé et clair dans les zones trop lisses. Choisissez la répartition gaussienne et cochez la case Monochromatique. Réglez le curseur Quantité entre 10 et 15 %. Après avoir ajouté du bruit aux parties trop lisses, appliquez le filtre Atténuation/Flou directionnel ou Pixellisation/Cristallisation afin d'agrandir les taches.

2. **N'oubliez pas les calques et les modes de fusion.**

   Dupliquez le calque avant d'activer la Galerie de filtres, afin de pouvoir bénéficier des modes de fusion du réglage de l'opacité pour combiner la version filtrée et l'original. Vous pourrez ainsi adoucir ou renforcer un effet. N'oubliez pas que vous pouvez également convertir un calque en Objet dynamique afin de lui appliquer des filtres dynamiques. (Voir l'étude de ces filtres au début de ce chapitre.)

3. **Ajoutez le filtre à la pile avant d'en sélectionner un autre.**

   Après avoir procédé au filtrage initial et aux réglages, ajoutez l'effet à la pile en cliquant sur le bouton Nouveau calque d'effet, en bas à droite de l'interface (à côté de la Corbeille).

4. **Modifiez l'ordre de l'empilement.**

   Tirez les filtres vers le haut ou vers le bas.

   L'ordre d'application des filtres est souvent déterminant. Une simple permutation d'effets peut modifier totalement le résultat.

5. **Utilisez les icônes de visibilité.**

   Il est parfois judicieux de désactiver l'effet d'un filtre pendant que vous en réglez un autre.

Les effets des filtres sont cumulatifs. Un changement que vous avez effectué sur l'un peut à son tour être modifié par un changement effectué dans un autre filtre de la pile.

Tous les filtres créatifs ne figurent pas dans la Galerie de filtres. Rien que dans le menu Filtre, il y en a des dizaines.

Poussez, tirez et tordez avec Fluidité

Aucun autre outil de Photoshop permet comme le filtre Fluidité de transformer en un rien de temps la créature la plus adorable en un monstre étrange. Certes, une lueur externe peut rendre un regard inquiétant, mais pour agrandir exagérément les oreilles de quelqu'un rien ne vaut les outils de Fluidité. Notez que l'effet inverse est aussi possible : de trop grandes oreilles peuvent être réduites. Il est aussi possible, par une judicieuse déformation, de faire sourire quelqu'un qui n'en a pas l'habitude. Tout est possible avec Fluidité.

Cela dit, examinez la Figure 14.10. La tour Eiffel a subi quelques avanies dans la fenêtre de Fluidité, au point de devenir une espèce de monstre métallique vivant.

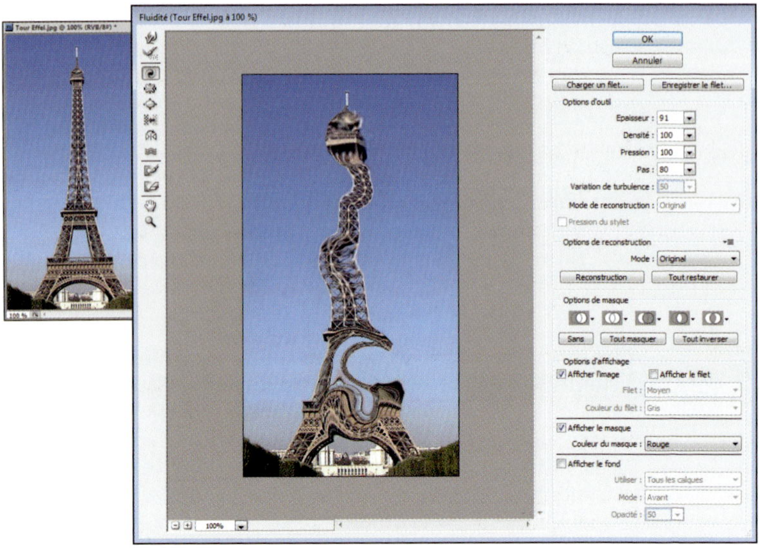

Figure 14.10 : Le filtre Fluidité octroie un contrôle total sur le moindre pixel.

Voici un aperçu des outils à votre disposition, en haut à gauche de la fenêtre de Fluidité :

Déformation avant : Apparenté à l'outil Doigt, vous cliquez et tirez pour entraîner les pixels environnants.

Reconstruction : Cet outil annule vos interventions. Il est certes possible d'utiliser le raccourci ⌘ + Z/Ctrl + Z, mais il n'annule que la dernière action. Tirez l'outil Reconstruction sur les zones à rétablir comme à l'origine.

Tourbillon horaire : Cliquez et maintenez le bouton enfoncé, ou cliquez et tirez en cercle pour faire pivoter les pixels à l'intérieur de la forme circulaire. Pour appliquer une rotation dans le sens antihoraire, maintenez la touche Option/Alt enfoncée.

Contraction : Cet outil attire les pixels vers le centre de la forme. Cliquez et maintenez le bouton enfoncé. La touche Option/Alt enfoncée, c'est l'effet Dilatation qui est appliqué.

Dilatation : C'est l'inverse de l'outil Contraction. Il déplace les pixels vers l'extérieur de la forme. L'effet Contraction est appliqué lorsque la touche Option/Alt est enfoncée.

Décalage à gauche : Pendant que vous tirez avec cet outil, les pixels sont déplacés à gauche de la trajectoire du pointeur (mais pas nécessairement à votre gauche). En tirant vers le haut, les pixels migrent vers la gauche de l'écran. Tirez vers le bas et les pixels migrent vers la droite de l'écran. La touche Option/Alt inverse ce comportement.

Miroir : Lorsque vous tirez cet outil, tous les pixels immédiatement à gauche du pointeur sont basculés et collés de l'autre côté de la forme. En tirant de gauche à droite, tout ce qui est au-dessus du curseur, au cours du déplacement, est basculé et collé en bas de la forme. Pour de meilleurs résultats, appliquez d'abord l'outil Blocage de masque (voir plus loin) aux pixels à traiter. La touche Option/Alt inverse ce comportement en copiant les pixels à droite de la trajectoire.

Turbulence : Cet outil est idéal pour déformer légèrement en forme de vagues, de part et d'autre de la trajectoire. La touche Option/Alt enfoncée, l'outil Turbulence devient l'outil Reconstruction.

Blocage de masque : C'est l'un des outils les plus importants, car il sert à protéger les zones de l'image qui ne doivent pas être déformées. Peignez par-dessus ces zones pour les recouvrir d'un film protecteur rouge (cette couleur est modifiable).

Libération de masque : Il sert à déprotéger les parties de l'image bloquées. Le film teinté est effacé là où vous passez cet outil.

Main : Comme d'habitude, cet outil sert à repositionner l'image dans la fenêtre.

Zoom : Cet outil familier zoome en avant. Maintenez la touche Option/Alt pour zoomer en arrière. Il est aussi possible de cliquer et tirer afin de délimiter la zone à afficher dans toute la fenêtre.

Un grand nombre de paramètres et d'options se trouvent à droite de la boîte de dialogue Fluidité : Epaisseur règle le diamètre de la forme, Densité applique un contour progressif d'autant plus doux que la valeur est faible, Pression contrôle l'intensité de l'outil actif.

Les commandes de la zone Options de reconstruction servent à restaurer totalement ou partiellement l'image. Le bouton Reconstruction est moins l'équivalent de la commande Annuler ou Version précédente que celui de la commande Estomper, car au lieu de revenir en arrière, il atténue l'effet à chaque étape. Le menu déroulant Mode propose plusieurs manières de contrôler la reconstruction de l'image (le mode Original est le plus précis). Le bouton Tout restaurer rétablit l'image telle qu'elle était avant l'application du filtre Fluidité.

Si vous ne travaillez que sur un seul calque, et que ce dernier possède un masque de fusion ou des zones transparentes, ou si vous avez défini une sélection avant d'activer Fluidité, vous pourrez utiliser les boutons de la zone Options de masque pour figer des parties de l'image, c'est-à-dire les protéger de toute déformation.

En bas à droite de la fenêtre de Fluidité (voir la Figure 14.10), se trouve la zone Options d'affichage. Elle permet notamment d'afficher un filet, ou quadrillage, qui montre les déformations appliquées. Remarquez les options de pas et de couleur du filet.

Quatrième partie

Les dix commandements

"Mais bien sûr ! Je suis impatient de connaître ce chaînon indispensable au succès de notre projet."

Dans cette partie...

Ce chapitre présente mes dix trucs et astuces préférés.

15

Mes dix trucs et astuces préférés

Dans ce chapitre :

- Des astuces créatives et artistiques.
- Quelques trucs utiles.

J'ai des milliers de trucs et astuces dans ma besace, mais je ne pourrai en livrer ici que dix. (Je me suis débrouillé pour en glisser quelques-uns dans les autres chapitres, mais chut ! c'est un secret !) En fait, quasiment tout ce qui n'est pas réalisé avec les paramètres par défaut de Photoshop peut être considéré comme une astuce.

Dans ce chapitre, je présente dix de mes techniques créatives les plus utiles. Certaines ont été développées à l'occasion de la résolution de problèmes dans le cadre de mes activités de Help Desk Director – directeur de l'équipe d'aide – au sein de la National Association of Photoshop Professionals (NAPP), et d'autres ont été concoctées au cours de mes années de pratique.

Des effets artistiques et créatifs

Je suis certain que vous préféreriez lire quelque chose du style : "Remplissez un calque avec du marron, utilisez le filtre Ajout de bruit (Répartition Gaussienne, Monochromatique), et appliquez un Flou directionnel pour créer un effet de bois granuleux", plutôt que de vous entendre dire : "Si vous avez besoin d'appliquer un filtre gris à une image CMJN, appliquez-le à une couche puis répétez l'opération sur les trois autres en appuyant tout simplement sur ⌘ + F/Ctrl + F." Oui, d'accord, mais le problème est que nous ne pouvons pas considérer cela comme des trucs ou des astuces – n'oubliez pas la règle des dix ! Donc, voici mes préférés.

La peau lisse mondaine

Vous avez sans doute remarqué que, sur les photos "glamour", le grain de la peau est quasiment indiscernable. Aucune tache, aucune ride, aucun grain de beauté… La peau est parfaite (voir Figure 15.1).

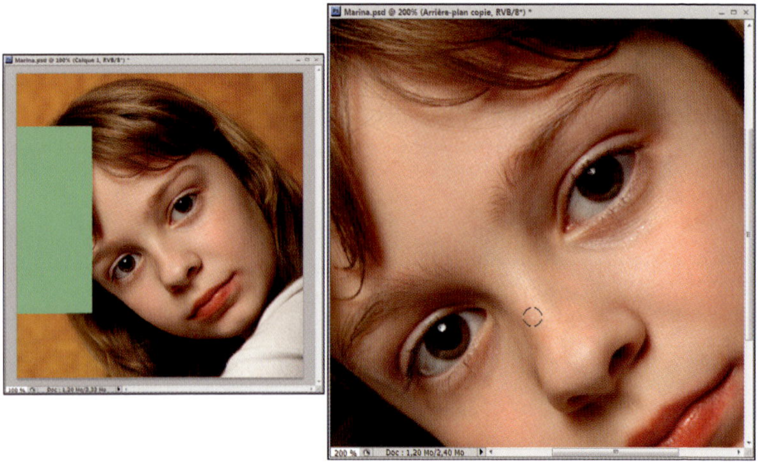

Figure 15.1 : Lissez la peau avec l'outil Correcteur et de la couleur uniforme.

Voici comment obtenir une peau irréprochable :

1. **Ouvrez une copie de votre image.**

   Chaque fois que vous appliquez une technique qui modifie les pixels d'une image, vous devez impérativement travailler sur une copie. Vous éviterez ainsi d'abîmer l'original.

2. **Dans le panneau Calques, cliquez sur le bouton Créer un calque.**

3. **Faites une sélection.**

   Elle doit se trouver ailleurs que sur le visage, et sa taille doit être d'environ la moitié de la largeur et de la hauteur du visage.

4. **Remplissez la sélection avec de la couleur.**

   Appuyez sur Option + Supprimer (Mac) ou sur Alt + Retour arrière (Windows) afin de la remplir avec la couleur de premier plan (peu importe la couleur), puis désélectionnez.

5. **Sélectionnez l'outil Correcteur puis définissez le point source.**

   Dans la liste Echantillonner de la barre d'options, choisissez Tous les calques. Cochez de même la case Aligné. La touche Option/Alt enfoncée, cliquez au milieu de l'aplat de couleur.

6. **Peignez sur la peau.**

   Cliquez et glissez avec l'outil Correcteur afin de lisser la peau. Il remplace les imperfections de la peau – même les pores, cochon qui s'en dédit – par la texture de la zone source. Appliquez à petits coups en suivant les contours du visage. Veillez à ne surtout pas peindre les sourcils, les narines, les lèvres et autres détails importants.

On se fait une toile

Il existe mille et une manières – en fait, un peu moins – de créer des effets picturaux dans Photoshop. La Figure 15.2 montre l'une de mes préférées.

Figure 15.2 : Un coup de flou, des hautes lumières bien nettes, une belle texture et cette fleur devient un beau tableau.

N'OUBLIEZ PAS

1. **Ouvrez une copie de votre image en tant qu'objet dynamique.**

   Choisissez Fichier/Ouvrir en tant qu'objet dynamique. Si l'image est déjà ouverte, cliquez sur Calque/Objets dynamiques/Convertir en objets dynamiques.

2. **Sélectionnez les tons foncés à rendre flous.**

   Ouvrez le panneau Couches puis, touche ⌘/Ctrl enfoncée, cliquez dans la couche composite tout en haut (RVB, CMJN ou Lab) afin de sélectionner selon la luminosité de chaque pixel. Inversez la sélection avec le raccourci ⌘/Ctrl + Maj + I pour sélectionner les tons foncés plutôt que les tons clairs. Appliquez un flou gaussien d'un ou deux pixels de rayon afin que les zones d'ombre soient un peu floues. Rappelez-vous que le raccourci ⌘/Ctrl + H masque le contour de sélection (une astuce souvent commode).

3. **Sélectionnez les tons clairs et accentuez-les.**

   Pour resélectionner ces tons clairs, appuyez sur ⌘/Ctrl et cliquez sur la couche RVB (ou CMJN ou Lab). Choisissez Filtre/Renforcement/Netteté optimisée avec un Gain initial de 200 % et un Rayon de 2 pixels (réglez la valeur exacte selon votre photo et l'effet recherché).

4. **Ajoutez une texture de toile à l'image.**

   Ne désélectionnez pas de manière que la texture soit plus proéminente dans les tons clairs que dans les tons foncés. Choisissez ensuite Filtre/Textures/Placage de texture et ajoutez une légère texture Toile pour souligner l'aspect pictural.

Un dessin d'après une photo

Simuler la peinture dans Photoshop, c'est génial, mais parfois il faut un croquis. Qu'à cela ne tienne : Photoshop est équipé de deux filtres parfaits pour crayonner, mais aucun ne réussit à bien restituer les contours. Voici un moyen facile de créer du dessin au trait à partir d'une photo (voir Figure 15.3).

Figure 15.3 : Le filtre Flou optimisé convertit une photo en dessin.

1. **Ouvrez une copie de votre image et faites-en un objet dynamique.**

   Choisissez Fichier/Ouvrir en tant qu'objet dynamique. Si l'image est déjà ouverte, cliquez sur Calque/Objets dynamiques/Convertir en objets dynamiques.

2. **Appliquez le filtre Flou optimisé.**

   Mettez l'option Qualité sur Supérieure, le mode sur Normal, puis réglez les autres paramètres de manière à supprimer tous les petits détails de l'image, tout en préservant les lignes principales et les détails dignes d'intérêt (portes, fenêtres, arbres, personnages…).

3. **Définissez les bords avec le Flou optimisé.**

   Rouvrez le filtre Flou optimisé et mettez le menu Mode sur Contour seul. Réglez les curseurs jusqu'à ce que l'aperçu en négatif montre les détails à conserver, puis cliquez sur OK.

4. **Inversez les couleurs.**

   Appliquez un calque de réglages (via le panneau Réglages) de type Inverser.

5. **Rendez les lignes floues.**

   Activez le calque de l'objet dynamique, et appliquez un flou gaussien de 1 ou 2 pixels de rayon afin d'estomper les bords des traits.

6. **Réglez l'épaisseur des traits avec un calque de réglage Niveaux.**

   Dans la boîte de dialogue Niveaux, actionnez le curseur gris du milieu jusqu'à ce que l'image vous convienne. Au besoin, vous pourrez affiner le croquis avec le filtre Renforcement/Accentuation.

Faire pleuvoir et neiger

Voici une technique multi-usage que vous pourrez exploiter pour créer des gouttes de pluie ou des flocons de neige, comme le montre la Figure 15.4.

Figure 15.4 : Utilisez les filtres Ajout de bruit et Cristallisation pour faire tomber la neige.

1. **Cliquez sur le bouton Créer un calque, en bas du panneau Calques.**
2. **Toujours dans le panneau Calques, remplacez le mode de fusion Normal par Superposition.**

   N'OUBLIEZ PAS

   Comme cette technique repose sur un calque séparé, elle n'est pas destructive, car le calque peut être supprimé ultérieurement. Il n'est donc pas indispensable de travailler sur une copie de l'image.

3. **Utilisez la commande Edition/Remplir afin de remplir le filtre de noir.**

   Comme le mode de fusion du calque est Superposition, vous ne voyez pas d'impact sur votre image.

4. **Ajoutez du bruit au calque.**

   Choisissez Filtre/Bruit/Ajout de bruit afin d'ajouter des petites variations aléatoires au calque. Réglez Quantité à 20 %, Répartition : Gaussienne, et cochez la case Monochromatique.

5. **Cristallisez le bruit.**

   Choisissez Filtre/Pixellisation/Cristallisation afin de grossir le grain produit par le bruit. Réglez Maille à 3 pour de la pluie ou des petits flocons de neige, 7 à 10 pour des flocons plus gros. Vous pouvez aussi appliquer un léger flou gaussien pour augmenter la taille.

6. **Rendez les bords plus nets.**

   Choisissez Filtre/Renforcement/Accentuation et réglez le filtre de manière que les bords de l'effet soient nets. Mettez le Gain à 100 % avec un Rayon de 2 pixels et un Seuil de 0 niveau. Pour de la pluie, réglez le Gain à 40 %.

7. **Réglez avec Niveaux.**

   Dans la boîte de dialogue Niveaux, déplacez le curseur du milieu à mi-chemin vers la gauche, puis tirez le curseur de gauche lentement vers la droite jusqu'à ce que vous obteniez l'aspect de pluie ou de neige désiré. Par la suite, si vous le désirez, appliquez un léger filtre Flou directionnel pour donner du mouvement aux gouttes ou aux flocons. Et, bien sûr, vous pouvez ajouter un masque de fusion pour contrôler la visibilité de l'effet.

De la prose en verre

Parfaite pour ajouter une grosse mention de copyright en plein milieu d'une image, tout en permettant de voir au travers, cette technique de création d'un texte en verre ne nécessite par d'explication étape par étape. Tapez simplement le texte et ajoutez un style de calque Biseautage et estampage, avec éventuellement une légère Ombre intérieure et un Contour noir de 1 pixel. Ensuite, en haut du panneau Calques, mettez la glissière Fond (mais pas le curseur Opacité) à zéro. Les pixels du calque deviennent transparents, mais l'effet du style de calque subsiste.

Des astuces utiles qui facilitent la vie

Les cinq techniques qui suivent vous permettront de travailler plus efficacement tout en donnant une touche plus professionnelle à votre travail.

Changer la couleur d'un objet en un instant

Choisissez Image/Réglages/Remplacement de couleur pour décliner une image en plusieurs variantes de couleur. Le remplacement de couleur est particulièrement utile dans un environnement de production, lorsqu'il faut proposer un même objet en plusieurs couleurs, comme l'illustre la Figure 15.5.

Figure 15.5 : La commande Remplacement de couleur est précieuse pour décliner un objet en plusieurs teintes.

Ouvrez la boîte de dialogue Remplacement de couleur, puis cliquez et tirez la pipette par-dessus l'objet dont il faut changer la couleur. Réglez le curseur Tolérance pour affiner la sélection, puis actionnez les curseurs Saturation et Luminosité pour changer la couleur.

TRUC

Si la couleur recherchée apparaît ailleurs dans l'image (chemise du même rouge que les lèvres), sélectionnez grossièrement la zone à modifier avant d'ouvrir la boîte de dialogue Remplacement de la couleur.

Supprimer un fond uniforme

Beaucoup de photos d'archives montrent le sujet photographié sur un fond blanc. C'est aussi le cas de la plupart des cliparts. Nombre de ces images comportent un masque ou une couche alpha que vous utiliserez pour extraire le sujet et l'insérer dans une autre image. Et s'il n'y a ni masque ni couche alpha ? Ouvrez les deux images dans Photoshop et faites glisser le calque *Arrière-plan* du sujet depuis le panneau Calques jusque sur la fenêtre de l'image de destination. Assurez-vous que le calque supérieur est actif, puis ouvrez la boîte de dialogue Style de calque et sélectionnez la catégorie Options de fusion. Dans la zone Comparaison sur, tirez le curseur droit de la glissière supérieure vers la gauche, jusqu'à ce que le fond opaque qui entoure le sujet ait entièrement disparu (voir Figure 15.6).

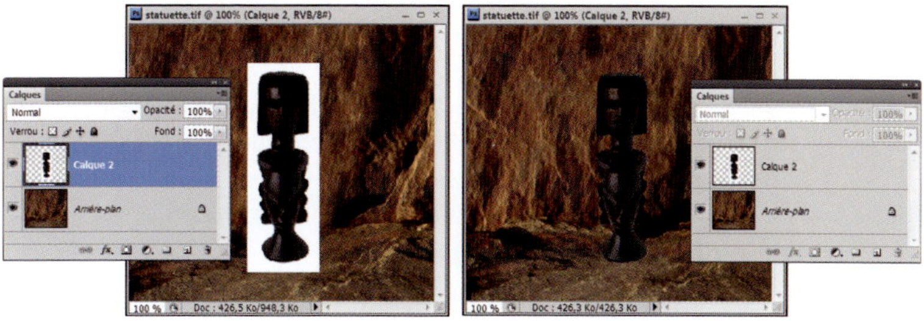

Figure 15.6 : Faites disparaître le fond blanc avec le curseur Comparaison sur.

Des effets de cadre rapides et faciles

Vous voulez mettre une image en valeur ? Essayez cet effet :

TRUC

1. **Cliquez sur le bouton créer un calque, en bas du panneau Calques.**

   Pour éviter de modifier définitivement l'image elle-même et permettre de changer la bordure par la suite, nous travaillons sur un calque supplémentaire.

2. **Sélectionnez une zone entourant l'image.**

   Choisissez Sélection/Tout sélectionner, puis Sélection/Modifier/Cadre. Entrez une valeur du double de la taille de la bordure à créer.

3. **Emplissez la sélection avec du noir, du gris ou du blanc.**

   - *Noir :* L'image paraît plus lumineuse, avec des couleurs plus saturées.
   - *Gris :* Réduit la perception d'un décalage de couleur.

- *Blanc :* Eteint quelque peu les couleurs, mais fait ressortir l'image.

Vous pouvez aussi utiliser n'importe quelle couleur de l'image ou sa couleur antagoniste.

4. **Appliquez des filtres au calque.**

Ouvrez la Galerie de filtres et appliquez un ou plusieurs filtres pour obtenir un effet intéressant, comme celui de la Figure 15.7. N'oubliez pas qu'il est possible de convertir ce calque en objet dynamique avant d'appliquer des filtres. Ainsi, vous pourrez toujours agir dessus ultérieurement.

Figure 15.7 : L'application de filtres à un cadre produit d'intéressants effets.

Autre petite astuce : Dans la mesure où le cadre repose sur un calque autonome, il est réutilisable ! Oui ! Il suffit d'ouvrir une nouvelle image de la même taille que celle où vous avez créé le cadre. Ensuite, glissez-déposez le calque du cadre sur le calque d'arrière-plan de l'image nouvellement ouverte. Si vous effectuez cette opération en maintenant la touche Maj enfoncée, le cadre va s'ajuster comme il faut à l'image.

Créer des lignes en pointillé et à tirets

La modification de deux paramètres, dans le panneau Formes, permet de créer facilement des lignes en pointillé ou à tirets. Dans le panneau Forme de la pointe, augmentez le paramètre Pas à une valeur supérieure à 100 % afin de séparer chacune des empreintes qui forment le trait. Affichez à présent le panneau Dynamique de forme, déroulez le menu de l'option Variation de l'angle et sélectionnez Direction. Pour un meilleur résultat, faites une sélection et appliquez Edition/Contour afin d'appliquer la forme en pointillé ou à tirets tout au long du contour de la sélection.

Imprimer plusieurs documents simultanément

Vous avez des dizaines de photos à imprimer ! Mais vous n'avez pas assez de temps pour ouvrir chacune d'elles et procéder à leur impression. Le plus simple est de lancer Adobe Bridge et de créer un document PDF multipage avec les photos sélectionnées dans le film des vignettes. Vous n'avez plus qu'à imprimer toutes les pages du PDF.

Index

D

E

F

G

H

I